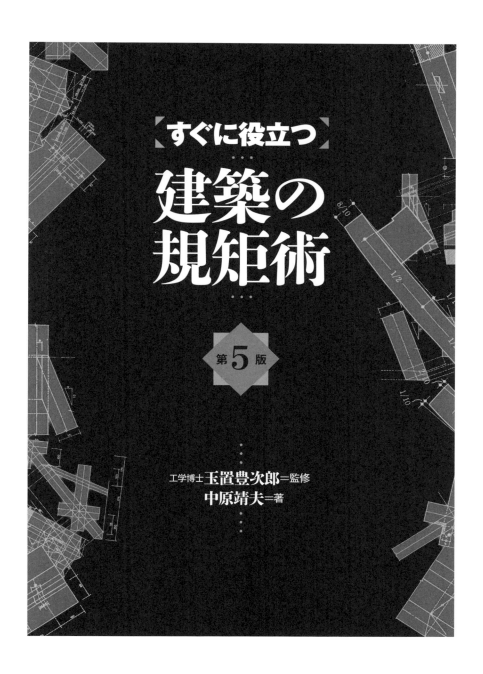

【すぐに役立つ】
建築の規矩術

第5版

工学博士 玉置豊次郎=監修
中原靖夫=著

Ohmsha

本書を発行するにあたって，内容に誤りのないようできる限りの注意を払いましたが，本書の内容を適用した結果生じたこと，また，適用できなかった結果について，著者，出版社とも一切の責任を負いませんのでご了承ください．

本書に掲載されている会社名・製品名は一般に各社の登録商標または商標です．

本書は，「著作権法」によって，著作権等の権利が保護されている著作物です．本書の複製権・翻訳権・上映権・譲渡権・公衆送信権（送信可能化権を含む）は著作権者が保有しています．本書の全部または一部につき，無断で転載，複写複製，電子的装置への入力等をされると，著作権等の権利侵害となる場合があります．また，代行業者等の第三者によるスキャンやデジタル化は，たとえ個人や家庭内での利用であっても著作権法上認められておりませんので，ご注意ください．

本書の無断複写は，著作権法上の制限事項を除き，禁じられています．本書の複写複製を希望される場合は，そのつど事前に下記へ連絡して許諾を得てください．

出版者著作権管理機構
（電話 03-5244-5088，FAX 03-5244-5089，e-mail：info@jcopy.or.jp）

JCOPY ＜出版者著作権管理機構 委託出版物＞

法隆寺　五重塔(一)

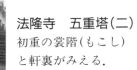

法隆寺　五重塔(二)
初重の裳階(もこし)
と軒裏がみえる．

法隆寺　五重塔(三)
裳階(もこし)は奈良
時代前期に附加され
たらしい．

石山寺　多宝塔　鎌倉時代初期のもので和様の代表的遺構.

法隆寺　伝法堂内部
東堂ともいわれ, 橘夫人邸を移したもの.

中尊寺　金堂軒裏
平安時代後期のもので俗にいう金色堂である.

序

　学校での建築の授業科目を見ると，その内容はまことに盛りだくさんである．最近技術の進歩で，その内容は増す一方である．現場へ出ればすぐ覚えられることはあえて教える必要がないということになっているが，そうでないことは一応皆教えている．

　ところがここに大きな死角がある．それは規矩術についてであって，規矩術を知っていなければ家が建たないはずであるのに，このかんじんな規矩術を，全然どこの学校も教えていない．これはまったく不可解なことである．このために，建築現場の監督さんも規矩術に関する限り，大工さんには一言もいえないことになっている．若い大工さんも，昔ながらに親方に手を取って教えてもらっているのである．

　かつて名古屋で建築講習会をやり，いろいろな科目の講義をすることにした．そのときに規矩術の講義を初めて組んでみた．そうしたら，他の科目の講義はいつでも聞けるが，規矩術の講義はめったに他では聞く機会がないので，この時間に限って超満員であった．それだけに規矩術を皆が知りたがっている．

　実はそのときの講師にお願いしたのが，この本の著者である中原先生であった．規矩術を教えることのできる先生は，今日なかなかに見当たらない．最近，職業補導所がようやく規矩術を教えようということになったが，やはり講師がいないので中原先生は引張りだこである．

　こんど中原先生は，その講義の内容を出版されることになった．これは大変に結構な本である．きっと皆に役立つに違いない．勿論いままでにも規矩術の本はときどき出している．しかし，中原先生のこの本は，実際に即したものであるだけに，貴重なものである．幸にして，この本で勉強される方がだんだんに増加することを祈ってやまない．

昭和 42 年 5 月

工学博士　玉置　豊次郎

まえがき

　規矩術については，古来から幾多先輩の著書がたくさん出版されている．しかしこれらの本には，それぞれの特徴があるうえ，一つの問題点についても，その解きかたや表示の方法がまちまちであるために，その帰するところが同一であるにもかかわらず，いずれをとるべきか，了解に苦しんでいる初心者がはなはだ多いのが実状である．

　著者は，ここ十数年にわたって職業補導所の所長として補導生の教育に当たり，また退職後も愛知県内にある，6か所の事業内職業訓練所や建築技能士受験講習の講師として，規矩術の講義を続ける機会を得たので，日ごろから古来"大工と雀は隅で鳴く"といわれているほど，難解視されていた規矩術のいろいろな解きかたを，この機会に，自分の体験から割り出して，下記の要点を旨にして編集し，かつこれに解説を加えてみたものが本書である．

1. 理屈がわかって，これの応用が自由にできること．
2. 現場で材料に直接墨付けができること（特殊のものを除いては，展開図や勾配の寸法表によらないで）．
3. 解説がばらばらでなく，一つの作業単位にまとまりがついていること．
4. メートル法になっても，苦痛なく応用できる"木の身返し法"を全面的に採用すること．
5. まず，規矩術の初歩的基礎をしっかり固めること．

　以上のような盛りだくさんな要旨を，一冊の書物によって満足させようとした結果，説明に贅言をつくし過ぎ，かえって複雑化したむずかしい本になってしまったきらいがあると，後悔している．

　しかし，これも規矩術入門の最初において，充分基礎知識をのみこませて，これを自由自在に応用ができるように意を用いたからにほかならない．本書が，規矩術を学ぼうとする初心者や，建築技能者育成の教科書としても，また建築技能士検定受検者，職業訓練指導員の参考の書としても役立ち，将来奥義を究める人々の一助ともなれば，幸甚

の至りであると考えている.

　本書をまとめるに当たっては，かつて上司であり斯界の先輩である恩師の，大阪工業大学教授 玉置豊次郎博士に，絶大なご支援・ご指導をいただいた．また先輩諸氏の著書によるご指導に負うところもすくなからず，ここに厚く感謝の意を表するとともに，本書の不備や不足の点については，諸賢のご叱正とご指導によって，わかりやすい指導書としてゆきたいと，念願しているしだいである.

　昭和 42 年 5 月

著　者

第 5 版の刊行にあたって

　本書の初版が 1967 年に刊行されて以来，今日まで実に 57 年の歳月が流れました．その間，1994 年には増補新版を発行し，以後は増刷を重ね，通算 55 刷に達するまで多くの読者の皆様にご支持を賜りました．増補新版では，読者の皆様からのご要望を受けて，判型を大きくし，文字や図版の視認性を高め，難解な術語にはふりがなを加えました．

　巻末に収録している建築大工技能検定 1 級および 2 級の実技試験問題については，令和 4（2022）年度より新たな課題に変更されました．これに伴い，巻末付録を新課題に更新し，解説については規矩術をライフワークとする田口和則氏にご執筆いただきました．

　ここに，第 5 版の刊行を故 中原靖夫先生にご報告申し上げるとともに，田口氏による独自の幾何算術に基づく解説が，未来の大工技能士を目指す皆様のお役に立つことを願って，本書第 5 版の序といたします．

　2024 年 11 月

オーム社

目次

第1章 さしがねについて

1・1 規矩術とは …………………………… 001
1・2 さしがね …………………………… 001
  1. さしがねの名称 **002**
  2. さしがねの材質 **002**
  3. さしがねの形状 **002**
  4. さしがねの幅 **002**
  5. さしがねの目盛り **002**
  6. さしがねの使いかた **006**

第2章 勾・殳・玄および勾配の種類

2・1 直角三角形と規矩術 …………… 008
2・2 勾・殳・玄 …………………………… 008
  1. 勾・殳・玄とは **008**
  2. 勾・殳・玄各部の計算法 **009**
2・3 勾配 …………………………………… 010
  1. 平勾配 **011**
  2. 矩勾配 **012**
  3. 返し勾配 **012**
  4. 隅勾配 **013**
  5. 中勾および中勾勾配 **014**
  6. 長玄および長玄の勾配 **016**
  7. 短玄の勾配 **017**
  8. 半勾配 **018**
  9. 裏の目勾配 **018**
  10. 倍勾配 **018**
2・4 平勾配と隅勾配・半勾配との関係 …………………………………………… 019
  1. 総合図 **019**
  2. 裏目と半裏目（七の矩） **019**
  3. 半裏目盛りがない場合 **020**
2・5 平勾配・隅勾配・落ち掛かり勾配の関係 …………………………… 020
2・6 隅木の山勾配（その1） ………… 021
2・7 隅木の山勾配（その2） ………… 022
2・8 隅木の山勾配（その3） ………… 023

第3章 四方転び

3・1 四方転びとは ………………………… 024
  1. 四方転びの墨についての注意 **024**
  2. 四方転び上端墨の簡便法 **024**
3・2 四方転びの例 ………………………… 025
  1. 四方留め **025**
  2. 四方胴付き **025**

第4章 棒隅屋根

4・1 棒隅屋根 ……………………… 028

4・2 隅に関係のある勾配および墨 …… 028

4・3 垂木配りの方法 ………………… 029
   1. 垂木配りの種類　*029*
   2. 垂木の大き　*030*
   3. 隅木の大きさ　*030*

4・4 軒の出の計りかた ……………… 030
   1. 垂木面を基準とする場合　*030*
   2. 垂木真を基準とする場合　*033*

4・5 隅木墨のしかた ………………… 033
   1. 隅木面（成）の墨　*033*
   2. 隅木上端墨　*033*
   3. 隅木下端墨　*033*
   4. 馬乗墨　*034*
   5. たすき墨　*035*
   6. 馬乗墨とたすき墨について　*036*
   7. 隅木の山勾配　*037*
   8. 投げ墨　*038*
   9. 隅木端の切りかた　*043*
   10. 隅木長さの求めかた　*047*

4・6 配付垂木 ………………………… 049
   1. 配付垂木の墨　*049*
   2. 木の身返し法による上端墨のしかた　*050*
   3. 上端墨は玄の返し勾配でもよい　*051*
   4. 延び矩を使っての型板の作りかた　*051*
   5. 配付垂木の枘墨　*052*

   6. 配付垂木の長さの求めかた　*053*

4・7 茅負・広小舞い・水切りの隅留め墨 ……………………… 056
   1. 作図によって茅負の墨を出す方法　*056*
   2. 基本の勾配を使って隅留め墨を求める方法　*057*
   3. 上端留めおよび向こう留めの墨の簡単な引きかた　*057*
   4. 上端で向こう留めの墨を求める方法　*058*
   5. 成によって上端留めの墨を求める方法　*058*

4・8 瓦座の上端留め ………………… 059

4・9 桁墨のしかた …………………… 059
   1. 隅木の仕込み寸法の求めかた　*059*
   2. 仕込み寸法と落ち掛かりの求めかた（別法）　*061*
   3. 落ち掛かり勾配（隅木の座勾配）はなぜ平の半勾配になるのか　*061*
   4. 落ち掛かり勾配と落ち掛かりの深さの説明　*062*
   5. 口脇墨のとりかた　*063*
   6. 隅木落ち掛かり仕口の墨　*064*

4・10 化粧庇の隅木を柱に差す方法 …… 073
   1. 柱の峠　*073*
   2. 柱の墨　*073*
   3. 隅木の墨　*074*
   4. 込栓および端栓の墨のしかた　*075*

目次　xi

第5章　入隅屋根

5・1　出隅と入隅の相違点……………… 077
5・2　谷木の谷勾配の出しかた………… 078
5・3　谷木軒先の墨…………………… 078
　1．桁の墨　078
　2．谷木の墨　079

5・4　入隅柱への隅木柄差し…………… 079
　1．柱の柄穴墨　079
　2．谷木の墨　080
5・5　入隅柱と出隅柱の柄差し………… 081

第6章　隅に関連をもつ各種の墨

6・1　二つの勾配をもつ雨押え・水切
　　　りの留め墨　………………… 082
6・2　二つの勾配をもつ雨押え・水切
　　　りの拝み墨……………………… 083
6・3　陸母屋への隅木仕掛け（入隅）… 084
　1．条件　084
　2．谷隅木の墨　084
6・4　陸母屋への隅木仕掛け（出隅）… 085
　1．条件　085
　2．隅木の墨　085
6・5　転び母屋への隅木の仕掛け墨…… 085
　1．隅木の墨　085
　2．転び母屋の墨　085
　3．母屋を欠かずに隅木だけ加工す
　　　る場合の例　086

　4．転び母屋へ隅木の仕掛け墨　087
6・6　棟木への隅木仕掛け……………… 088
　1．棟木を欠いて隅木を仕込む場
　　　合　088
　2．棟木はそのままとして隅木だけ
　　　加工する場合　089
6・7　胴差しへの隅木差し口…………… 090
　1．隅木の柄穴を胴差しに水平につ
　　　くる場合　090
　2．入隅の場合　091
　3．胴差しへの隅木差し口
　　　（出隅の場合）　091
　4．胴差しへの隅木差し口
　　　（入隅の場合）　093

第7章　柱建て四方転び

7・1　踏台（台に癖をとった場合）…… 094
　1．条件　094
　2．平勾配　094
　3．柱の長さの求めかた　095
　4．柱の癖のとりかた　098
　5．貫の位置の定めかた　103
　6．隅柱への柄穴墨のしかた　107

　7．貫の長さの計りかた　112
7・2　四方転び踏台………………………… 117
　1．第1法　117
　2．第2法（建築大工技能士検定の
　　　出題例）（その1）　117
　3．第3法（建築大工技能士検定の
　　　出題例）（その2）　121

第8章 反り軒の概要

8·1 軒 …………………………………… 124
  1. 軒の反り **125**
  2. 垂木の癖 **125**
  3. 木負・茅負 **126**
  4. その他 **126**
8·2 反り軒の図解 ………………………… 126
  1. 一軒茅負反り形軒の出の図解 **126**
  2. 軒の反りの求めかた **129**
  3. 一軒反り隅木および茅負の図解 **129**
  4. 二軒繁垂木反り隅木図解 **131**
  5. 反り隅木の作りかた **131**

第9章 真束小屋組寄棟造り

9·1 各部名称および予備知識 ………… 137
9·2 真束小屋組現寸図のかきかた …… 138
9·3 隅合掌現寸図のかきかた ………… 141
  1. 隅合掌尻と桁との取合わせ **141**
  2. 隅合掌と真束上部の取合わせ **141**
  3. 母屋および隅合掌の上端および下端線の決定 **141**
  4. 母屋の位置を定める **141**
  5. 隅方杖をかく **141**
  6. 配付梁および配付合掌の位置を定める **143**
  7. 内および外の火打ち梁の位置を定める **143**
  8. 合掌および方杖の迫合 **143**
  9. 配付合掌の長さ **143**
9·4 合掌および方杖の迫合（その1） **143**
  1. 隅合掌および妻合掌の隅真束への胴付きを求める **145**
  2. 迫合の上下胴付きの幅を求める **145**
  3. 迫合の位置◉を求める **145**
9·5 合掌および方杖の迫合（その2） **145**

  1. 妻合掌および妻方杖の迫合 **145**
  2. 隅合掌および隅方杖の迫合 **145**
  3. 妻合掌および平合掌迫合型板の作りかた **145**
  4. 各方杖（平・妻・隅）の迫合墨 **147**
9·6 配付合掌の墨付け ……………… 149
  1. 配付合掌を隅合掌に取り付ける仕口 **149**
  2. 配付合掌の墨付け **149**
  3. ひよどりボルトの差しかた **149**
  4. 柄の付けかた **150**
9·7 隅合掌の母屋と上端の接続 ……… 151
9·8 隅合掌に配付合掌の出合い墨 …… 152
9·9 隅合掌に母屋切欠き墨 …………… 152
9·10 転び母屋に隅木仕掛け墨（その1） ………………………… 153
  1. 仕込み寸法のとりかた **153**
  2. 落ち掛かり勾配 **153**
  3. 母屋の墨 **153**
9·11 転び母屋に隅木仕掛け墨（その2） ………………………… 153

第10章 振れ隅

10·1 振れ隅になる場合……………………… 156
 1. 屋根両面の勾配が異なる場合 **156**
 2. 梁間に広狭のある場合 **157**
10·2 振れ隅の振れを求める方法……… 158
 1. 一般的な方法 **158**
 2. 隅木の振れと一方の平勾配を
  知って他方の平勾配・隅勾配を
  求める方法 **159**
 3. 左右の勾配の軒桁の内角を知っ
  て隅の振れ・隅勾配を知る方
  法 **159**
10·3 多能三角形および多能四辺形…… 160
 1. 多能三角形 **160**
 2. 多能四辺形 **160**
10·4 振れ四方転びの規矩……………… 162
 1. じょうご形四方胴付き墨 **162**
 2. じょうご形四方留め墨 **163**
10·5 振れ隅の隅木山勾配の出しかた… 164
 1. 第1法 **164**
 2. 第2法 **165**
 3. 第3法 **165**
 4. 第4法 **166**
10·6 軒出垂木端の寸法の出しかた … 167
10·7 振れ隅の隅木投げ墨（その1）… 167
 1. 茅負に癖をとらない場合 **167**
 2. 一方の茅負だけ癖をとった場
  合 **169**
10·8 振れ隅の隅木投げ墨（その2）… 171
10·9 落ち掛かり勾配の求めかた……… 172
 1. 作図によるもの **172**
 2. 10·11図の応用によるもの **173**

 3. 多能三角形を使う方法 **173**
 4. 直接桁に墨付けする方法 **173**
10·10 振れ隅の隅木たすき墨・馬乗墨
 （その1）…………………… 175
10·11 振れ隅の隅木たすき墨・馬乗墨
 （その2）…………………… 176
10·12 隅木と桁幅との関係……………… 177
10·13 隅木の仕込み寸法のとりかた…… 178
10·14 桁落ち掛かり仕口……………… 179
 1. 左桁の部 **179**
 2. 右桁の部 **179**
 3. 隅木真と桁組合わせ角を一致さ
  せる方法 **182**
 4. 桁下端から墨を始める方法 **183**
10·15 振れ隅の茅負……………………… 185
 1. 茅負の前面が屋根勾配に直角で
  ある場合，向こう留めがどんな
  になるか **185**
 2. 向こう留めに目違いを作らない
  ためには茅負の木口をどう調整
  すればよいか **186**
 3. 茅負の癖のとりかた（その1） **187**
 4. 茅負の癖のとりかた（その2） **187**
 5. 茅負の癖のとりかた（その3） **188**
 6. 茅負の癖とりと茅負の留め **188**
 7. 振れ隅の茅負留めの調整 **191**
10·16 小平起しによる配付垂木長さの
 求めかた…………………… 192
 1. 左側の配付垂木 **192**
 2. 右側の配付垂木 **192**
10·17 配付垂木の胴付き切り墨……… 193

第11章 多角形

11·1 多角形の軒回り ···················· 194
11·2 多角形の角の求めかた（その1） 194
11·3 多角形の角の求めかた（その2） 195
11·4 多角形の内角と隅木の振れ········ 196
11·5 多角形の多能四辺形の作りかた··· 197
11·6 隅木山勾配（その1） ··········· 198
11·7 隅木山勾配（その2） ··········· 199

11·8 多角形の配付垂木・茅負 ········· 199
11·9 多角形の投げ墨・たすき墨・馬
乗墨（その1） ···················· 201
11·10 多角形の投げ墨・たすき墨・馬
乗墨（その2） ···················· 201
11·11 多角形の桁落ち掛かり ········· 202
11·12 多角形の隅木長さの求めかた······ 203

付録

I 尺度について············· 207
II 神社建築····················· 213
III 2級建築大工実技試験問題········· 220

IV 1級建築大工実技試験問題········· 241
V 全建総連青年技能競技大会競技
課題···························· 265

索引

279

1 さしがねについて

1・1 規矩術とは

規矩術の規は円を表し，矩は方形を意味しているので，規矩といえば，法・型・手本，すなわち標準または法則のことになる．

そのうち建築に対する規矩術は，寺院・神社などの地域や，建物の木割りなどからちょうな(釿)初め，上棟式の儀式にいたるまで，広範囲にわたって，建築に関するすべてのものが含まれていたものである．

しかし，ここでいうところの規矩術は，むしろ"さしがね"の使用法ともいうような狭義のもので，古来から"隅矩法"あるいは"坪矩法"などと呼ばれ，建築構造・意匠・施工の一部を解明することを指すものである．

1・2 さしがね

建築工作にはさしがね(曲尺・指矩)は切り離されないものであり，また規矩の解明についてもただ一つの工具であるから，その概要を述べることとする．

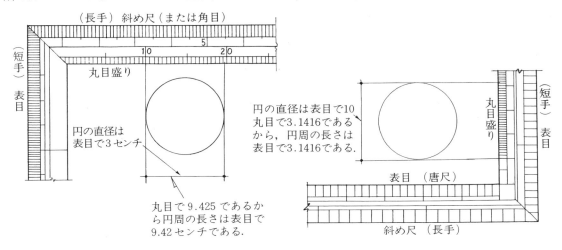

(a) メートル尺　　　　　　(b) 曲尺(尺目盛り)

1・1 図　さしがねの名称．

1. さしがねの名称

さしがねは，指矩・指金・曲尺・勾尺，曲金・曲矩と書かれているが，直角に曲がった物指しという意味である．また，壺糸用の物指しという意味から壺矩とか墨矩といわれたり，"かねじゃく"などいろいろの名称で呼ばれている．

2. さしがねの材質

さしがねは，従来はしんちゅう・鋼鉄で作られていたが，最近はほとんどステンレススチール製となった．また，一等がね・二等がねなどの等級に区別されていたが，最近でははっきりした区別がないようである．

3. さしがねの形状

さしがねは長い物指しと短い物指しとを直角につけたもので，つぎの呼称がついている．

長いほう … 長手・長腕
短いほう … 短手・短腕・矩手

4. さしがねの幅

五分がね … 幅5分(15ミリ)，これを，五分がねと呼ぶ．
四分がね … 幅4分(12ミリ)，これを，四分がねと呼ぶ．

現在の工人は四分がねをほとんど持っていないが，従来の工人は必ず五分がねと四分がねの2丁を所持していて，これをもって数学の加減乗除や平方根・立方根の解明をしたものである．その方法の一例を1・4図，1・5図および1・6図に示したので参照するとよい．

5. さしがねの目盛り

メートル目盛りと尺目盛りとに分けて述べることとする．

（1） **メートル目盛り**　さしがねの目盛りには表目盛りと裏目盛りとがある．

（i）　**表目盛り**　ふつうの物指しの目盛りで長手には50センチ，短手には25センチまで刻まれている．

（ii）　**裏目盛り**　さしがねの裏のほうには，短手の外側に普通目で25センチが刻まれているほか，長手のほうには，平方根の目盛りと丸目盛りの2種類が刻まれている．

平方根の目盛りは，俗に裏目または角目とも呼ばれている．

（a）　**斜め尺または角目と呼ばれる目盛り**　長手の裏の外側に刻まれているもので，$\sqrt{2}$の目盛り，すなわち平方根の目盛りである．

平方根の目盛りとは，1・2図に示すように，正方形の対角線を，その正方形の一辺の目盛りと同じ数に等分した目盛りであるが，この二辺の平方根を計算によって求めることは非常に難しい．斜め尺はこれを簡単にわかるようにした尺度である．この目盛りはさしがね特有の尺度であって，規矩術(きくじゅつ)の作図に応用することがきわめて多い．

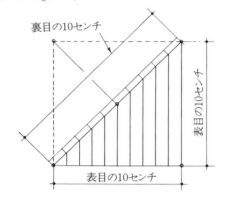 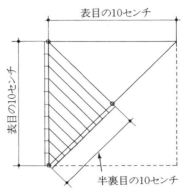

（a） 表目と裏目（斜め尺）．　　　　　（b） 表目と半裏目．

1・2図　表目と裏目の関係．

(b)　表目と裏目との関係

① 裏目を表目に直す方法　つぎの式による．
$$玄 = \sqrt{勾^2 + 殳^2} = \sqrt{1^2 + 1^2} = 1.414213$$

工匠がこの寸法を記憶するため，つぎの方法をとっている．

　　　　　1 4 1 4　 2 1 3
　　　　　いよいよ　にいさん
または　　1 4 1 4 2 1 3
　　　　　ひと よ ひと よに ひと み

② 表目を裏目に直す方法　つぎの式による．
$$\frac{1}{1.414213} = 0.7071$$

工匠はこれを**七のかね**と呼んでいる．

（例1）　表目5メートルは裏目の何メートルか．

　5 m × 0.7071 = 3.5355 m（すなわち半裏目の5 m.）

となる．

（例2）　裏目5メートルは表目の何メートルか．

　5 m × 1.414213 = 7.071065 m（すなわち裏目の5 m.）

となる．

(c) **丸目盛り** 丸目盛りを一般には丸目尺または丸太尺ともいい，物の円周の長さを知る尺度である．

円の直径に丸目尺を当てて得た寸法を表目の寸法に読み替えた寸法は，円周の長さとなる．すなわち円の直径が丸目尺で5センチあれば，表目の5センチが円周の長さである．また，別法によると，円の直径が表目で10センチあったとすれば，その表目10センチを丸目尺に合わせると，丸目盛りで31.4強に相当する．したがって表目31.4センチが円周の長さである．

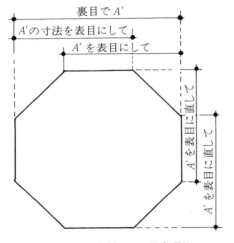

(b) 裏目を使って八角形をかく（その1）．

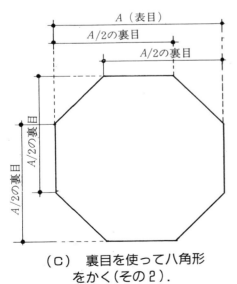

(c) 裏目を使って八角形をかく（その2）．

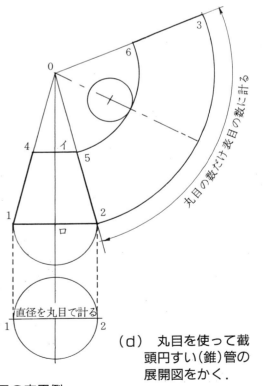

(a) 裏目を使って角取りをする．

(d) 丸目を使って截頭円すい（錐）管の展開図をかく．

1・3図 裏目・丸目の応用例．

（d）　裏目の応用　　裏目の応用は，隅勾配・隅木・四方転びのほか，その使途は非常に多いが，ここにその利用の一例をあげる．

〔例1〕　ここに丸太がある．これからいくらの角材が得られるかという場合．

裏目で直径を計った寸法は，表目に直して角材の一辺となる．たとえば裏目で直径が5センチあれば，表目での5センチの角材が得られる〔1・3図（a）参照〕．

〔例2〕　表目で20センチ角の板がある．これに裏目を使用して正八角形をかく場合（第1法）．

これを正八角形とするには，一辺の1/2の寸法の10センチを裏目の10センチととり，両端から交互に計って各点を結べば正八角形となる〔1・3図（c）参照〕．

〔例3〕　上の例2と同様に，裏目を使用して正八角形をかく場合（第2法）．

板幅を裏目で計り，その寸法を表目に読み替え，両端から交互に計って各点を結べば正八角形となる〔1・3図（b）参照〕．

なお，このほかに，截頭円すい管の展開面を描く場合には，1・3図（d）に示すように丸目尺を用いると簡単にかける．

（2）　尺目盛り

（i）　表目盛り　　従来使われてきたもので，寸・尺の目盛りで作られたさしがねである．長手には1間の1/4の長さを刻んであるが，しかし同じ1間でも本京間と京間とでは長さが違っているので，さしがねの長さも違っている．

（a）　本京間 … 6尺5寸．さしがねにはその1/4の，1.625尺が刻まれている．

（b）　京　間 … 6尺3寸．さしがねにはその1/4の，1.575尺が刻まれている．

〔注〕　四分がねには1間の1/5の長さが刻まれている．

そのほかに，江戸間または田舎間と称して真真6尺の1間があるが，目盛りには関係がないから省略する．

（ii）　裏目盛り　　裏には4種類の目盛りが刻まれている．

長手には … $\begin{cases}$平方根の目盛り\\唐　尺$\end{cases}$

矩手には … $\begin{cases}$表目盛り\\丸目尺（前述と同じ使いかたである．）$\end{cases}$

(a) 平方根の目盛り　メートル尺でも述べたように，俗に裏目と称せられている目盛りで，表目1尺角（正方形）の対角線の長さをもって裏目の1尺と定め，目盛りをしたものである．

裏目の1尺　…　表目で1.414213尺

表目の1尺　…　裏目で0.7071尺

(b) 唐　尺　この唐尺は門を建てたり，仏像，刀剣，宝庫の入口，大黒柱の太さ，炉縁などを作る際には，必ずその吉寸を選んで用いられたものである．

これは，さしがねの裏長手の内側にある尺度で，天星尺・北斗尺・魯般尺・門尺・玉尺・吉凶尺・高麗尺などとも呼ばれ，表目1尺2寸を八つに割りつけて，つぎの八文字を当てはめた目盛りである．

財(1寸)，病(2寸)，離(3寸)，義(4寸)，官(5寸)，劫(6寸)，害(7寸)，吉(8寸)が刻まれ，この各寸が表目の1寸5分ずつとなっている．

なお，唐尺の起源については，本書の付録Ⅰに詳しく述べてあるので参照してほしい．

6. さしがねの使いかた

その他さしがねの使用法には，古来から"さしがね算法"と称して，平方根・立方根，円の面積を求める円法かね使い，径矢玄の法，傘曲法など，現在の数学的解法を，さしがねを使って解決している例がきわめて多い．

(1) 比例の求めかた

$4 : 7 = 6 : x$　　　　$x = \dfrac{6 \times 7}{4} = 10.5$

さしがねを使ってこの値を求める場合は，つぎの要領で行えばよい(1・4図参照)．

① 水墨線上に寸法をイ―ロととる．

② イ―ロから出ないようにして，ロ―ハが○寸法になるように甲にさしがねを置く．

③ ロ―ハを延長して，ロ―ニが◉寸法になるように乙のさしがねを当て，水墨と乙のさしがねの交点ホを求める．

④ ロ―ホが求める x の値である．

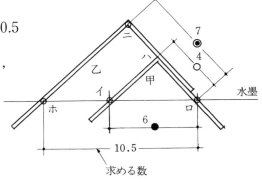

1・4図　比例の求めかた．

（2）　平方根の求めかた（開平）　$\sqrt{25}=5$ を，さしがねを使って求める場合（1・5 図参照）は，つぎのようにする．

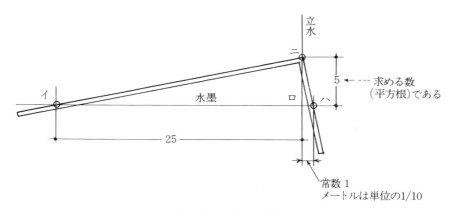

1・5 図　平方根の求めかた．

①　**イ**―**ロ**を 25 センチにとる．
②　水墨上の**ロ**―**ハ**に，常数 1 センチを加える．この常数は，単位が変わるだけ（10 センチのときは 1 センチ．）で，つねに変わらない．
③　**ロ**―**ニ**が求める数である．

（3）　立方根の求めかた（開立）　$\sqrt[3]{8}=2$ を，さしがねを使って求める場合（1・6 図参照）は，つぎのようにする．

①　水墨上の**イ**から，**イ**―**ロ**と開立する 80 をとる．
②　立水に**イ**から常数 10 を加えた**ハ**を求める．
③　2 丁のさしがねを合わせて同時に動かし，立水と 2 丁のさしがねの角が**ニ**で合うようにして**ロ**・**ホ**・**ハ**を合わせる．
④　**イ**―**ホ**は求める数（立方根）である．

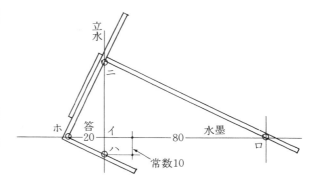

1・6 図　立方根の求めかた．

2 勾・殳・玄および勾配の種類

2・1 直角三角形と規矩術

直角三角形は規矩術の基本となっているが，その定理は"直角三角形の斜辺の長さの2乗は他の2辺の長さの2乗の和に等しい"というピタゴラスの定理である．

$$斜辺^2 = 垂線^2 + 底辺^2$$
$$\therefore 斜辺 = \sqrt{垂線^2 + 底辺^2}$$

すなわち，玄 $= \sqrt{勾^2 + 殳^2}$

となる．これによって勾配の延びを求めることができる．なお，この定理を解く代表的なものに，3，4，5の比率がある．

底辺(殳)4 m
垂線(勾)3 m ｝ の場合は，斜辺(玄)＝5 m

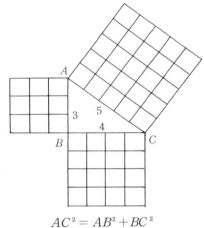

$AC^2 = AB^2 + BC^2$
$AC = \sqrt{AB^2 + BC^2}$

2・1 図　ピタゴラスの定理．

1. 三四五の法

大工が家を建てる際に，縄張りや遣り形を行うが，そのとき隅隅の直角，すなわち"矩の手"を出すため，3，4，5の比率を応用して大矩を作成し，これを使用している．大工はこの方法を，三四五の法または三四五の矩と称している．

2. 大矩の作りかた

真直な貫3丁を用意して，各辺が3，4，5の比率になるように組み合わせると，直角(90°)が得られ，これによって縄張りの矩の手を求めることができる．

2・2 勾・殳・玄

1. 勾・殳・玄とは

規矩術ではさしがねの基本となる直角三角形の各辺を，勾・殳・玄と名づけて取り扱っている．

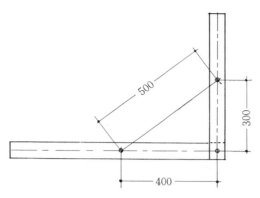

2·2 図　ピタゴラスの定理を利用して大矩（三四五の矩．）を作る．

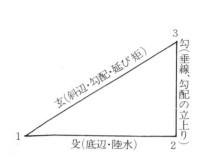

2·3 図　勾・殳・玄

勾（または鈎）＝直角三角形の垂線のこと．立上り・立水ともいう．
殳（または股）＝直角三角形の底辺のこと．陸または陸水ともいう．
玄（または弦・弦水）＝直角三角形の斜辺のこと．勾配・延び矩とも呼ぶ．

この勾・殳・玄によって作られた三角形を，さらに分解して長玄・短玄・中勾・欠勾・小中勾・小殳・補玄が定められるが，これらはいずれも規矩術にはたいせつな墨となる．

2．勾・殳・玄各部の計算法

これは計算による勾・殳・玄各部寸法の求めかたである．

規矩術においては，これら計算による方法や展開図法によって求める方法を実用化かつ簡便化して，もっぱらさしがねを使って直接墨付けができるところに規矩術の真の意義があるものと考えている．ところが，昨今の技能検定問題に計数的に求める問題が散見されるので，とくにここに各部の計算法を掲げた（2·5 図参照）．

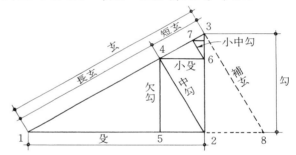

2·4 図　長玄・短玄・中勾・欠勾・小中勾・補玄．

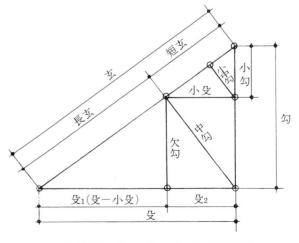

2·5 図　勾・殳・玄各部の計算．

勾の長さ$=\sqrt{玄^2-殳^2}=\sqrt{(玄\times玄)-(殳\times殳)}=\sqrt{(5\times5)-(4\times4)}=\sqrt{25-16}=\sqrt{9}=3$

殳の長さ$=\sqrt{玄^2-勾^2}=\sqrt{(玄\times玄)-(勾\times勾)}=\sqrt{(5\times5)-(3\times3)}=\sqrt{25-9}=\sqrt{16}=4$

玄の長さ$=\sqrt{勾^2+殳^2}=\sqrt{(勾\times勾)+(殳\times殳)}=\sqrt{(3\times3)+(4\times4)}=\sqrt{9+16}=\sqrt{25}=5$

中勾の長さ$=\dfrac{勾\times殳}{玄}=\dfrac{3\times4}{5}=\dfrac{12}{5}=2.4$

短玄の長さ$=\dfrac{勾^2}{玄}=\dfrac{勾\times勾}{玄}=\dfrac{3\times3}{5}=\dfrac{9}{5}=1.8$

長玄の長さ$=\dfrac{殳^2}{玄}=\dfrac{殳\times殳}{玄}=\dfrac{4\times4}{5}=\dfrac{16}{5}=3.2$

$殳_1$の長さ$=\dfrac{殳\times長玄}{玄}=\dfrac{4\times3.2}{5}=\dfrac{12.8}{5}=2.56$

$殳_2$の長さ$=\dfrac{殳\times短玄}{玄}=\dfrac{4\times1.8}{5}=\dfrac{7.2}{5}=1.44$……(小殳の長さでもある.)

小殳の長さ…($殳_2$の長さ)$=1.44$

小勾の長さ$=\dfrac{勾\times短玄}{玄}=\dfrac{3\times1.8}{5}=\dfrac{5.4}{5}=1.08$

小中勾の長さ$=\dfrac{小勾\times小殳}{短玄}=\dfrac{1.08\times1.44}{1.8}=0.864$

欠勾の長さ$=勾-小勾=3-1.08=1.92$ (または,$殳:勾=殳_1:x=4:3=2.56:x$)

2・3 勾　　　　配

　勾配とは,屋根などの傾斜の度合いをいう.すなわち,水平線を基準として,その傾斜の度合いを表すものであるが,その方法にはつぎのものがある.

　第1法…角度で表す方法,第2法…分数で表す方法,第3法…水平の長さを基準として,立上りの寸法を以て表す方法.

　従来建築工法においては,主として第3の方法,すなわち水平の長さ(殳)を1尺(常数)と定め,これに対する立上り寸法(勾)をその勾配の呼び名(4寸勾配,6寸勾配など)とした呼称が用いられた.

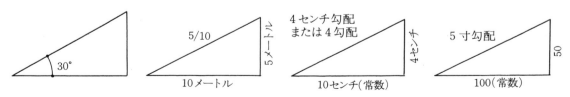

(a) 角度で表示.　(b) 分数で表示.　(c) 水平長さに対する立上り寸法で表示.　(d) 従来の表示.

2・6 図　勾配の表示のしかた.

つぎに規矩術に関係ある各種勾配について述べる．

1. 平勾配

（1） 平勾配とは 屋根の隅の勾配に対して垂木の流れの勾配を平勾配という．すなわち，梁間と束と垂木とが構成する傾斜を平勾配というのである（2・7図参照）．

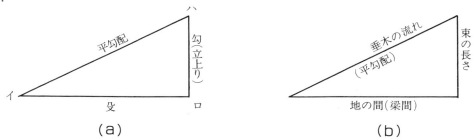

2・7 図　平勾配（平勾配とは，梁間と束と垂木で構成する勾配である．）

しかし一般にはこれを平勾配といわず，たんに勾配と呼べば平勾配の意味に通じることになっている．

平勾配を定めるには，水平線に基準寸法（常数）1尺をとり，その一端から立上り寸法を立てて勾配を作ればよく，その立上り寸法が勾配の名称となっている．換言すれば，勾が殳より小さいもの，すなわち矩勾配までを平勾配と呼ぶのである．

$$殳 > 勾$$

（2） メートル法による平勾配の定めかた　従来より使いなれた，殳1尺に対する立上り寸法によって呼称した4寸勾配・5寸勾配などと記憶的な関連性を持たせるために，勾配の基本となる常数（殳の寸法）を10センチメートルと定めた．すなわち，4.5/10勾配は旧4寸5分勾配，5/10勾配は旧5寸勾配と，従来の勾配の呼びかたに似ているので記憶しやすいと考えたからである．

しかし，実際にさしがねを使うときは，殳10センチメートルでは小さすぎる場合があるので，その場合には殳と勾をともに2倍または3倍にして使えば，何も不自由はない．

2・1表　メートル法による平勾配．

殳	勾	名　　　称	旧 名 称
10センチ（常数）	5センチ	5センチ勾配または5勾配，5/10勾配	5寸勾配
10センチ（常数）	4.5センチ	4.5センチ勾配または4.5勾配，4.5/10勾配	4寸5分勾配

2. 矩勾配

殳と勾の寸法が同じ場合(傾斜45°)の勾配は，1：1勾配とか1尺勾配，または10センチ勾配といわず，とくに矩勾配と呼ぶ(2・8図参照)．

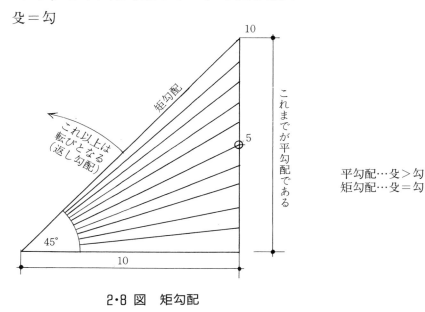

2・8図　矩勾配

3. 返し勾配

(1) 返し勾配とは　矩勾配より傾斜が急な場合は，これを返し勾配または転び勾配と呼ぶ．

殳＜勾

返し勾配には，5寸勾配の返し勾配，5センチの返し勾配などのように，必ずその勾配の名称がつけられる(2・9図)．

返し勾配はまた，つぎのようにも呼ばれる．

- 何何勾配の返し
- 何何勾配の転び

または，

- 何何の転び
- 何何の乗り勾配

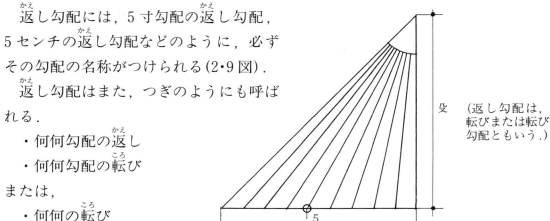

2・9図　返し勾配

(2) さしがねによって返し勾配を求める方法(2・10図参照)

常数の殳の側を引く＝平勾配

立上り寸法(勾)の側を引く＝返し勾配

すなわち，勾配の代名詞になっている寸法の側を引けば，その返し勾配である．

（例）　長玄の側を引く＝長玄の返し勾配

　　　　中勾の側を引く＝中勾の返し勾配

　　　　5寸勾配の5寸の側を引く＝5寸の返し勾配

　　　　4.5センチ勾配の4.5センチの側を引く＝4.5センチ勾配の返し

2・10図　さしがねで作る平勾配と返し勾配．

4. 隅勾配

寄棟屋根の降り棟のように，四方の勾配が集まったところに稜線すなわち分水嶺のような隅ができるが，この隅の傾斜を隅勾配という．

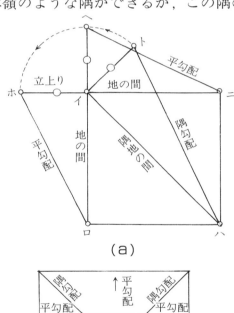

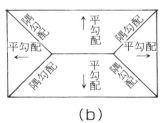

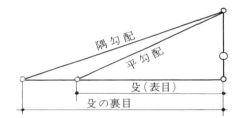

(c)　束の長さは同じでも，殳は隅の間(殳の裏目．)に延びるから隅勾配はゆるくなる．

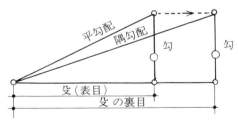

(d)　殳の寸法が延びても，束の長さは同じであるから，隅勾配がゆるくなる．

2・11図　平勾配と隅勾配との関係．

（1）**平勾配と隅勾配の関係**　2・11図に示すような，平勾配の二方向を平地の間と呼び，この両地の間のあいだにできる隅の対角線を隅地の間と呼ぶ．これは平地の間寸法の裏目となる．

（2）隅勾配の求めかた　2・12図において
① 平勾配の勾×0.7071＝隅勾配

工匠はこれを七勾配または七掛け勾配と呼んでいる．

② （殳の裏目）対（平勾配の勾）＝隅勾配

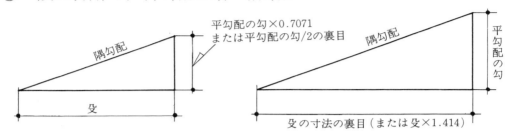

(a) 半裏目で，平勾配の勾の寸法をとる（半裏目のついた訓練用さしがねが市販されている．）

(b)

2・12図　隅勾配の求めかた．

③ （殳）対（平勾配の勾の半裏目）＝隅勾配

④ （殳）対（平勾配の勾/2の裏目）＝隅勾配

〔注〕　なお，半裏目については，2・21図参照．

（3）さしがねを使って隅勾配を求める方法　長手に殳の裏目をとり，短手に平勾配の立上りをとって，長手側を引けば隅勾配となる（上述の②の方法である．）．

2・13図　さしがねでかく隅勾配．

5. 中勾および中勾勾配

（1）中勾勾配の用途　四方転びの向こう留めや竪胴付きなどの墨に使われる（2・14図参照）．

（2）中勾の長さ　平勾配の玄のニから口に矩をかけるとニ—口は中勾の長さである〔2・14図(a)参照〕．

（3）中勾勾配　平勾配の殳に中勾の長さを立上りとした勾配である．

また，つぎの方法によっても，中勾勾配が求められる．

（ⅰ）延び矩法による中勾勾配　殳の位置に玄の長さをとり，平勾配の勾を立

勾配 | 2・3 | 015

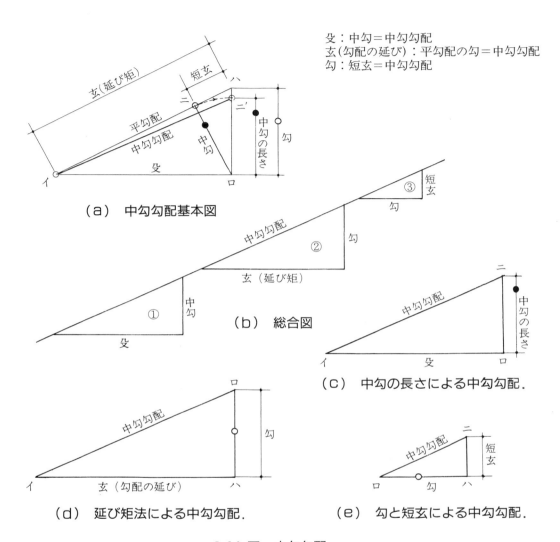

2・14 図　中勾勾配

上りとした勾配は，中勾の勾配となる〔2・14 図(d)参照〕．

　〔注〕　延び矩法とは … 玄の長さから殳の長さを差し引いた残りの寸法を延びというのであるが，延び矩法は，殳にこの延びを加算した長さ，すなわち玄の長さ（勾配の延びた長さ．）をふつうの場合の殳の位置に置き替える方法である．すなわち，(玄)と(平勾配の立上り)＝中勾勾配である．

　(ii)　**勾と短玄による中勾勾配**　殳の位置に平勾配の勾(立上り)の長さを置き，短玄の寸法を立上りとした勾配は中勾勾配である〔2・14 図(e)参照〕．

　　　　(勾)と(短玄)＝中勾勾配

6. 長玄および長玄の勾配

（1） 長玄の勾配の用途　四方転びの上端留め（返し勾配），配付垂木の上端墨などに使われる．

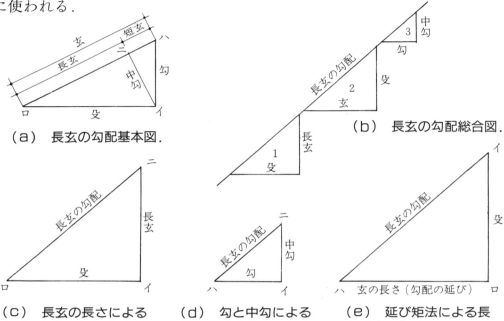

2・15 図　長玄の勾配．

（2） 長玄の長さ　平勾配の玄のニから中勾を引けば，玄が上下二つにわかれるが，このうち長いほうロ―ニは長玄，短いほうニ―ハは短玄と呼ぶ〔2・15 図（a）参照〕．

（3） 長玄の勾配　殳と長玄の長さを勾とした勾配である．また，つぎの方法によっても長玄の勾配が求められる（2・15 図参照）．

（i） 延び矩法による長玄の勾配　平勾配の玄（すなわち勾配の延び．）を使って長玄の勾配を求める方法である．なお，この方法と同じ矩の使いかたであるが，玄の勾配と呼ばれるものがある〔2・15 図（e）参照〕．

延び矩法と玄の勾配とは，その解釈のしかたによって表現が違ってくるだけである．

（a） 延び矩法の長玄という場合　2・16 図（b）に示すように，
延び矩×殳＝延び矩の側を引くと長玄の勾配となる．

（b） 玄の勾配という場合　2・16 図（b）に示すように，
玄×殳＝殳のほうを引くと玄の勾配となる．

① 玄の勾配 … 延び矩を使う方法である．玄の勾配は長玄の返し勾配であり，玄の返し勾配は長玄の勾配である．
② 裏の目勾配は，隅木の投げ墨に使う．
③ 倍勾配は，隅木の投げ墨に使う．すなわち，隅勾配の勾の2倍である．
　すなわち，玄の勾配を延び矩法でいえば返し勾配であり，長玄の勾配でいえば長玄の返しである．

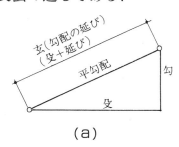 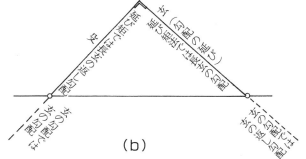

2・16図　玄の勾配．

　すなわち，長玄の勾配を使うか所には玄の返し勾配，長玄の返しを使うか所には玄の勾配を当てはめることになる．
（ⅱ）**勾と中勾による長玄の勾配**　勾を陸水とし，中勾の長さを立上りとして形成される勾配は，長玄の勾配である〔2・15図（d）参照〕．

7．短玄の勾配

（1）**短玄の勾配の用途**　四方転びの上端胴付きにこの返し勾配が使われる（2・17図参照）．

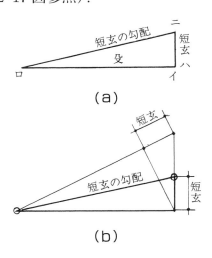 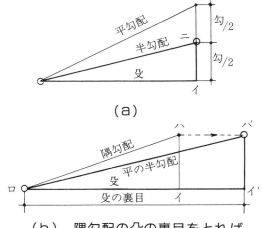

2・17図　短玄の勾配．

（b）隅勾配の殳の裏目をとればハ′—ロは，平の半勾配である．

2・18図　半勾配

(2) 短玄の長さ　玄の長さを中勾の線で2分した短いほうが短玄の寸法である〔2・15図(a)参照〕.

 (3) 短玄の勾配　平勾配の殳と短玄の長さを立上りとした勾配である.

8. 半勾配

平勾配の殳をそのままにし，その立上りだけ立上りの1/2とした勾配である．これは，隅木の桁への落ち掛かり勾配や，隅木を柱に差し付ける隅木下端の勾配墨に使われる（2・18図参照）.

〔注〕 隅勾配の殳が裏目になると，その勾配が平の半勾配に戻る．

9. 裏の目勾配

投げ墨を出す場合に使われる勾配である．平勾配の殳をそのままにして，勾（立上り）の位置に勾の裏目の長さを置き替えてできる勾配を裏の目勾配という（2・19図参照）.

(殳)と(勾の裏目)＝裏の目勾配

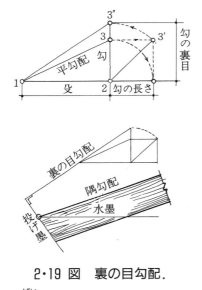

2・19 図　裏の目勾配．

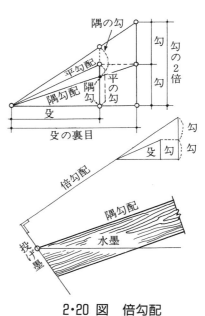

2・20 図　倍勾配

10. 倍勾配

倍勾配は，投げ墨を出す場合に使われる勾配である（2・20図参照）．

第1法 … (殳の裏目)と(平勾配の勾の2倍).

第2法 … (殳)と(隅勾配の勾の2倍).

この方法は，図式解法によく使われている．

〔注〕 裏の目勾配と倍勾配とは，勾配の角度はまったく同じである．

2・4 平勾配と隅勾配・半勾配との関係(参考)

1. 総合図〔2・21図(a)参照〕
平勾配＝イ—ロ—ハ
隅勾配＝イ—ロ′—ハ′（イ—ロ—ニ）
半勾配＝イ—ロ′—ニ′（イ—ロ—ホ）

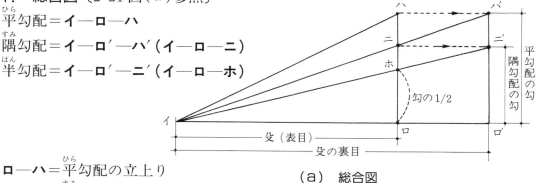

ロ—ハ＝平勾配の立上り
ロ—ニ＝隅勾配の立上り
ロ—ホ＝半勾配の立上り

2. 裏目と半裏目(七の矩)

2・21図(b)のAは裏目の出しかたである．

裏目は，表目×1.414であるが，すでにさしがねに刻まれている．

同図のBは七の矩，または半裏目と称せられるものである．七の矩は，表目×0.7071であるが，ふつうさしがねにはこの目盛りは刻まれていない．現在サンワ研究所の半裏目付きメートルさしがねだけに刻まれている．

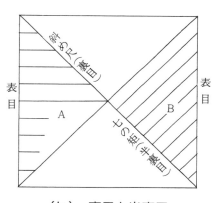

(b) 裏目と半裏目.

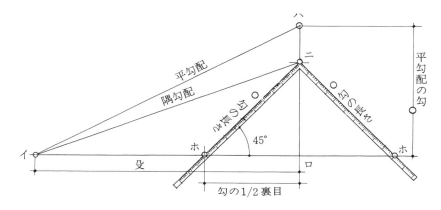

(c) 半裏目盛りがない場合.

2・21図 平勾配と隅勾配・半勾配との関係．

3. 半裏目盛りがない場合〔2・21図(c)参照〕

勾の長さを両方にとり，その頂点をハ—ロ線に合わせればロ—ニはロ—ハの七の矩である．またロより勾の1/2の長さを裏目でロ—ホととり，矩勾配を引けば，ロ—ハ線にニ点が得られる．

2・5 平勾配・隅勾配・落ち掛かり勾配の関係

真隅の場合に，平勾配を知って隅勾配・落ち掛かり勾配・投げ墨を求める方法であるが，またそれぞれの墨は平勾配に対してどんな関係にあるかも知ることができる．

すなわち隅勾配の半裏目，投げ墨の裏の目勾配，倍勾配の証明にも役立つ．

2・22図(a)と(b)とを照合してみると，各勾配の関係がよくわかる．

とくに倍勾配，七の矩(半裏目)，およびなぜ落ち掛かり勾配が平の半勾配になるかがよくわかる．

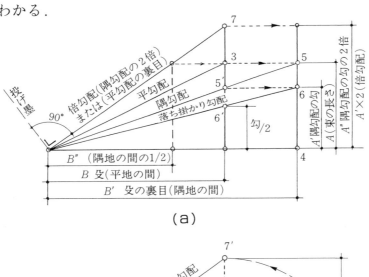

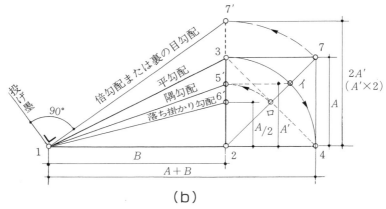

2・22 図　平勾配・隅勾配・落ち掛かり勾配の関係．

2・6 隅木の山勾配(その1)

隅木の上端は両方の屋根面が合うので山形となる．この勾配を隅木の山勾配という．また，隅木の口脇，背峰とも呼ばれている．

隅木の山勾配は隅勾配の中勾勾配である．

2・23図(c)において

　　イ—ロ，ハ—ロ … 地の間　　**ロ—ニ** … 隅地の間　　**ロ—ホ** … 平勾配の立上り(勾)

ロ—ニの隅地の間から直角に**ヘ—ト**線を引く．このときの①点は任意に定めてよい．この線により**ニ—①—2**の隅勾配ができる．

　　● … **ニ—①**を殳とした中勾．　　○ … **ニ—①**を殳とした勾．

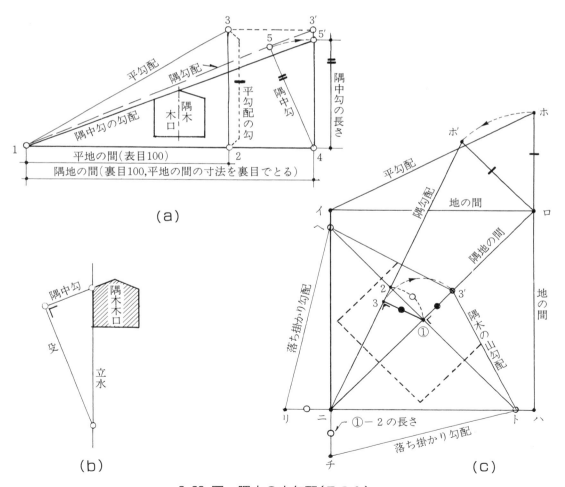

2・23図　隅木の山勾配(その1)．

2・7 隅木の山勾配(その2)

隅木の木口の切りかたによって，木口(断面)で見る勾配は変わってくる．すなわち2・24図において

① 上端＝直角，成＝直角の場合は，隅中勾の勾配である〔同図(a)参照〕．
② 上端＝直角，成＝立水(垂直)の場合は，隅の勾配である〔同図(b)参照〕．
③ 上端＝45°，成＝立水の場合は，内角のほうの半分は成に直角，後の半分は平勾配，下端は平の半勾配である〔同図(c)参照〕．

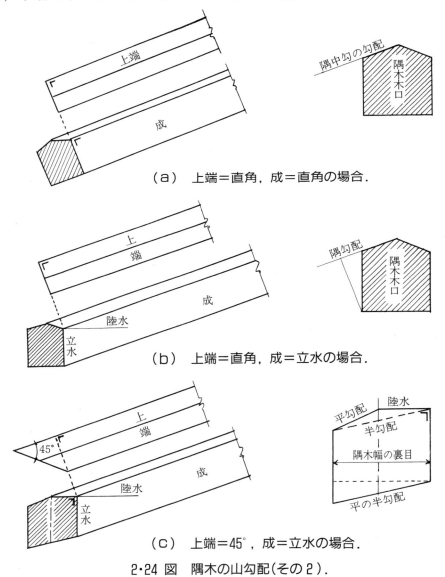

(a) 上端＝直角，成＝直角の場合．

(b) 上端＝直角，成＝立水の場合．

(c) 上端＝45°，成＝立水の場合．

2・24図 隅木の山勾配(その2)．

2・8　隅木の山勾配（その３）

隅木の山勾配を簡単に求める方法は，つぎのとおりである．すなわち，2・25図（a）において

① 隅木の側面に隅勾配の水墨を引く（上端を勾配として．）．
② 隅木幅の1/2を水墨の隅木上端に接した点イからロととる．
③ ロ点を通る上端角との平行線を引けば口脇線となる．

また，水墨の引きかたは，2・25図（b）に示すとおりである．すなわち，隅木の上端から，軒先のほうが隅勾配になるように引く．

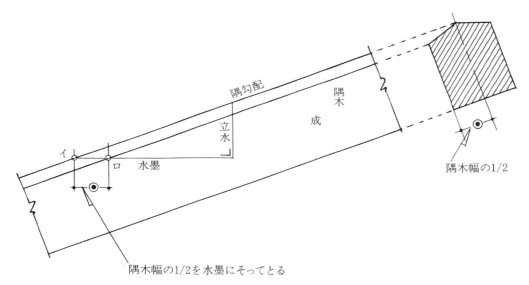

（a）　隅木の山勾配を簡単に求める方法．

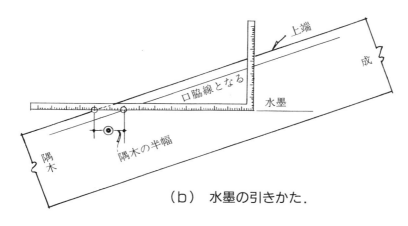

（b）　水墨の引きかた．

2・25 図　隅木の山勾配（その３）．

3

四方転び

3・1 四方転びとは

　四方転びとは，じょうご(漏斗)・支輪・茅負・水切り・転び母屋などの留め墨および踏台，鐘楼や水屋の柱などのように，二方向に傾斜して方錐形の稜に似た勾配をもつものである．この傾斜が二方向とも同じ勾配のものと，二方向ともそれぞれ違った勾配のもの，すなわち振れ四方転びがある．

1.　四方転びの墨についての注意

①　ここでは二方向とも同じ勾配をもつものであること．

②　上端の面が側面の傾斜に対して直角に傾斜していること(上端が側面と直角でなかったり，水平である場合には，別の方法をとらなければならない．)．

③　以上の条件の場合は，上端の留めは，その勾配の長玄の返し勾配，上端胴付きは短玄の返し勾配となる．また向こう留めはその勾配の中勾の返し勾配である．

④　したがって，これと同じ条件であれば，出隅も入隅も同じ墨でよい．

2.　四方転び上端墨の簡便法

　昔から理屈抜きの簡便な墨を出す方法がたくさんあるが，そのうちで，一番利用されかつ便利なのは，「木の身返し法」である．それは，墨をつける材料の木幅がいくらあっても１と考えて，これを基準の殳にした勾配の近似三角形をつくって，いろいろの条件に当てはめるのである．つぎに木の身返しの解説図を掲げておく．

(1)　上端留め墨(3・1図参照)

①　上端１点から平勾配を引き，平勾配に沿って上端幅○を1—2ととる．

②　2点より後縁に矩をかけ4点を得，4—1を結ぶと上端留め墨である．

〔解説〕

①　平勾配の上にとった幅○を殳と考えた勾配図を画くと，1—2—3となる．

②　1—3線から2点に矩をかけると，1—5は長玄，5—3は短玄になる．すなわ

ち殳○と1—5(長玄の長さ)とで矩を使えば，1—5—4は長玄で画く勾配図となるので，ここでは長玄の返しとなる．

（2） 向こう留め墨（3・2図参照）

① 1から平の返し勾配を引き，その返し勾配に沿って成の高さを1—2ととる．

② 2点より矩をかけて3を得，1—3を結ぶと向こう留め墨となる．

〔解説〕

返し勾配にとった●寸法を殳と考えて，2—4と勾を取れば，2—5はその中勾の長さとなる．したがって，殳●と2—5(中勾の長さ)とで勾を使えば，1—2—5は中勾の勾配図となるので，ここでは中勾の返しとなる．

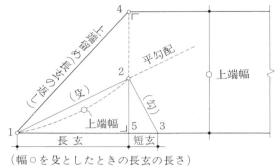

3・1図　木の身返し（1）上端留め墨

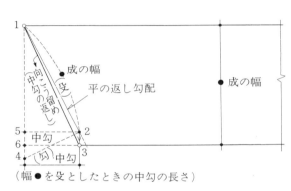

3・2図　木の身返し（2）向こう留め墨

3・2　四方転びの例

1．四方留め

四方留めは，朝顔留めともいい，棒隅の茅負・広小舞い・水切りなどに使われる．

　　上端留め＝長玄の返し勾配　　　向こう留め＝中勾の返し勾配

実際の墨付けには，茅負・端隠しの項を参照して，簡易な木の身返し法によると便利である．3・3図に示すものは，つぎの条件によったものである．

① 上端は，側面の転びに対して直角であること．

② 正面と側面の勾配は，同一であること．

2．四方胴付き

四方胴付きは，朝顔胴付きまたは朝顔矩ともいう．

これは，踏台をさかさまにしたときの貫の墨と同じである．

　　上端胴付き＝短玄の返し勾配

上端の低い側が短くなるように矩をかける（3・4図のように下方が狭い場合．）．

　　向こう胴付き＝中勾の返し勾配

第3章　四方転び

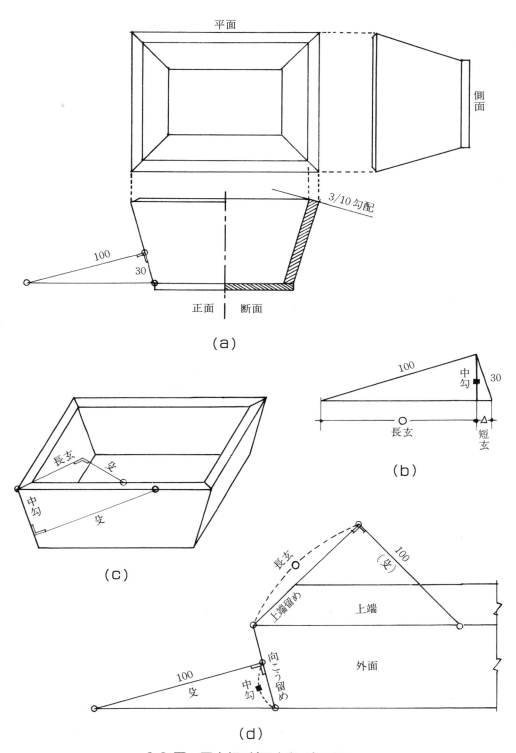

3・3 図　四方転び(四方留め)の例.

四方転びの例 | 3・2 | 027

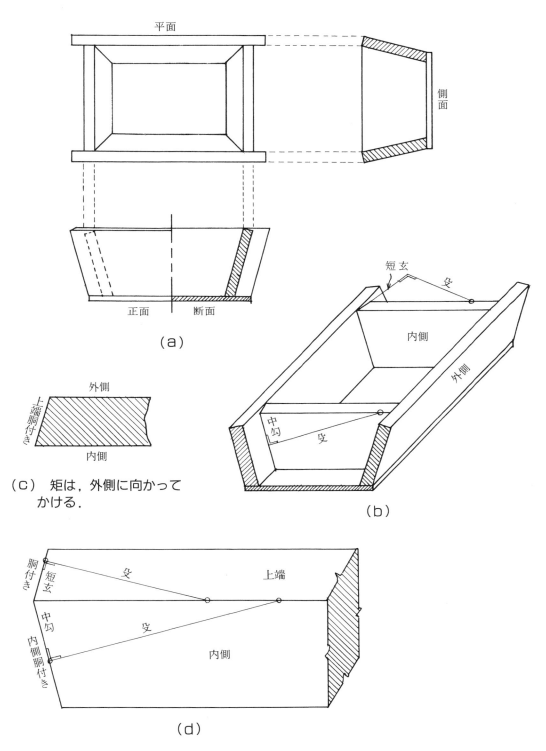

3・4 図　四方転び(四方胴付き)の例.

4
棒隅屋根

4・1 棒隅屋根

　切妻屋根は，左右の平勾配をもつだけであるが，方形屋根・寄棟屋根，あるいは日本住宅の回り縁側の屋根などには，角がある．この角に当たるところを隅といい，ここにできた勾配を隅勾配という．
　棒隅とは，軒に反がなく，かつ隅木が桁に対して45°の位置に納まるものをいい，反隅・振れ隅に対して区別している．
　なお，棒隅屋根には，つぎの名称がつけられている．

　①　屋根の平　…　屋根の棟から軒先までの傾斜面（垂木の流れ．）をいう．すなわち，平勾配によって取り扱われる傾斜面である．

　②　屋根の小平　…　隅木の左右に流れる屋根の三角形の傾斜面をいう．規矩ではこの小平を使って，隅木や配付垂木の実際の長さを算出する方法を"小平起し"といっている．

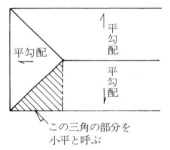

4・1図　棒隅屋根

　なお，小平を使った小平起しの法とは，勾配の延びを使うことである．

4・2　隅に関係のある勾配および墨

隅に関係のある勾配および墨については，つぎのものがある．

1. 平勾配
2. 隅勾配
3. 隅木山勾配
4. 投げ墨
5. 隅木端切り墨
6. 隅木落ち掛かり勾配墨
7. 配付垂木胴付き墨
8. 広小舞い留め墨
9. たすき墨・馬乗墨
10. 出中・入中・本中

4・3 垂木配りの方法

1. 垂木配りの種類

垂木配りは，垂木割りとも呼ばれ，つぎのように本繁割り・半繁割り・疎割り・吹寄せ割りなどがある．

(1) **本繁割り** 垂木と垂木の間隔を，垂木下端幅のあきとする"小間返し"と，垂木の成をあきとする"背返し"とがある．

また，この場合の垂木の割合わせは，柱真に，垂木間の中心が合うように配るのがふつうである．

(2) **半繁割り** 垂木と垂木との間隔を，(幅＋成)とするものと，(幅×2)とするものとがある．また，この場合の垂木の割合わせは，柱真と垂木真とを合わせるのがふつうである．

(3) **疎割り** これは，最も簡単で一般的なものである．

垂木間が相当広く，1間の四つ割りまたはこれに1本込み五つ割りなどがある．

(4) **吹寄せ割り** 4・2図(3)の(b)にその例を示したが，これのほかに3丁ずつの吹寄せとか，その間隔を広く

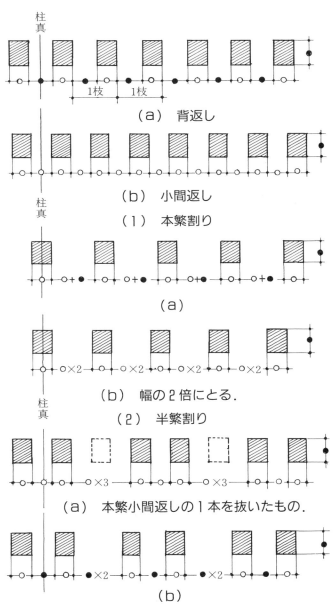

(注) 垂木下端幅は，1枝を22に割り，10を下端とする．
垂木成は，下端の大きさの2割増しとする．

4・2図 垂木配りの方法．

したものなど，いろいろの手法が用いられる．

2. 垂木の大きさ

垂木の大きさは，柱間の大小によって枝数を異にするが，柱の間を垂木数に割れば1枝となる．1枝は垂木下端1本と小間一つを合わせたものである(4・2図)．

垂木の大きさは，この1枝を22分して，その10を下端幅とし，成はこれに2割増しとする．

3. 隅木の大きさ

下端幅は垂木幅の2倍に，成は口脇の肩まで垂木成の2倍とするのがふつうである．

以上のように，それぞれの割りかたによって垂木間を柱真振分けにするものと，垂木を柱真に配るものとがあって，一様ではないが，茅負または広小舞いの下端と隅木面の交点から垂木間寸法が定められるため，おのずから軒出寸法も決定されることになるのである．

けれども，社寺建築や本格的な垂木配りをするものを除いた一般的な建築では，軒桁真を垂木真と押さえて，これを基準に割り出し，軒先の垂木配りの間隔については深く考慮に入れず，軒の出を定めている．

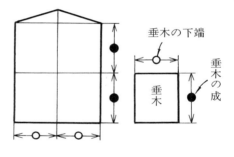

4・3 図　隅木の大きさ．

4・4 軒の出の計りかた

軒の出を定めるのに，茅負や広小舞いの前面下端の点で計るのが通例であるが，垂木端で計る場合もあり，これにも垂木上端で計る場合と垂木下端で計る場合とがある(4・4図)．

軒の出を定める場合には，垂木間に半端ができないように，垂木間の割出しをうまく考えなければならない．その垂木間を割り出す方法としては，垂木真を基準として割り出す方法と，垂木面を基準として割り出す方法との二つがある．

1. 垂木面を基準とする場合

隅木面と茅負(または広小舞い．)の面と一致する**イ**点を垂木面と定める．この場合は，4・5図に示すように計る．

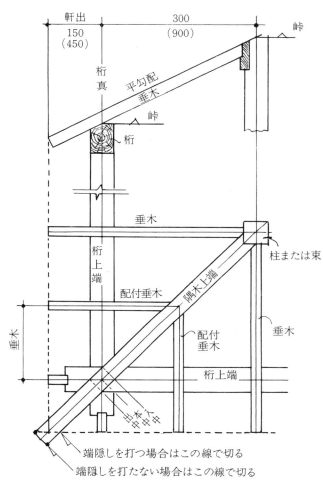

(a) 隅木端の切りかた．

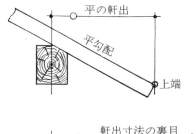

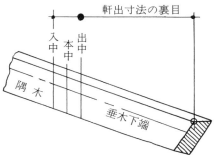

(b) 垂木の上端で軒の出寸法をとる場合(一般的な方法．)．

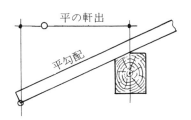

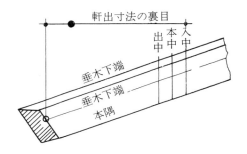

(c) 垂木の下端で軒の出寸法をとる場合．

〔注〕 1. 隅木の長さを計る場合は，入中から計る．
2. 垂木配りの場合は，出中から計る．

4・4 図　軒の出の計りかた．

第4章 棒隅屋根

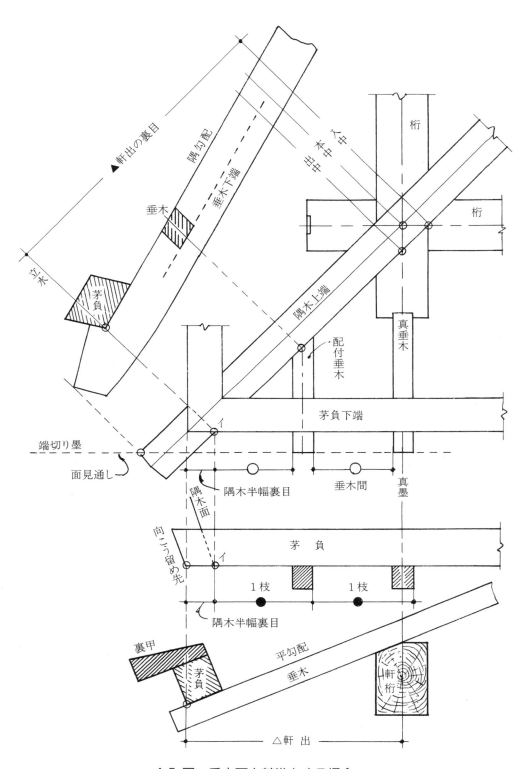

4・5図 垂木面を基準とする場合.

2. 垂木真を基準とする場合

隅木面と茅負の面とが一致する**イ**点に垂木幅の半分を加えた点から計ると，垂木配りの幅が同じになる（4・6 図参照）．

〔注〕 隅木には，**イ**点に垂木半幅の裏目を加えた**ロ**点を垂木真として割り出す．

4・5 隅木墨のしかた

隅木の長さは，ふつうの場合，隅木の側面で計って墨をするので，軒の出や母屋の間隔などの長さを計って得た点は入中となる．すなわち，入中は隅木の長さを計る基準となる墨である．

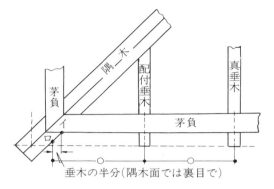

4・6 図 垂木真を基準とする場合．

1. 隅木面(成)の墨

① 入中の点に立水を引く．立水とは，隅勾配の返し勾配を引くことである．

② 入中の墨より隅木幅を表目で陸水（水平）にそって戻り，立水を引くと出中である．この出中は配付合掌や垂木配りをする基準となる．

③ 入中と出中の中央は本中となり，隅木上端における桁と隅木との中心となる墨（真墨）である．

2. 隅木上端墨

馬乗墨と呼ばれるX形の墨であるが，山勾配がある場合と山勾配のない場合によって違ってくる．

（1） **隅木に山勾配がある場合** 隅木に正しい山勾配がある場合の馬乗墨は，直線のX形とはならず，本中の頂点を中心として，上方と下方とでは勾配が異なっている．

① 本中より上のほうは … 長玄の返し勾配（平勾配の．）（玄の勾配でもよい．）．

② 本中より下のほうは … 長玄の勾配（玄の返し勾配．）．

（2） **隅木に山勾配がない場合** 4・8 図のとおり，下端のたすき（襷）墨と同じで，隅長玄の勾配である．すなわち，隅合掌の上端がそれである．

3. 隅木下端墨

たすき墨と呼ばれるX形の墨であって，隅長玄の勾配である．

4. 馬乗墨
（1） 隅木に山勾配がある場合 馬乗墨は隅木の上端で出中・入中の線をX形に結んだ線であるが，山勾配があるため直線の形ではない．すなわち，本中より上は長玄の返し勾配，本中より下は長玄の勾配となる．

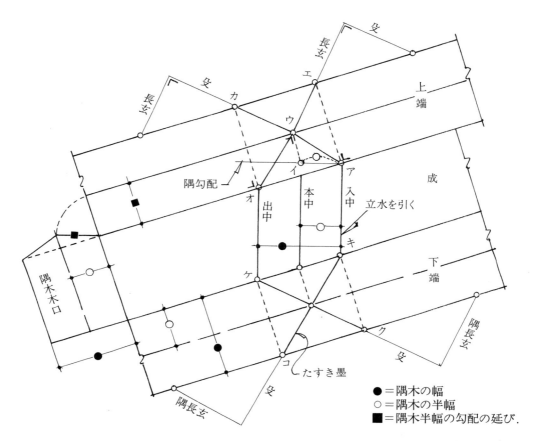

4・7 図　隅木上端に山勾配がある場合の隅木墨．

馬乗墨の簡単な求めかた（4・7 図参照．）をつぎに述べる．
① 入中および出中より**ア―エ**および**オ―カ**と矩をかけておく．
② **ア**点から隅木上端に隅勾配を引き，**ア―イ**と隅木半幅を表目でとり，**イ**点から頂点に向かって隅木から矩をかけると**ウ**点となる．
③ **ア―ウ**および**エ―ウ**を結べば長玄の返しとなり，**オ―ウ**および**カ―ウ**を結べば長玄の勾配となる．

（2） 隅木上端に山勾配がない場合 この場合は隅木下端のたすき墨と同じ隅長玄の勾配で直線のX形となる．すなわち上端墨と下端墨は同じである（4・8図）．

（3） 山勾配がなく，上端に山勾配をとるものと仮定して上端の墨を引く場合

① 入中・出中の立水は口脇線のところから矩をかけて上端に回す(4・9図)．

② 本中の墨は隅木上端まで立水を引き上げてから矩をかけて真を求め，上端の入中・出中の線を結んでX形を作る(4・9図)．

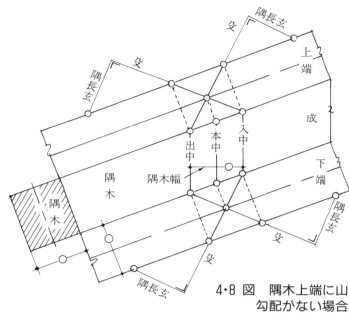

4・8図 隅木上端に山勾配がない場合の隅木墨．

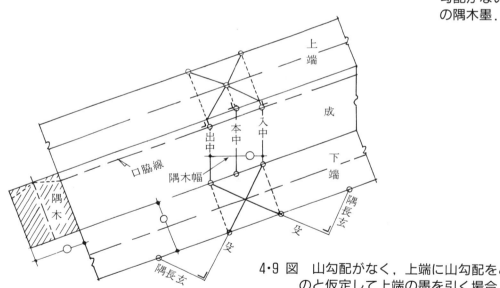

4・9図 山勾配がなく，上端に山勾配をとるものと仮定して上端の墨を引く場合．

5．たすき墨

たすき墨の簡単な求めかたは，4・7図に示したように，隅木側面の入中および出中を，下端に矩をかけて**キ―コ**および**ケ―ク**を直線で結べば，隅長玄の勾配となっている．

たすき墨は，隅木の下端で出中・入中の線をX形に結んだ線である．すなわち隅長玄の勾配となる．

6. 馬乗墨とたすき墨について

古来は桁の真墨を上端墨・下端墨の二つだけで処理していたようであるが，その後，馬乗墨・たすき墨または三合墨という言葉が使われるようになった．これを厳密にいうと馬乗墨は隅木を直角にまたいだ4·7図の**エ・ア**および**カ・オ**である．

また，たすき墨は上端の**ウ**を中心とした**エ・ア・カ・オ**のX形と下端の**キ・ク・ケ・コ**のX形である．そうなると上端のたすき墨，下端のたすき墨といわねばならないので，そのわずらわしさをさけて古来の上端墨全部を馬乗墨，下端墨をたすき墨と定めた．

馬乗墨(上端たすき墨)および下たすき墨の簡単な求めかたとその理由をつぎに述べる．4·10図は山勾配を正確に削った上端への墨のしかたであって，4·7図のものを再録して解説する．

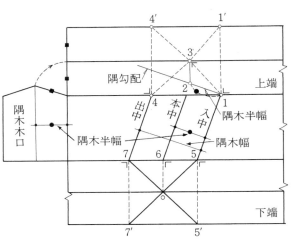

（上端墨）　① 入中の1点より隅勾配を引く（裏目10センチと平勾配の立上り）．② 1点より隅勾配線にそい，隅木の半幅を1—2ととる．③ 2点より隅木面に直角に山勾配の頂点に2—3と引く．④ 1・1′・4・4′より斜めに3を結ぶ．
（下端墨）　5・6・7より直角を引き，5′・7′を得，5′・7および5・7′を結ぶとたすき墨となる．

(a)

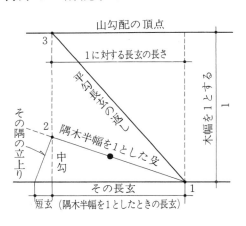

(b) 木の身返し法による上端墨の証明(長玄を使用)．

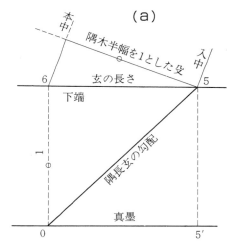

(c) 木の身返し法による上端墨の証明(延び矩を使用)．

4·10 図　上端たすき墨と下たすき墨の求めかた．

7. 隅木の山勾配

（1） 木口の切りかたによる場合　隅木の木口の切りかたによって，木口の断面で見る勾配が変わってくる．

① 上端・成の両方とも直角である場合の隅木の山勾配は，隅中勾の勾配である．

② 上端が直角であって成が立水である場合の隅木の山勾配は隅勾配である．

③ 上端が45°であって，成が立水である場合の隅木の山勾配は，内角のほうの半分は成に直角，後の半分は平勾配，下端は平の半勾配である．

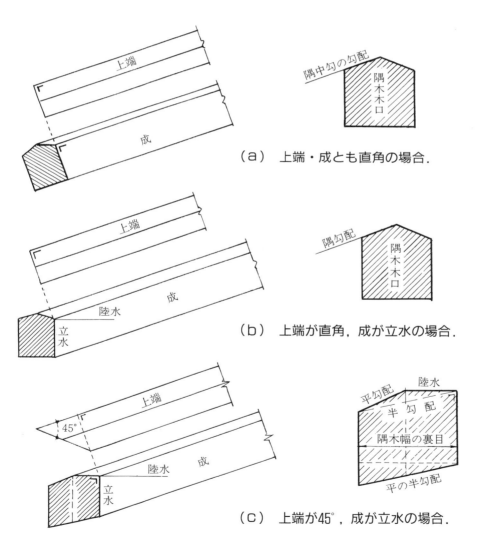

(a) 上端・成とも直角の場合．

(b) 上端が直角，成が立水の場合．

(c) 上端が45°，成が立水の場合．

4・11図　隅木木口の切りかたによる勾配．

（2） 隅木の山勾配を簡単に求める方法　隅木の山勾配の簡単な求めかたとして，4・12図に示す方法がある．すなわち
① 隅木の側面に，上端を勾配として，隅勾配の水墨を引く．
② 隅木幅の1/2を，水墨の隅木上端に接した点イからロととる．
③ 点ロを通る上端角との平行線を引けば口脇線となる．

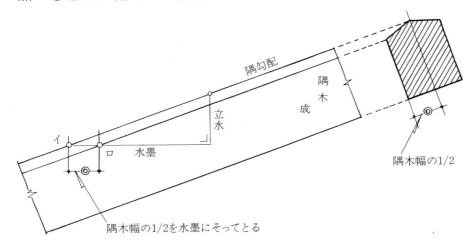

4・12図　隅木の山勾配の簡単な求めかた．

（3） 水墨の引きかた
　水墨は，4・13図に示すように，隅木の上端から，軒先のほうが隅勾配になるように引く．

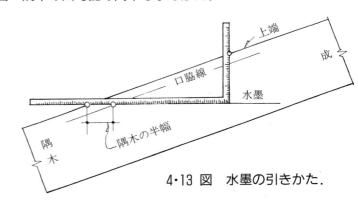

4・13図　水墨の引きかた．

8. 投げ墨

　投げ墨は，茅負または広小舞いを隅木面で切ったものとして，その断面を考えてみればよい．
　すなわち，平勾配(垂木の流れ)に直角である茅負などの前面が，隅木面への見通しとなる線が投げ墨として現れるのであるが，その方法は，つぎに詳述するように，展開図による求めかた，作図による求めかた，総合図による求めかた，隅勾配にそって求める方法などから，材に直接墨付けする便利な方法まで，多種多様である．

(1) 展開図による投げ墨の求めかた
〔4・14図(a)および(b)〕 垂直の高さは，4・14図(a)の高さ(**イ**から立水の高さ.)はそのままにして，前面上端角から立水への水平の長さ(**ハ**から**ニ**.)および後下端角から立水への水平の長さ(**ホ**から**ロ**.)を，それぞれ裏目になおして，その点を結べば同図(b)の断面の形，および投げ墨の図解ができる.

(i) 垂木流れの茅負 4・14図(a)において

イから**ハ**の長さ.
イから**ロ**の長さ.
ロから**ホ**の長さ.
ハから**ニ**の長さ.

が，それぞれ垂木流れの茅負である.

(ii) 隅木の茅負 4・14図(b)において

イから**ハ′**の長さ.
イから**ロ′**の長さ.
ロ′から**ホ′**の長さの裏目.
ハ′から**ニ′**の長さの裏目.

がそれぞれ隅木の茅負である.

(2) 作図による投げ墨の求めかた
4・15図において

イ—**ロ**—**ニ**と平勾配を引く.
イ—**ロ**から矩をかけ，**ホ**とする.
ニから**ロ**の寸法を，裏目で**ニ**から**ハ**ととる.
ハから**ホ**を結ぶ.
ハから**ホ**の線は隅勾配に対して投げ墨となる.

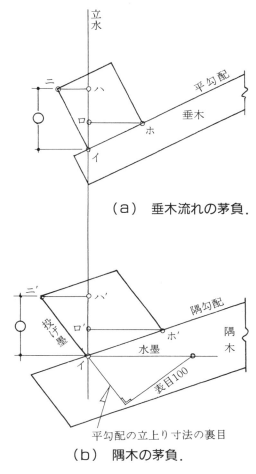

(a) 垂木流れの茅負.

(b) 隅木の茅負.

（注） ○印は，両方同じ長さである.
4・14図 展開図による投げ墨の求めかた.

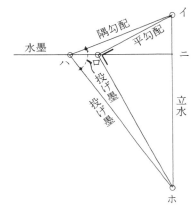

（注） **ニ**—**ハ**は**ニ**—**ロ**の裏目である.
4・15図 作図による投げ墨の求めかた.

第4章 　棒隅屋根

（3） 総合図・隅勾配にそって投げ墨を求める　4・16図は総合図によって，また4・17図は隅勾配にそって投げ墨を求める方法を示したものである．

（4） 型板の作りかた　4・18図は，その要領を示したものである．

イ—ロ—ハは正規の勾・殳・玄である．

〔注〕 B … 正規平勾配の殳．A … 正規平勾配の殳．A' … 勾の裏目（Aの裏目）．

A_2 … 欠勾

A_2' … 欠勾の1/2の裏目．

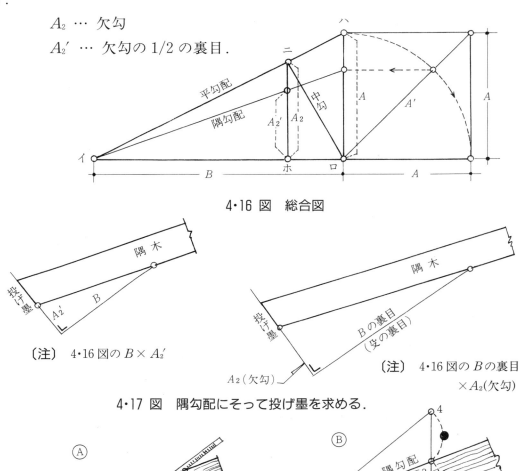

4・16 図　総合図

〔注〕 4・16図の $B \times A_2'$

〔注〕 4・16図の Bの裏目 $\times A_2$（欠勾）

4・17 図　隅勾配にそって投げ墨を求める．

(a) ロからニは，ロからイの1/2．

(b) 2から4は，2から3の2倍，すなわち倍勾配の利用である．

4・18 図　型板の作りかた．

4・19図および4・20図は，基準とする線が立水と水墨と異なっているが，4・19図(a)と4・20図(a)および4・19図(b)と4・20図(b)とは，ともに同じ矩の使いかたである．

なお，メートル法の場合は，表目1尺は平勾配の殳，裏目5寸は平勾配の殳の1/2の裏目と考えて取り扱えばよい．

（5） 立水を基準にした場合　4・19図は，その要領を示したものである．

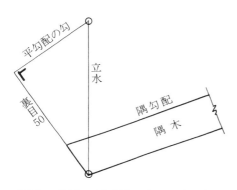 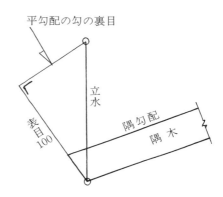

(a) 裏目50は定法であるから，何寸勾配でも変わらない．なお，裏目50は，平勾配の殳の1/2の裏目である．

(b) 表目100は，平勾配の殳の長さである．

4・19図　立水を基準にした場合．

（6） 水墨を基準にした場合　4・20図は，その要領を示したものである．

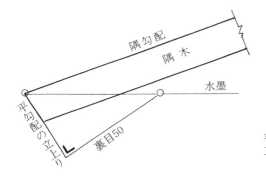 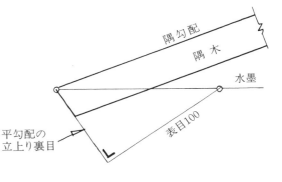

(a) 裏目50は定法であるから，何寸勾配でも変わらない．なお，裏目50は，平勾配の殳の1/2の裏目である．

(b) 表目100は，平勾配の殳の長さである．

4・20図　水墨を基準にした場合．

(7) **材に直接墨付けできる簡便法** これには，つぎの二つの方法がある．

(i) **第1法** 4・19図および4・20図の(b)を応用したものである．なお，木幅の関係で，10センチを計れない場合は，殳も立上りもそれぞれ1/2ずつ縮めて墨をすればよい(4・21図参照)．

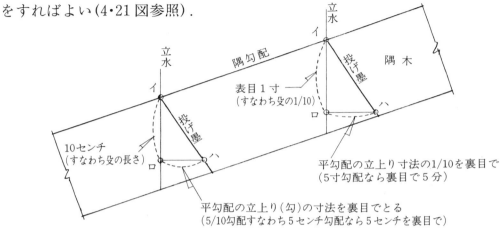

4・21 図　材に直接墨付けする簡便法(その1)．

(ii) **第2法** これは倍勾配を応用した方法である(4・22図参照)．

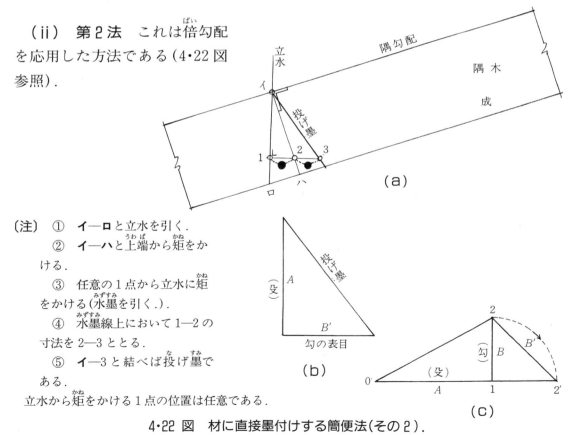

(注) ① イーロと立水を引く．
② イーハと上端から矩をかける．
③ 任意の1点から立水に矩をかける(水墨を引く．)．
④ 水墨線上において1—2の寸法を2—3ととる．
⑤ イー3と結べば投げ墨である．
立水から矩をかける1点の位置は任意である．

4・22 図　材に直接墨付けする簡便法(その2)．

9. 隅木端の切りかた

(1) 隅木端の出の定めかた 隅木端の出を定める方法には，4・23図(a)，(b)に示すように，面見通しと真見通しの二つの方法がある．

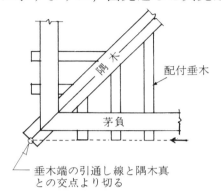

(a) 真見通し（真見越しともいう．）

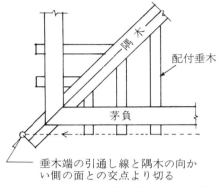

(b) 面見通し（面見越しともいう．）

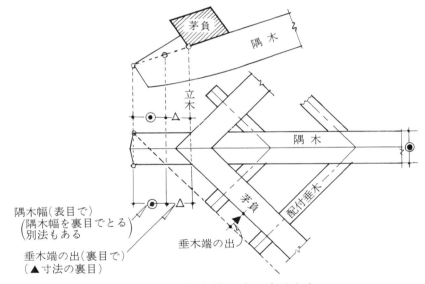

4・23 図 隅木端の出の定めかた．

(2) 山勾配がある場合の隅木上端の墨 4・24図において

① 山勾配の高さを1—2と引く．
② イ点からイ—ロと矩をかける．
③ ロ—ハと投げ墨に平行線を引く．
④ ハから山勾配の頂点ニに矩をかけて，イ—ニ—ホと結ぶ．

4・24 図 山勾配がある場合の隅木上端の墨．

（3） 端隠しのない場合の端切り墨　4・25図は，その要領を示したものである．
① 水墨に対し，平勾配の返しで切る方法．
② 投げ墨で切る方法．
の二つの方法がある．

（4） 端隠しを立水に打つ場合の端切り墨　上端墨は，長玄の返し勾配である(山勾配のあるもの．)．

　　長玄×殳＝長玄のほうを引く
　　殳×玄＝殳のほうを引く

イ点から隅勾配を引き，隅木半幅をイ─ロととり，ハに向かって隅木面から矩をかけ，イ─ハを結ぶ．これを木の身返し法と呼んでいる．

下端墨は，隅殳と隅玄の勾配である．
立水に平行して隅木半幅をとり，これを下端に回せば下端墨となる．
山勾配のない上端墨は下端墨と同じである(4・26図参照)．

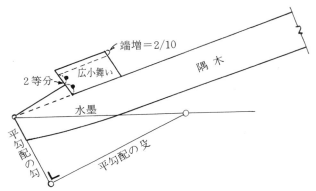

4・25 図　端隠しのない場合．

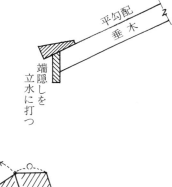

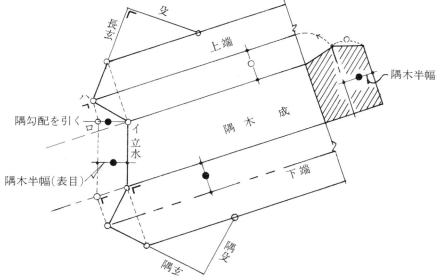

4・26 図　端隠しを立水に打つ場合．

（5） 端隠しを流れに直角に打つ場合　4・27図は，その要領を示したものである．

① 上端墨は長玄の返し勾配である．木の身返し法によると簡単である〔4・27図(c)参照〕．

② 下端墨は平勾配の殳と平勾配の玄＋延びの半分とに矩をかける．また，投げ墨から水平に隅木半幅をとり，これを下端に回して墨が求められる．

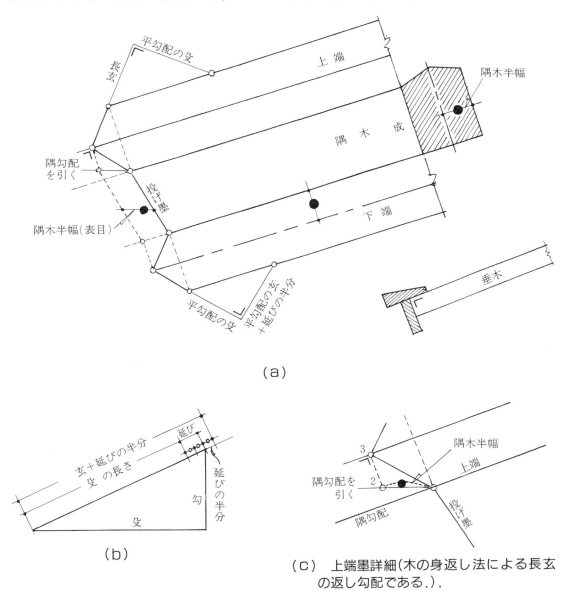

(a)

(b)

(c) 上端墨詳細（木の身返し法による長玄の返し勾配である．）．

4・27図　端隠しを垂木の流れに直角に打つ場合．

（6） 端隠しの勾配が垂木の勾配と違う場合　屋根が4寸勾配（4/10勾配）で，端隠しは5寸勾配（5/10勾配）の返しに打つ場合を例にとれば，つぎのようになる（4・28図参照）．

上端墨は，屋根勾配の4/10勾配によって処理する（4寸勾配）．

投げ墨は，端隠しの5/10勾配によって墨をする（5寸勾配）．

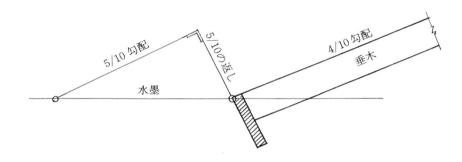

（a）　屋根4/10勾配・端隠し5/10勾配の例．

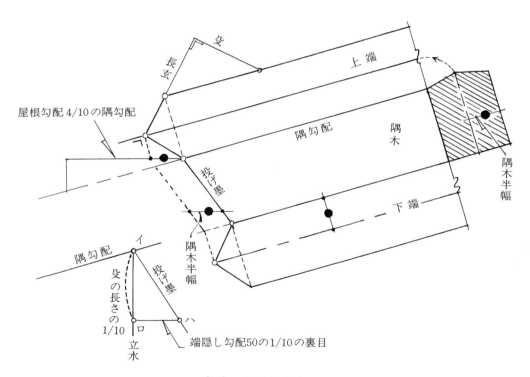

（b）　墨のしかた．

4・28 図　端隠しの勾配が垂木の勾配と違う場合．

10. 隅木長さの求めかた

4・29図は，隅木長さの求めかたを示したものである．その要領はつぎのとおりである．

（1） 隅木の長さや軒出は入中から計る　隅木右面に墨をする場合，4・29図のⒶ桁の真から計ることになるから，この桁真と隅木面の一致する入中から軒出や隅木の長さを計る．

すなわち，軒出および母屋の間隔などの長さを裏目にとり，これに勾配の延びを加えて計れば隅木の長さが得られる．

（2） 垂木配りは出中から計る　すなわち，4・29図のⒷ桁の真が基準であるから，この桁真と隅木面の一致する出中から垂木間の裏目に勾配の延びを加えて計れば，隅木面での垂木間が得られる．

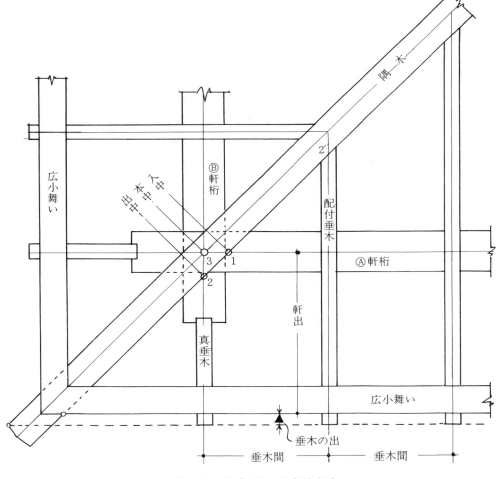

4・29 図　隅木長さの求めかた．

第4章 棒隅屋根

（3） **垂木の長さを雁木曲尺で計る** 垂木および隅木の長さを計るのには，この方法がいちばん簡単である．

雁木曲の使用法は，その勾配の立上り寸法と表目1尺を，4・30図のように地の間の寸法だけ計る．もし地の間に5寸あるいは3寸などの端数があるときは，これを殳とした立上り寸法を求めて，これを半端寸法で求める．

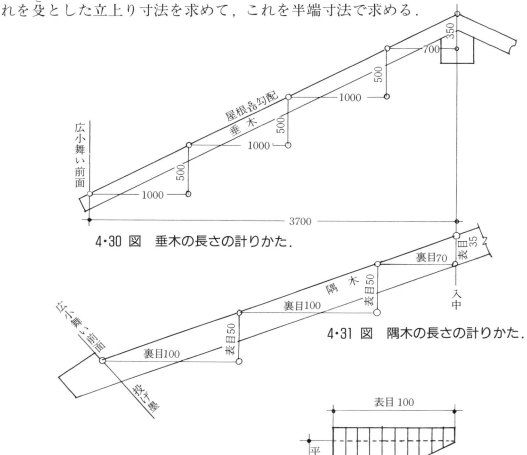

4・30 図　垂木の長さの計りかた．

4・31 図　隅木の長さの計りかた．

（i） **垂木の場合** 4・32図に示すような斜め尺を作ると便利である．

（ii） **隅木の場合** 隅木の長さを計るには，裏目1尺と平勾配の立上り寸法（表目）で計る〔交互に計り，端寸法は4・32図 (b)のように計る．〕．

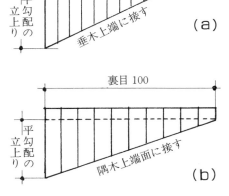

4・32 図　斜め尺の作りかた．

（4） メートル法による雁木曲の方法　計尺を大きくして殳に30センチを使う（すなわち3倍して使う.）.

雁木曲に使用する殳と勾
(例5/10 勾配の場合.)は
　　殳(殳×3) …
　　　10 cm × 3 = 30 cm
　　勾(勾×3) …
　　　5 cm × 3 = 15 cm

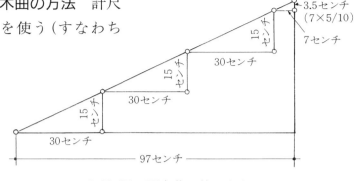

4·33 図　雁木曲の使いかた.

(i) 垂木の場合　すなわち30センチ×15センチの雁木曲で3回計れば90センチとなり，残りは7センチとなる．したがって，雁木曲は7センチと7センチに対する勾配の立上り3.5センチ(7×5/10)とによって計る．

(ii) 隅木の場合　4·33図を参照してこれに準じ，殳となる30センチを裏目に換えて計ればよい（立上り表目）．

4·6 配付垂木

屋根の小平において隅木ととり合う垂木を配付垂木という．

1. 配付垂木の墨
① 上端胴付き墨 … 長玄の勾配である．
② 成の墨 … 平勾配の返し勾配である．

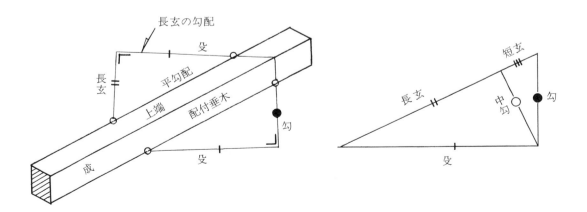

4·34 図　上端墨を長玄の勾配で.

2. 木の身返し法による上端墨のしかた

（1） **第1法** 木幅を基準として上端胴付きの墨をする方法である．すなわち木幅を単位とした近似三角形を作り，これの延びを求め，これによって玄の勾配の返し勾配を作るのである．成および上端墨の要領はつぎのとおりである（4・35図参照）．

① 平勾配の返し勾配を引く（**イ—ロ**）…すなわち立水となる．

② 立水から矩に**ハ—ニ**と上端幅をとり，これと平行に上端角に**ホ**点を求める．

③ **ホ**から矩をかけて**ヘ**を求め，**ヘ—イ**を結べば上端胴付きの墨である．

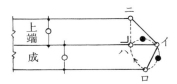

4・35図　木の身返し法（その1）

（2） **第2法** これは，立水の幅（垂木の切り木口幅．）を使う方法である．この方法を行うには成と幅とが同じでなければならない．そのため4・36図（b）および（c）において第2法を用いようとすれば，まずどちらか幅の広いほうを狭いほうと同じ寸法にそろえてから第2法を用いなければならない．

① 幅と成が同寸である場合…立水の幅**イ—ロ**の寸法を上端角にそって**イ—ハ**ととり，**ハ—ニ**と矩を回し，**イ—ニ**を結べば上端胴付きである．

② 上端幅より成が広い場合…4・36図（b）に示すように，成に上端幅を写し，①の手法を用いる．

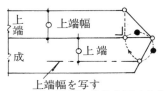

(a) 上端幅と成が同寸の場合．

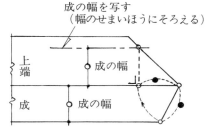

(b) 上端幅より成が広い場合．

(c) 上端幅が成より広い場合．

4・36図　木の身返し法（その2）

〔注〕幅と成の寸法の違う場合は，第1法のほうが便利である．

この方法は，成の胴付き幅**イ—ロ**を上端角に**イ—ハ**と求め，**ハ**から矩をかけて**ニ**ととり，**イ—ニ**と上端墨とする．

3. 上端墨は玄の返し勾配でもよい

4・37図は，玄の返し勾配による配付垂木の上端墨のしかたを示したものであって，これは，長玄の勾配と同じである．

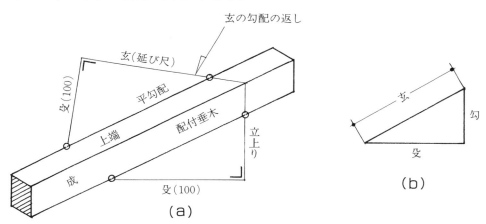

4・37図 玄の返し勾配による配付垂木の上端墨．

4. 延び矩を使っての型板の作りかた

展開図法による勾配の延びを写した勾配を利用して，4・38図(b)に示す要領により型板を作る．

すなわち，**イ**—**ハ**の殳と**イ**—**ニ**の玄との勾配(玄の返し勾配．)である．

玄の勾配と長玄の勾配は，同図(a)に示すとおりである．

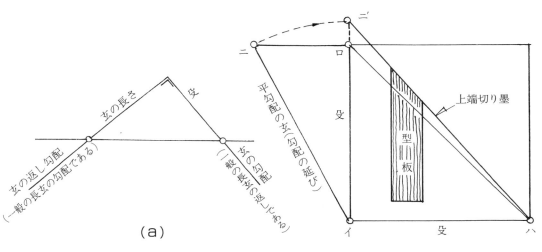

(b) 玄の勾配と長玄の勾配．

4・38図 延び矩を使っての型板の作りかた．

5. 配付垂木の柄墨
(1) 隅木の柄穴

① 上端 … 竪胴付きに対して直角，すなわち上端水平にほる(配付垂木の柄上端は，平の半勾配であるが．)(4・39図)．

② 下端 … 口脇勾配と平行して斜めにほる．

(2) 配付垂木の柄墨
4・40図に，そのしかたを示す．

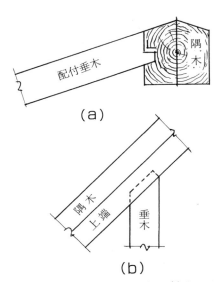

4・39図 配付垂木の柄穴．

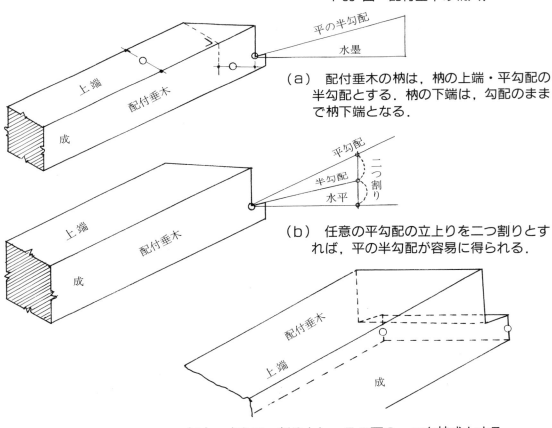

(a) 配付垂木の柄は，柄の上端・平勾配の半勾配とする．柄の下端は，勾配のままで柄下端となる．

(b) 任意の平勾配の立上りを二つ割りとすれば，平の半勾配が容易に得られる．

(c) 成を三つ割りとし，その下の一つを柄成とする(ただし，垂木の小さいときは適宜とする．)．

4・40図 配付垂木の柄墨．

6. 配付垂木の長さの求めかた

配付垂木の長さを求めるには，つぎのような方法がある．

（1） 小平起し法によるもの　これは小平起し法，すなわち延び矩を使う方法である．

4・41 図は，その要領を示したものである．すなわち

① **イ―ロ**を地の間の長さとし，その立上り**ロ―ハ**を求める．

② **イ―ハ**の長さ（平勾配の玄の長さ.）を**イ―ロ**線上に**イ―ニ**ととる．

③ **イ―ロ**の長さを**イ―ロ′**ととり，**ロ′―ニ**を結べば隅の長さである．

④ 配付垂木の長さは**ロ′―ニ**の線まで延びた長さとなる．

〔注〕　この**イ―ニ**の長さすなわち玄の長さを延び尺または延び矩と呼ぶ．

（2） 雁木曲尺によるもの　雁木曲尺によって直接長さを求める簡易な方法があり，一般に広く利用されている．この方法については 4・30 図に示したので，同図を参照されたい．

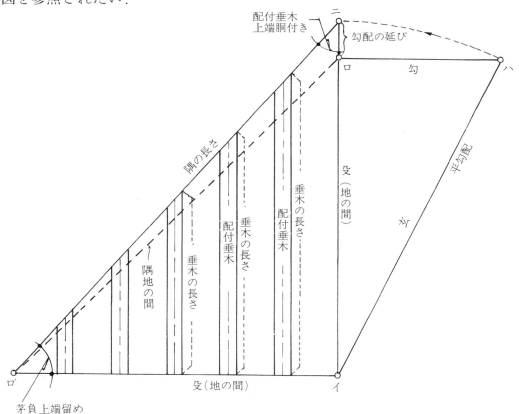

4・41 図　小平起し法による配付垂木の長さの求めかた．

（3） 垂木配りを垂木真を基準とした場合　4・42図のように長さを垂木真で計り，その長さを垂木面にとった場合の墨で，隅木半幅裏目の長さより垂木半幅（表目）を差し引いた残りの△印寸法を，垂木真で計った長さから引いた点を胴付きとして，平勾配の返しを引く（胴付き墨）．

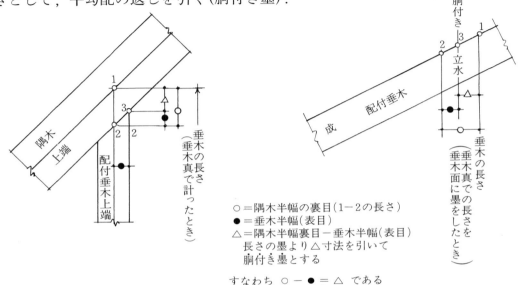

○＝隅木半幅の裏目（1－2の長さ）
●＝垂木半幅（表目）
△＝隅木半幅裏目－垂木半幅（表目）
　長さの墨より△寸法を引いて
　胴付き墨とする

すなわち ○－●＝△ である

4・42 図　垂木真を基準として垂木配りをする場合の例．

（4） 垂木配りを垂木面基準とした場合の墨　垂木の長さは，垂木真で計るときは0点，垂木面で計るときは1点となる．

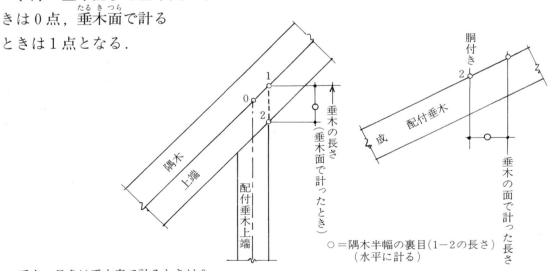

○＝隅木半幅の裏目（1－2の長さ）
（水平に計る）

垂木の長さは垂木真で計るときは0点，垂木面で計るときは1点となる．

4・43 図　垂木面を基準として垂木配りをする場合の例．

（5） 隅木に配付垂木の柄穴墨　垂木間を定めるには，出中を基準として垂木割りをする．なお，垂木の柄穴は
① 柄幅は，垂木幅の裏目とする．
② 柄厚は，成の1/3とする．

のがふつうである．しかし，強度を考えて加減する必要がある（4・44図参照）．

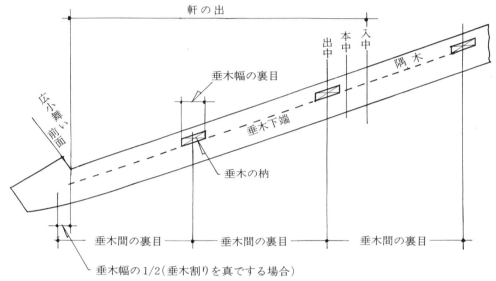

4・44 図　配付垂木の柄穴．

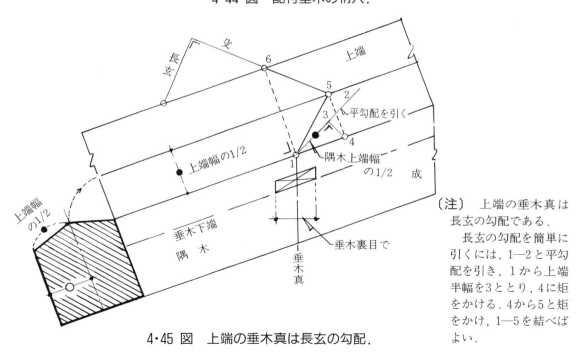

4・45 図　上端の垂木真は長玄の勾配．

〔注〕　上端の垂木真は長玄の勾配である．

長玄の勾配を簡単に引くには，1—2と平勾配を引き，1から上端半幅を3ととり，4に矩をかける．4から5と矩をかけ，1—5を結べばよい．

4・7 茅負・広小舞い・水切りの隅留め墨

茅負・広小舞い・端隠し・裏甲・淀あるいはじょうご形・雨押え・水切りなどの転びものの上端留めおよび向こう留めはみな同じ方法である．
① 上端留め … 長玄の返し勾配（平勾配の．）．
② 向こう留め … 中勾の返し勾配（平勾配の．）．
また上端留めは玄の勾配でも同じである．
茅負・広小舞いなどの上端の勾配は垂木勾配と同じであること，すなわち垂木勾配と上端とは平行でなければならない．

1. 作図によって茅負の墨を出す方法

これは展開図法によるもので，4・46図（a）は軒先部の断面を表し，同図（b）は，上端と成の展開である．

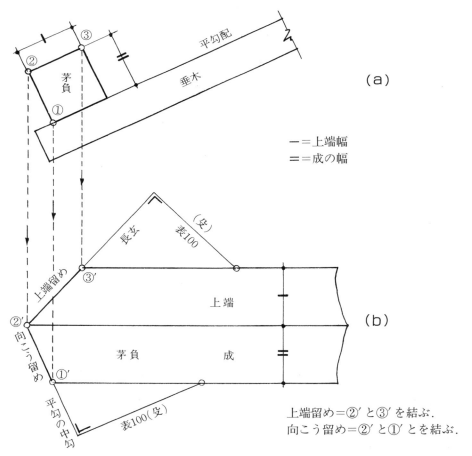

4・46 図　展開図により，茅負などの隅留め墨を出す方法．

2. 基本の勾配を使って隅留め墨を求める方法

上端留め … 長玄の返し勾配である．
向こう留め … 中勾の勾配である．

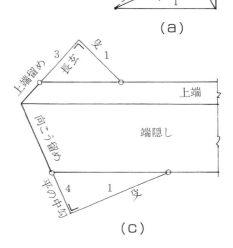

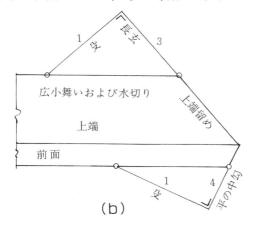

4・47 図　基本の勾配を使って隅留め墨を求める方法．

3. 上端留めおよび向こう留めの墨の簡単な引きかた

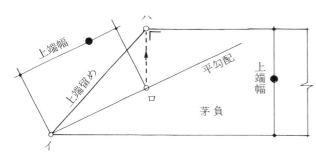

4・48 図　上端留め墨を簡単に求める方法．

（1）上端留め墨を求める方法

4・48 図のように
① イから平勾配を引く．
② イ―ロと上端幅を勾配にそってとる．
③ ロからロ―ハと直角をかける．
④ イ―ハを結べば上端留めである．

（2）向こう留め墨を求める方法

4・49 図のように
① イから平勾配の返しを引く．
② イ―ロと成の大きさを平勾配の返し勾配にそってとる．
③ ロ点からロ―ハと直角をかける．
④ イ―ハを結べば向こう留めの墨である．

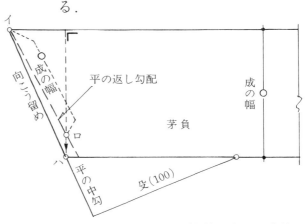

4・49 図　向こう留め墨を簡単に求める方法．

4. 上端で向こう留めの墨を求める方法

これは，水切り・広小舞いのような成の低い場合の方法である．

① 上端角に1—5と成の幅○をとり，平勾配の線に6と引き上げる．

② 6から水平に，上端留めの線に7を求めてから，成の下端角に7—8と矩をおろして，1を結べば向こう留めである．

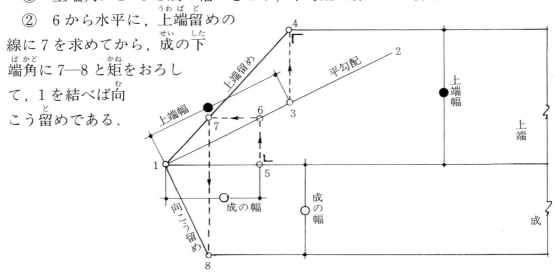

4·50 図　上端で向こう留めの墨を求める方法．

5. 成によって上端留めの墨を求める方法

端隠しのような，上端幅が狭い場合の方法である．

① 上端角1から，1—4と平勾配を引く．

② 平勾配線に1—5と上端幅をとる．

③ 5から上端に6と矩をかけて，1—6を結べば上端留めである．

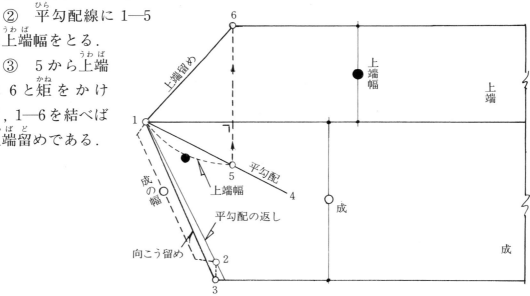

4·51 図　成で上端留めの墨を求める方法．

4・8　瓦座の上端留め

上端の勾配と垂木勾配と相違する場合，すなわち断面が矩形でないものの例である．

① 垂木勾配と上端の勾配と異なるもの，すなわち垂木勾配と瓦座の上端勾配と平行でない場合は，前図のような長玄の返し勾配ではいけない（向こう留めは一般と同じ．）．

② 4・52図は展開図によってその上端墨を示したものであるが，これのほか瓦座の上端勾配（水墨に対する．）を使って，4・48図のように処理しても同じである．

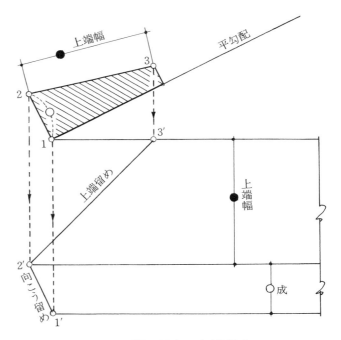

4・52図　瓦座の上端留め．

③ 成のほうは垂木勾配と直角である限りその面は平の返しであるから，上端勾配のいかんにかかわらず平勾配の中勾の返し勾配でよい．

4・9　桁墨のしかた

1. 隅木の仕込み寸法の求めかた

桁への落ち掛かりを定めるには，その前に隅木の仕込み寸法を定めなければならない．

桁へ隅木を仕込む場合，隅木が垂木の成より大きい寸法だけ桁の口脇墨より深く切り込まれるが，この寸法を仕込み寸法・切込み寸法・品下寸法・落ち掛かりの深さ，隅木の座寸法などと称している．

この求めかたは，4・53図のように隅木の立水に垂木の立水の成をとれば，その余り区寸法は口脇より下に切り込まれる仕込みの深さである．

また，4・56図に示す別法は，現場で即応できる簡単な落ち掛かりの求めかたを示したものである．

060　第4章　棒隅屋根

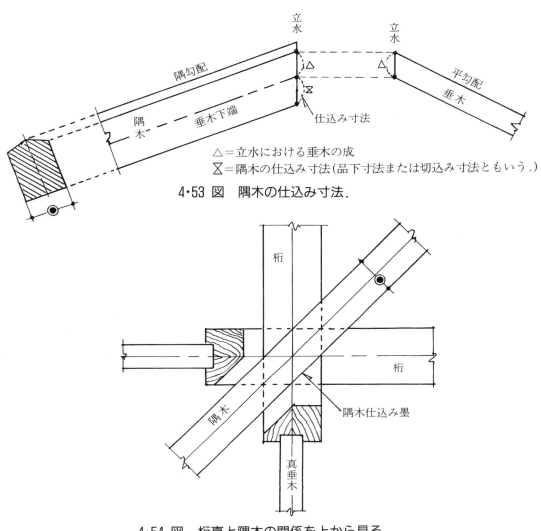

△＝立水における垂木の成
▽＝隅木の仕込み寸法（品下寸法または切込み寸法ともいう．）

4・53 図　隅木の仕込み寸法．

4・54 図　桁真と隅木の関係を上から見る．

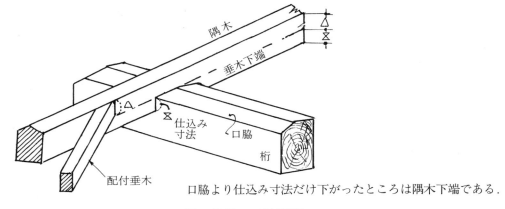

口脇より仕込み寸法だけ下がったところは隅木下端である．

4・55 図　仕込み寸法図解．

2. 仕込み寸法と落ち掛かりの求めかた(別法)

隅木を桁の前面で立水に切ったと想定した断面は4・56図(a)のようになる．この断面に右側の垂木下端線ロからロ—ハと陸水を引き(これは口脇線である．)，この桁口脇線からロ—ニ(内側)，ハ—ホ(外側)は隅木落ち掛かりの深さである(断面の形は4・11図隅木山勾配を参照のこと．)．

なお，墨のしかたの要領は，つぎのとおりである〔4・56図(b)，(c)参照．〕．
① 隅木面に隅木幅を立水に引く．
② 隅木幅の内側と，垂木下端線の交点ロから水墨ロ—ハを引く．
③ 口脇と隅木内側の交点ロからロ—ニを，口脇と隅木外側の交点ハからハ—ホをとる．
④ ニ—ホを結べば落ち掛かりの墨である．

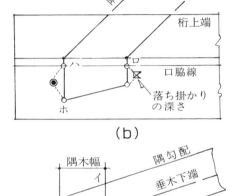
(b)

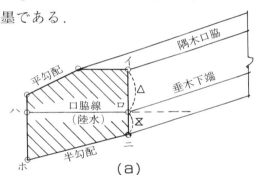
(a)

4・56 図　桁の落ち掛かり墨．

3. 落ち掛かり勾配(隅木の座勾配)はなぜ平の半勾配になるのか

なぜ平の半勾配になるのか，つぎの事項をよく考えるべきである．
① 平勾配の殳の長さが裏目になったとき … 隅勾配となる．
② 隅勾配の殳の長さが裏目になったとき … 平の半勾配となる．

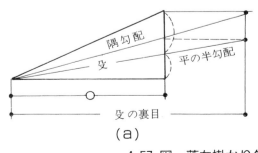
(a)

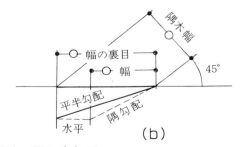
(b)

4・57 図　落ち掛かり勾配は，平の半勾配．

4. 落ち掛かり勾配と落ち掛かりの深さの説明

落ち掛かりの深さによって内側の落ち掛かりの状態が違ってくることを解説するものである．

隅木に勾配があるので，桁の内側では仕込みの深さが前面の深さよりも浅くなるのがふつうであるが，浅くなって4・58図のようになった場合は，桁上端においては45度の線になって隅木下端が定められる．

落ち掛かり勾配 … 平勾配の半勾配である．

また，落ち掛かり勾配は，隅勾配×0.7071とも同じである．

〔注意〕 この図は解説図であるため，口脇墨を省略してあるから，実際の場合は口脇墨と仕込み寸法の関係をよく調べなければならない(4・58～4・60図)．

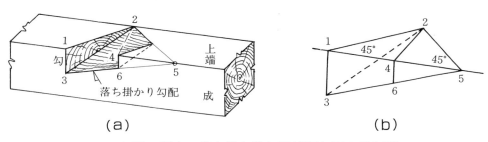

4・58図　隅木の落ち掛かり勾配は平勾配の半勾配．

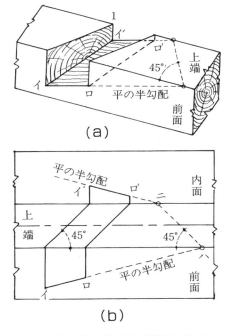

4・59図　落ち掛かりが深い場合．

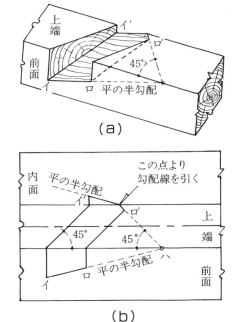

4・60図　落ち掛かりが浅い場合．

5. 口脇墨のとりかた

（1）峠　桁母屋などの柱真と屋根勾配と一致した点が峠であり，これが垂木下端である．

（2）口脇　口脇は，側面が垂直である桁・母屋・棟木などに，屋根の傾斜に合わせるためにとった勾配である．すなわち峠より屋根の勾配と桁母屋などの前面との交わった位置である(4・61図参照)．

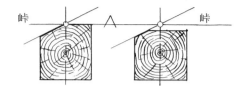

(a) 峠と桁上端を一致した場合．　(b) 峠より桁上端が低い場合．

4・61図　峠

口脇については，つぎのような関係がある．

　　口脇の深さ＝口脇の高さ×殳/勾　　　口脇の高さ＝口脇の深さ×勾/殳

（i）口脇墨　垂木の下端線であるから，柱や束の真と峠墨の交点から屋根勾配のとおりに傾斜するものである．

（ii）口脇墨の簡単な求めかた　桁上端を桁断面と仮定して，口脇の深さを求める方法である．

① 桁上端に矩をかけて峠墨を引く．
② 峠と実際の桁上端との関係を調べて(峠より低い寸法.)，桁上端を引く．
③ 峠より平勾配を引くと，前角1′—3の寸法は1′—3′と桁上端より下がる寸法となり，3′は口脇の線となる(4・62図参照)．

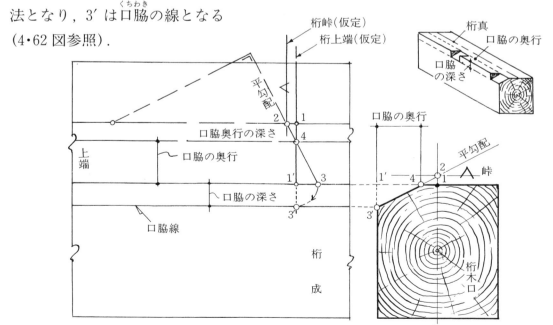

4・62図　口脇墨の簡単な求めかた．

6. 隅木落ち掛かり仕口の墨

(1) 隅木落ち掛かり墨を桁上端から始める方法 隅木落ち掛かりの桁前側の墨は第1法から第3法まで同じであるが,内側へ落ち掛かりの深さを求めるには,つぎのような方法がある.

(i) 第1法 4・63図に示すように
① 口脇線を求める.
② 桁上端に桁真を定めてから隅木真および隅木幅墨を引く.
③ 桁前側において
　ⓐ 上端の隅木幅および真墨を引き下す.
　ⓑ 口脇と隅木真の交点**イ**から平勾配を引く.なお,その上に垂木の成をとり,上の余分は後で削りとる.
　ⓒ 口脇と隅木内側線の交点1から1—2と仕込み寸法をとる.
　ⓓ 2点から平の半勾配(落ち掛かり勾配)を引いて落ち掛かりの深さとする.
　ⓔ 落ち掛かりの別法として,隅木外側線と平勾配の交点**ロ**から仕込み寸法▽を**ロ**—3ととり,2—3を結んでも落ち掛かり勾配となる.
④ 内側の落ち掛かりを求める.
　ⓐ 桁上端ハ点(隅木内側)から隅木の振れに矩をかけてニ点を求める.

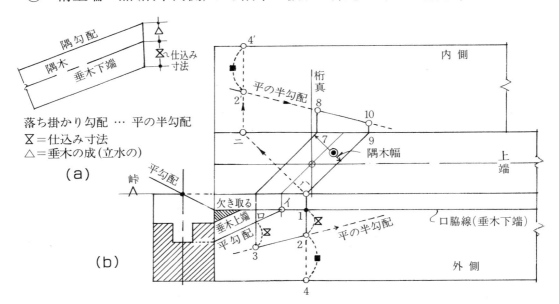

4・63図 隅木落ち掛かり墨を桁上端から始める方法(第1法).

ⓑ ニから桁内側にニ—4′と立水を引く．
ⓒ 桁外側のハ点からの立水線上において，落ち掛かり勾配から桁下端までの寸法2—4(■)を計り，これを内側桁下端4′から，2′—4′と■の寸法をとって落ち掛かり勾配を引き上げると内側の深さである．

(ⅱ) **第2法** 4・64図に示すように
① 桁上端および前側墨は，第1法と同じである．
② 内側の落ち掛かりの深さを求める．
　ⓐ 桁前側の落ち掛かり勾配を桁上端角4まで引き上げる．
　ⓑ 桁上端4から矩勾配(45°)を引き，5を求める．
　ⓒ 桁内側において5点から落ち掛かり勾配を引き下げると，内側の深さである．
　ⓓ 別法として落ち掛かり勾配を桁木口まで引き下げ，ハから桁木口に平の半勾配を引き上げ(内側に向かって．)ニ点とし，内側にニ点から落ち掛かり勾配を引き上げても内側の深さである．

なお，第1法・第2法とも，桁組手の墨は後述するので省略する．

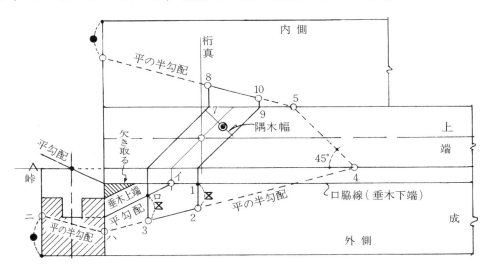

4・64図　隅木落ち掛かり墨を桁上端から始める方法(第2法)．

(ⅲ) **第3法** 4・65図に示すように
① 桁上端および前側の墨は第1法と同じである．
② 内側の落ち掛かりの深さを，つぎのようにして求める．
　ⓐ 桁前側落ち掛かり3点(一番深い点．)から水平線を引いて桁木口にハと

とる．
ⓑ 桁木口にハ点から平勾配を引き上げニ点を求める．
ⓒ 桁内側にニ点から水平に引いて隅木外幅の線と交わる8を求め，これから落ち掛かり勾配を引けば，8—10は内側の深さである．

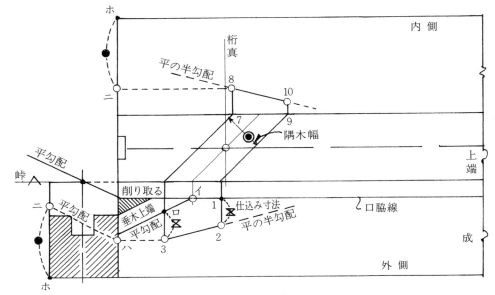

4·65 図　隅木落ち掛かり墨を桁上端から始める方法（第3法）．

（2）　隅木落ち掛かり墨を桁下端から始める方法　第1法から第3法は上端から墨を始めたのであるが，桁の上端の多くは丸みが大きくて墨付けが困難な場合があり，また社寺建築などにおいては，わざわざ内ごけと称して，口脇の同じ高さから勾配に削りとる場合があるので，上端で墨をするのがつごうが悪いが，この方法はその点合理的といえる（4·66 図）．
① 下端隅木の振れは，上端に引くのと反対になるから注意が必要である．
② 桁前側に下端の隅木幅および真墨を引き上げる．
③ 桁内側にも同じく隅木幅および真墨を引き上げる．
④ 桁外側の口脇と隅木の真の交点から平勾配を引き，その上に垂木の高さをとる．
⑤ 桁外側の口脇線と隅木内側線との交点から1—2と仕込み寸法Xをとり，落ち掛かり勾配（平の半勾配．）を引く．
⑥ 桁内側の深さは下端5点から隅木の振れに矩をかけ，6—7の寸法を5—8と写し，落ち掛かり勾配を引けば，内側の仕込みの深さとなる．

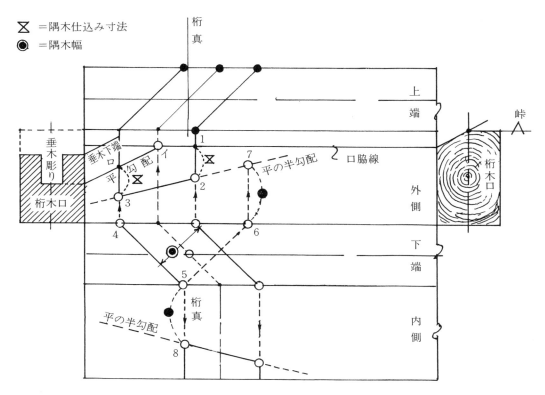

4・66 図　隅木落ち掛かり墨を桁下端から始める方法．

（3）桁の捻じ組　左右の両桁を組み合わせる場合，隅木下端が勾配に落ち掛かってくるから，ふつうの水平になった渡り欠きの方法は，特別に隅木の落ち掛かりが浅いときでない限り組手が弱くなるので，捻じ組とするのが一般的である．

桁の捻じ組は，桁の内外とも落ち掛かり勾配線より下部の寸法を桁の前後において2等分し，その線をつないだ傾斜に相欠きとする．

また，別法として，一方だけ2等分した基点から落ち掛かり勾配（平の半勾配）とする方法も行われている．

なお，桁の組みかたには，捻じ組のほか桁端を別の木によって蟻掛けとする端掛けの方法も多く使われている．

（注）　4・67図の捻じ組の切欠きは，桁幅を切り欠くことになっているが，実際はこの墨に基づいて追入れの渡り欠きにするのであるから，間違いのないように注意すること．

なお，詳細は4・68図(a)を参照するとよい．

（ⅰ）**下木の切欠き**　4・67図（a）に示すように，外側・内側とも落ち掛かり勾配線と桁面の交点から桁下までの寸法を2等分してその点を結び，下半分を残して切り欠く．すなわち，外側は**イ—ロ**の2等分の1点と**ハ—ニ**の2等分の2点とを結ぶ．内側は**ホ—ヘ**の2等分の3点と**ト—チ**の2等分の4点とを結ぶ．

（ⅱ）**上木の切欠き**　4・67図（b）に示すように，下木の墨と同様に落ち掛かり勾配と桁面の交点から桁下端までの寸法を2等分して捻じ組の墨とし，下半分を切り欠く．

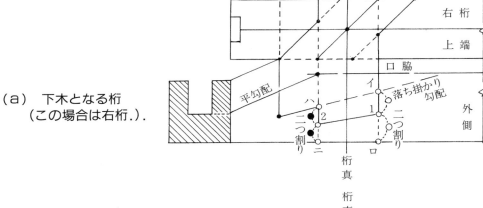

（a）下木となる桁
　　（この場合は右桁．）

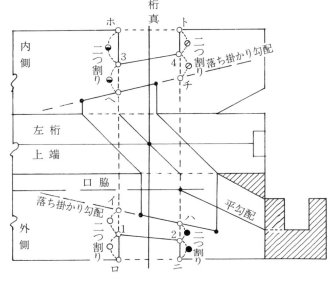

（b）上木となる桁
　　（この場合は左桁．）

4・67 図　桁の捻じ組．

（4） 桁の組みかた　桁の組手はふつう捻じ組が行われる．下端の組みかたには4・68図（a）のような本格的なもののほか，一般的なものとしては，追入れとして隅の小部分だけ留めとした面腰にする場合と，追入れですませる場合とがある．また，桁を組手とせず，他方の桁を蟻掛けとし，桁端は掛端と称して別の材で蟻掛けとする四方蟻立ての方法もある．なお，組手は，桁行の桁を下木とするのがふつうである．

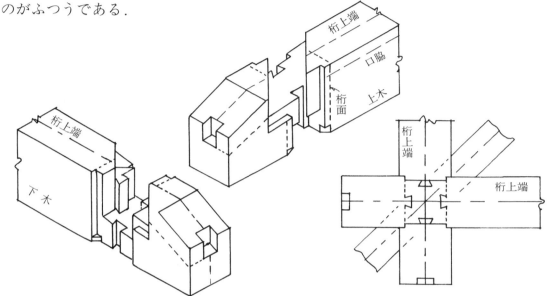

（a）本格的な捻じ組工法（追入れ下端面腰内部蟻仕込みとする．）．

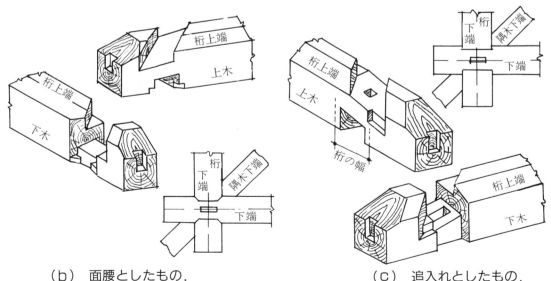

（b）面腰としたもの．　　　　　　　　　　（c）追入れとしたもの．
4・68図　桁の組みかた．

（5） 隅木を桁に仕掛ける方法　仕込み墨の深い場合における，隅木の下端腮の欠きかたである．

隅木を桁に仕掛ける場合，仕込みの深さが大きくて，桁の捻じ組をしても，なお桁の組手の部分がはなはだしく弱められることがあるので，これを助けるため，隅木下端を切り欠き，その部分だけ桁で残す方法が行われる．

ここにその基準ともいうべき二つの方法を示しておく．

（i）　第1法　これは4・69図のように，前面は桁の組合わせにそった腮掛けと

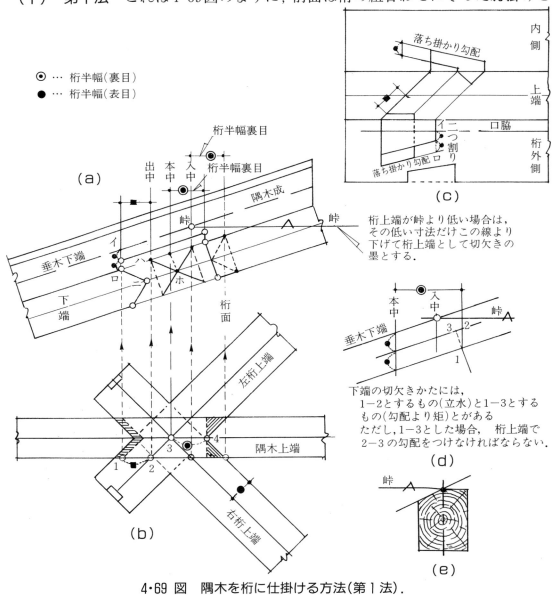

4・69 図　隅木を桁に仕掛ける方法（第1法）．

し，内面は桁組合わせ角を基準にした直角に切り欠く方法である．すなわち，外側は矩折りに仕込み，内側は隅木に直角に仕込む場合の例である．

① 桁の渡り腮の深さを定める〔一般には桁面より4〜5センチ(5分)程度を桁真から定める．〕．
② 前面の墨は，隅木面に桁の1—2(■印寸法)を出中からとる．
③ 前面の下端墨はたすき(襷)墨と同じく隅長玄の勾配であるから，これから

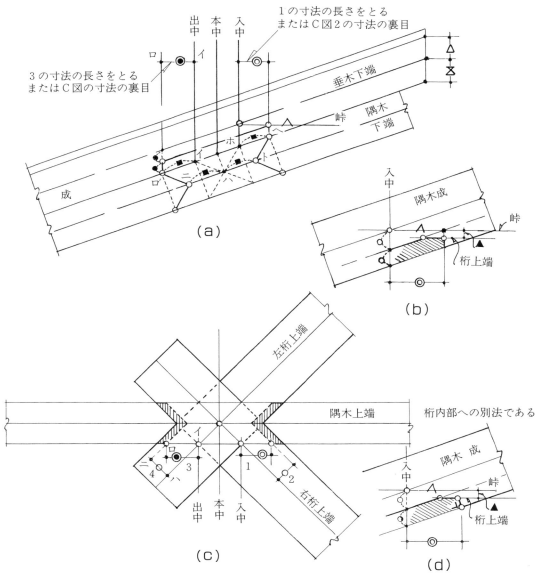

4・70 図　隅木を桁に仕掛ける方法(第2法)．

平行線を引けばよい．すなわち，**ロ—ハ**の寸法を**ホ—ニ**ととって，これを結ぶ．

④　切欠きの深さは，仕込み寸法の深さを2等分して，その下の部分を切り欠く．

⑤　内面の墨は，桁の3—4(◉印寸法)を本中からとり，立水にとるが，取り扱いやすいように，下端のこの点から隅木面から直角に〔同図(d)の1—3.〕切り欠き桁渡り腮で加減する方法も採用されている．

⑥　内面の下端墨は，直角に切り欠く．

（ii）　**第2法**　前面・内面とも桁組合わせ面にそった腮掛けとして切り込む方法，すなわち，外側・内側とも矩折りにする例である(4・70図参照)．

①　桁の渡り腮の深さを定める．

②　前面の墨 … 隅木面に桁の**イ—ロ**(◉寸法)を出中からとる．また，切欠きの深さは仕込み寸法の深さを2等分して，その下の部分を切り欠く．

③　内面の墨 … 桁の◎印寸法を入中からとる．

④　下端の墨 … 隅木下端墨はたすき墨と同じであるから，これらの平行線を引く．すなわち，**イ′—ロ′**の寸法を**ハ—ニ**ととり，**ホ—ヘ**の寸法を**ハ—ト**ととってこれを結ぶ．

なお，峠よりも桁上端が低い場合は，4・70図(b)の▲寸法を下げた線で欠きとる．

（iii）　**渡り欠きの深さ**　桁真から腮掛けの寸法は4の寸法を裏目に直して出中からとり，2の寸法を裏目に直して入中からとる方法もある〔4・70図(c)，(d)〕．すなわち

①　入中および出中から隅木にそった◉印寸法をとったときは，隅木にそのまま◉印寸法を使う．

②　桁真から矩に○印寸法をとったときは，隅木には出中・入中から○印寸法の裏目を使う．

（6）　**桁峠と隅木下端切欠きの関係**

①　桁峠の位置は，隅木面における入中と垂木下端線との合点から水墨を引いたものが峠墨である．

②　峠より桁上端が低い場合は，峠線よりその寸法だけ下げる(実際の桁上端線まで.)．

③　その結果，隅木の切欠きの形は，4・70図(c)および(d)のようになる．

4・10 化粧庇の隅木を柱に差す方法

1. 柱の峠

隅木差付け高さの基準となる垂木掛けの峠は，隅木差し口角の面を第1面とすれば，第2面(出角のある面.)の柱真で求める(4・71図イ点).

2. 柱の墨

① 4・71図の柱の2面の垂木掛け峠イから平勾配を引く．

② 平勾配に平行に垂木の成をとる．

③ 柱の1面にロ点からハと矩をかける(垂木上端とも.)．

④ 柱の差し口角から柱面にそって隅木半幅の裏目を戻り，胴付き線とする(これは隅木面と柱面と合う位置で隅木の胴付きとなる.)．

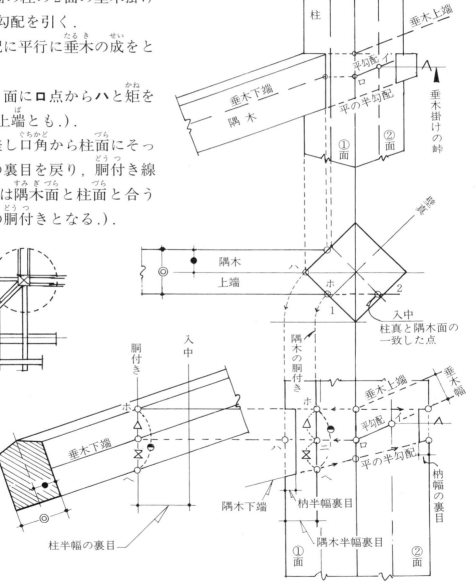

4・71図 化粧庇の隅木を柱に差す方法．

第4章　棒隅屋根

⑤　隅木の立水の成，ホ—ヘを柱の胴付き線上にとる．
⑥　隅木下端ヘから平の半勾配を引き上げ，これを2面にも続けて引き上げる（隅木の差し口下端線となる．）．
⑦　隅木枘上端線はホから水平に2面に戻る．
⑧　枘穴墨は差し口角または出角から枘半幅を裏目でとる．
⑨　枘穴の上端は垂木上端の水平である．

3．隅木の墨（4・72図参照）

①　胴付き墨 … 入中より柱半幅の裏目を戻り胴付き墨とする．
②　枘の上端墨 … 胴付き線と隅木口脇の交点イから水平にとる（胴付き墨に直角．）．

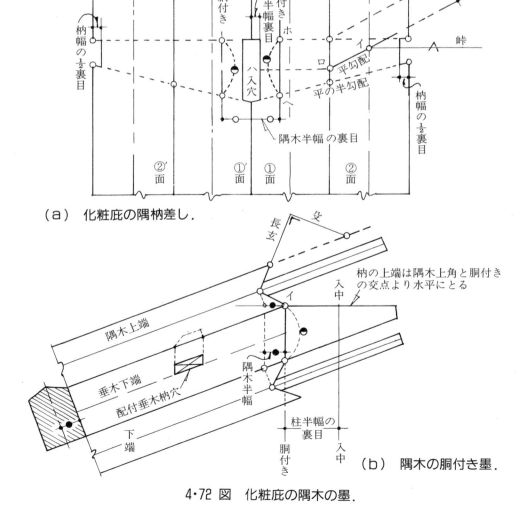

(a) 化粧庇の隅枘差し．

(b) 隅木の胴付き墨．

4・72図　化粧庇の隅木の墨．

③ 上端胴付き(つばくろ胴付きともいう.) … 長玄の返し勾配である.
隅木上端のイ点から隅勾配を引き,その線上にイ点から隅木半幅(表目)をとり,その点から背峰に向かって隅木面から矩をかけ,3点を結び合わせると上端胴付きとなる(4・7図と同じ方法である.).
④ 下端胴付き … 隅長玄の勾配である(4・7図参照).胴付き線からさらに隅木半幅(表目)を水平に戻り,これを立水に引いて,下端真まで回して,3点を結べば下端胴付きとなる.

4. 込栓および端栓の墨のしかた

(1) 込栓の墨のしかた 込栓は,柱角に打つ場合と,真返りと称して真からどちらかに寄せて打つ場合とがある(4・73図参照).

(i) 柱角に打つ場合 隅木面において本中を込栓の中心と定める.高さは柄の大きさによって加減するが,いずれにしても,垂木下端を基準にして,その線を中心とするか,これより上にするかを定めるとよい.

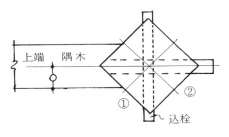

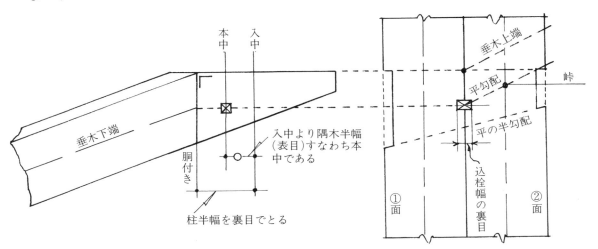

4・73図 柱に込栓を打つ場合の墨のしかた.

(ii) 柱への込栓墨 柱に込栓の墨をするには,柱の第①面と第②面の柱角振分けに込栓幅の1/2ずつを裏目でとり(横寸法),高さは隅木の墨に基づいて,垂木下端線を基準に,その幅を表目でとる.

第4章　棒隅屋根

（2）端栓の墨のしかた　位置の定めかたについていろいろの方法が行われているが，本法は柱の枘出角を基準とする方法をとった．

（i）隅木面の墨　胴付き線からさらに隅木半幅（表目）を戻った線から，柱幅の裏目寸法を枘先に向かってとれば，それは柱の出角となり，かつ端栓の外側の位置となるので，これから適当な楔幅を表目でとる．

栓の穴の上下の位置は，だいたい枘成の1/3の位置に設けるのであるが，枘上端からの寸法や栓の厚さは，つぎに柱の墨の際にも必要であるから，半端寸法にならないよう注意する．

（ii）柱への端栓墨　4・74図に示すようにまず端栓の上端および栓の厚さを隅木から写す（隅木と同じ．）．

つぎに枘の出角に当たる柱角から，隅木に定めた端栓幅を裏目でとる．

この場合，枘穴の面からいくぶんでも欠き込まれていないと（枘幅より大きいこと．），端栓を打ってもきかないから注意すること．

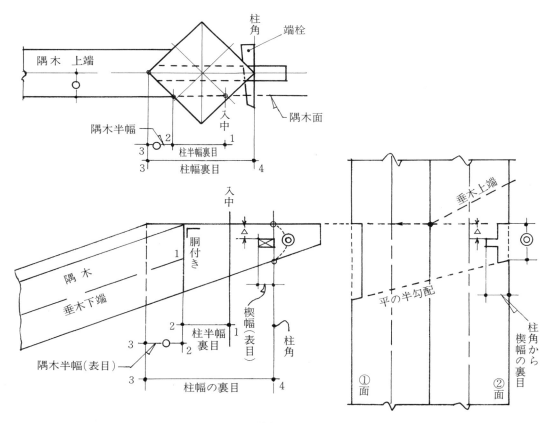

4・74図　端栓の墨のしかた．

5
入隅屋根

　入隅は，出隅が分水嶺となるのと反対に，両勾配の水が流れ込む谷となるところである．出隅と入隅との条件は反対であることが多い．

5・1　出隅と入隅の相違点

　5・1表は，出隅と入隅の相違点を示したものである．

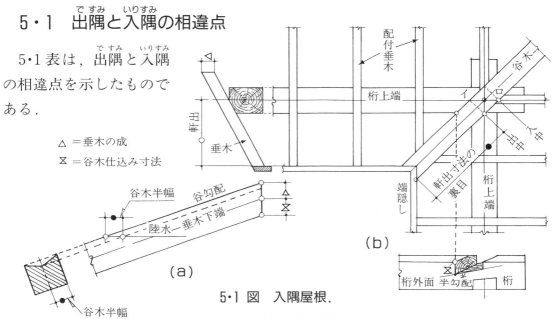

5・1図　入隅屋根．

5・1表　出隅と入隅の相違点．

	条　件	出　　隅	入　　隅
1	隅木上端の凹凸の相違．	山勾配．すなわち背峰となる．	凹形の谷になっている．
2	隅木面での垂木割り基準点．	出中から計る．	入中から計る．
3	軒出および隅木長さの測点．	入中から計る．	出中から計る．
4	桁前面へ隅木の落ち掛かり．	口脇から仕込み寸法を内側にとり半勾配で深くなる．	口脇から仕込み寸法を外側にとり半勾配で浅くなる．
5	束へ隅木取付けの高さ．	差し口面のつぎの面(2面)に峠の高さを定める．	差し口面(1面)に峠の高さを定める．
6	茅負・広小舞いの上端留め．	長玄の返し勾配．	左に同じ．
7	配付垂木の上端墨．	長玄の勾配．	左に同じ．

5・2 谷木の谷勾配の出しかた

5・2図は，谷木の谷勾配の出しかたを示したものである．入隅の口脇は，出隅と同じ方法で，隅の中勾勾配である．

5・3 谷木軒先の墨

1. 桁の墨

5・3図に示すように，桁前面において谷木の外側と口脇線と交差する点1から切込み寸法⊠を2ととり，2点から平の半勾配を引く．

内側の落ち掛かりの深さは，上端3点から5と矩をかける．

桁外面切込みの4—イの長さ◎を計り，桁内面5—ロ線上で4—イの長さ◎をロ—6ととり，6点から平の半勾配の落ち掛かり勾配をとる．

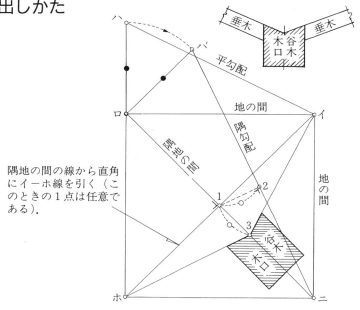

5・2 図　谷木の谷勾配の出しかた．

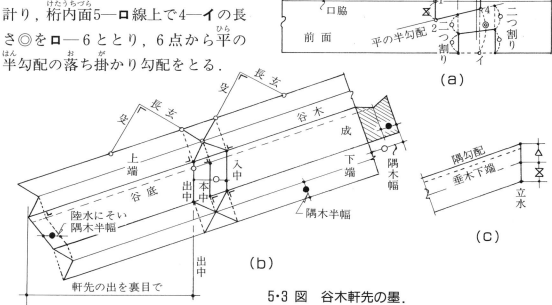

5・3 図　谷木軒先の墨．

2. 谷木の墨

谷木の長さは出中から計る．馬乗墨は本中を谷底まで立水にとり，ここから流れに矩をかける．出中・入中は谷木上端まで立水を引き，上端で矩をかける（出隅の反対である．）．

馬乗墨の上半分は長玄の勾配，下半分は長玄の返し勾配である．したがって広小舞いの上端留めは長玄の勾配，配付垂木は長玄の返し勾配となる．

5・4 入隅柱への隅木納差し

5・4図に，入隅柱への隅木納差しにおける，柱の納穴墨のしかたを示した．
① 峠の位置は，出隅と違って第1面(差し口角のある面．)の真との交点にある．
② 配付垂木の上端胴付き，および広小舞いの上端留めは，出隅と同じ墨を使う．すなわち

配付垂木および隅木の柱への上端胴付き＝長玄の勾配．広小舞いの上端留め＝長玄の返し勾配．

1. 柱の納穴墨

① 5・4図に示すように，第1面の柱真の峠イ点からイ—ロと平勾配を引き，垂木上端を定める．
② 差し口角から1—2の隅木半幅を裏目で返ると，これが隅木の胴付きとなる．

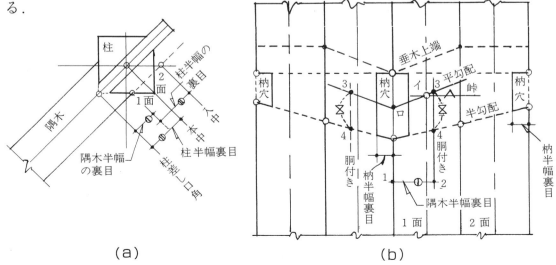

5・4図 柱の納穴墨．

③ 胴付き線と平勾配の交点3から落ち掛かり寸法 $\boxtimes$ を 3—4 ととり, 4 から平の半勾配を引き上げ, 第2面に写し, 同じ半勾配を引き上げると, 谷木下端の墨となり, 出角の柄下端となる.

④ 差し口角の垂木上端線を水平に出角まで回すと, 柄上端を水平に作った場合の柄上端である.

⑤ 柄穴の幅は, 柱の差し角および出角から両面に, それぞれ柄の半幅を裏目でとる.

2. 谷木の墨

5・5図は, 谷木の墨のしかたを示したものである.

① 本中から柱半幅の裏目をとり, これから隅木半幅を表目で戻った点を胴付きとする. すなわち, 胴付きを求める方法は

（柱半幅裏目）−（隅木半幅の表目）＝本中から胴付きまでの寸法

また, 別法として, 入中から柱半幅を裏目で戻っても, 胴付きの位置を求めることができる.

② 込栓・端栓の墨については, 出隅の項に準ずれば容易である.

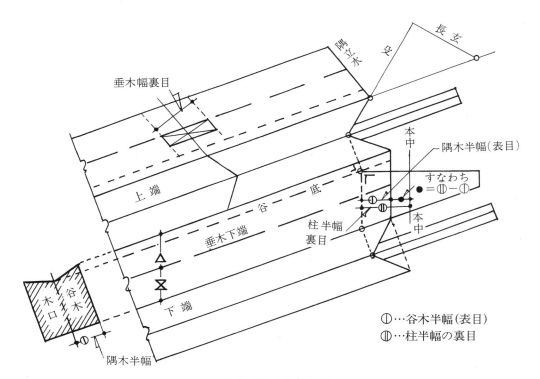

5・5図　谷木の墨.

5・5 入隅柱と出隅柱の枘差し(特例)

隅木や谷木の枘上端を水平とせず，勾配のまま枘差しとする墨である．

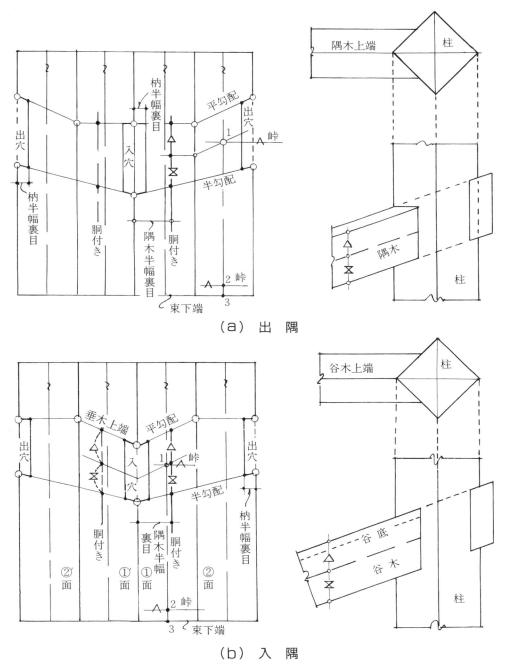

(a) 出 隅

(b) 入 隅

5・6 図 入隅柱と出隅柱の枘差し．

6

隅に関連をもつ各種の墨

6・1 二つの勾配をもつ雨押え・水切りの留め墨

6・1図① … 平勾配の雨押えの木口 **イ**—**ロ**—**ハ** を描いて正面図を描く.

同図 ② … 同図①の展開図であって，茅負の留めと同じ方法である.

同図 ③ … ふつうの水平形の雨押えと，長さの方向に勾配をもつ登り雨押えとの取合わせ部分の正面図である.

同図 ④ … 同図①と同図③の取合わせの展開図である.

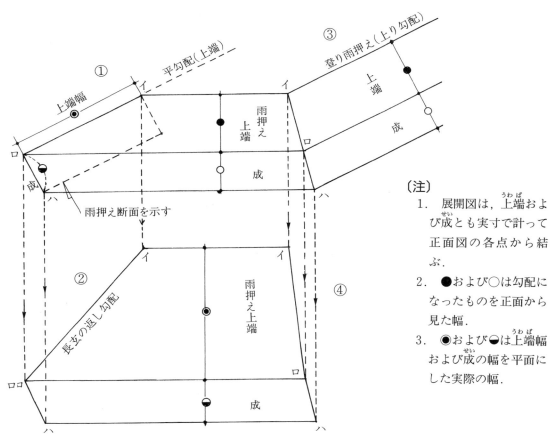

(注)
1. 展開図は，上端および成とも実寸で計って正面図の各点から結ぶ.
2. ●および○は勾配になったものを正面から見た幅.
3. ◉および◐は上端幅および成の幅を平面にした実際の幅.

6・1 図　二つの勾配をもつ雨押えの留め墨．

6・2 二つの勾配をもつ雨押え・水切りの拝み墨

6・2図は，二つの勾配をもつ雨押え・水切りの拝み墨のしかたを示したものである．

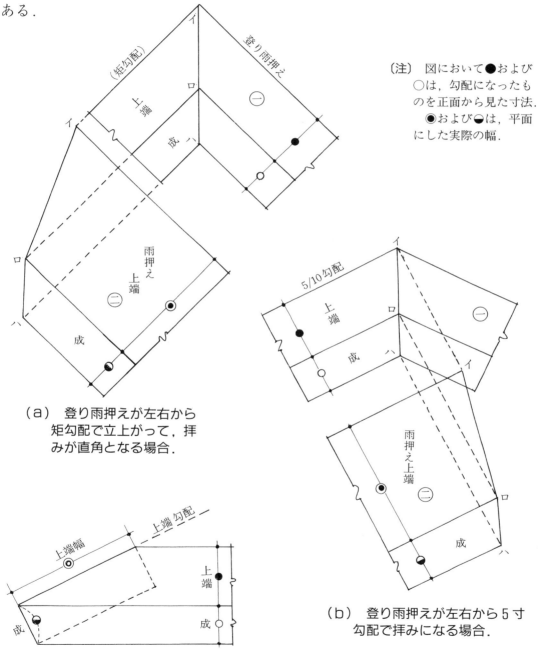

〔注〕 図において●および○は，勾配になったものを正面から見た寸法． ⦿および⊖は，平面にした実際の幅．

(a) 登り雨押えが左右から矩勾配で立上がって，拝みが直角となる場合．

(b) 登り雨押えが左右から5寸勾配で拝みになる場合．

(c) ⊖に用いる幅をとる．

6・2 図 二つの勾配をもつ雨押え・水切りの拝み墨．

6・3 陸母屋への隅木仕掛け(入隅)

谷木を陸母屋に仕掛ける方法である．

1. 条件
① 母屋上端と峠の高さが一致していない．
② 谷隅木だけを切り欠いて仕掛ける．

2. 谷隅木の墨
① 出中から母屋半幅裏目●をとる．
② 6・3図②の◐寸法を垂木下端から1—2ととり，1を基準に水平線を引くと母屋上端となる．
③ 母屋上端線を上端に回し，矩をかけて内側に水平線を引いて母屋上端とする．
④ 下端は隅長玄の勾配であるが，**イ—ロ**△の寸法を**ハ—ニ**ととれば簡単である．

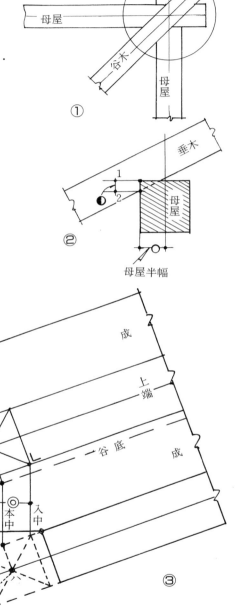

6・3図　陸母屋への隅木の仕掛け(入隅)．

6・4　陸母屋への隅木仕掛け(出隅)(6・4図)

隅木を陸母屋に仕掛ける方法で，入母屋の隅木のような場合に使われる．

1. 条　　件
① 母屋上端と峠の高さが一致していない．
② 隅木だけを切り欠いて仕掛ける．

2. 隅木の墨
① 母屋面の口脇寸法㊁を求める．
② 入中を中心にしておのおの母屋半幅の裏目をとる(入中を中心に母屋幅の裏目を振り分ける.)．
③ 母屋上端を定めるには，母屋前面線上で垂木下端線との交点1から口脇寸法㊁を2ととり，水平線を引けば母屋上端線となる．
④ 母屋上端を内側に回すには，外側の母屋上端線イ点から隅木上端にロと矩をかけ，内側にロから水平線を引くと母屋上端となる．
⑤ 母屋真を内側に回すには，出中から隅木下端に2と矩をかけ，それを内側で立水に引くと内側の真である．
⑥ 隅木下端墨は，下端で入中線の1点と，出中から矩をかけた2点を結ぶと真墨となる(隅長玄の勾配.)が，これに平行に3—4および5—6の幅墨を引く．

6・5　転び母屋への隅木の仕掛け墨

6・5図に，母屋を欠いて隅木を仕込む場合の例を示す．

1. 隅木の墨
母屋上端は，垂木下端となっているから垂木下端線から水平に引いた水墨は転び母屋の上端線となる．
① イ点から水墨を引き，隅木幅をイ—ロととる．
② イおよびロ点より投げ墨を引く．
③ イ—ハは内側の仕込みの寸法となり，ロ—ニは外側の仕込み寸法となる．

2. 転び母屋の墨
① 母屋上端において，真墨を中心として長玄の返し勾配によって隅木真を引き，隅木幅をとる．
② 転び母屋前角のイおよびロ点から成に中勾の返し勾配を引く．

086 | 第6章 | 隅 に 関 連 を も つ 各 種 の 墨

③　中勾勾配にそってイ点から隅木で得たイ—ハの長さ，ロ点からロ—ニの長さをとり，ニ—ハを結べば落ち掛かりの深さとなる．

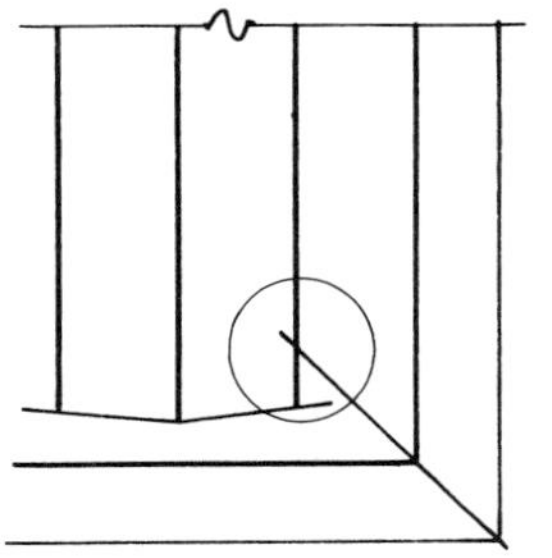

3.　母屋を欠かずに隅木だけ加工する場合の例

6・4図は，陸母屋への隅木の仕掛けかたを示したものである．

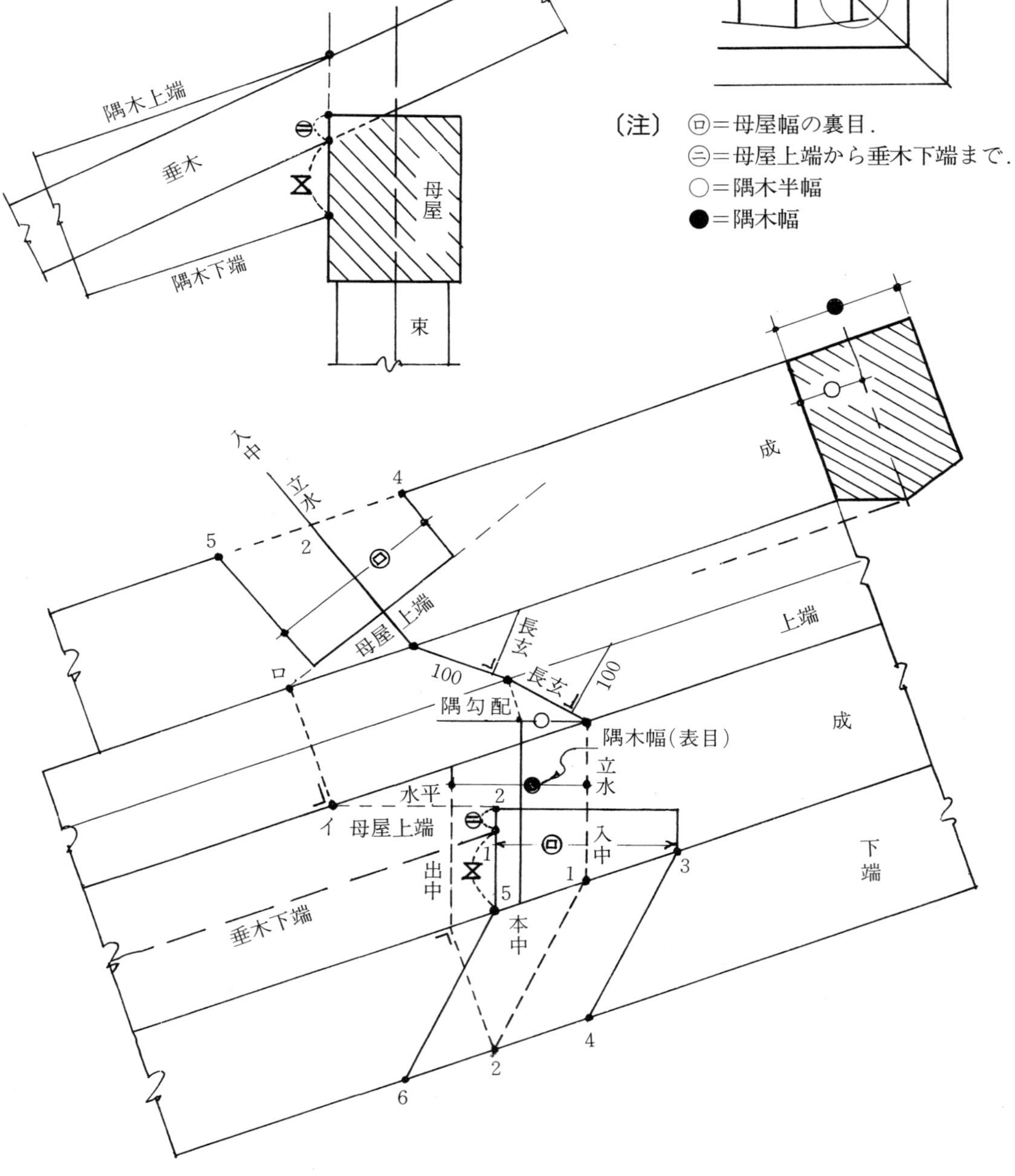

〔注〕　回＝母屋幅の裏目．
　　　　冂＝母屋上端から垂木下端まで．
　　　　○＝隅木半幅
　　　　●＝隅木幅

6・4図　陸母屋への隅木の仕掛け（出隅）．

4. 転び母屋へ隅木の仕掛け墨

6・5図(a)のように，母屋を欠いて，隅木を仕込む場合の例である．

(1) 隅木の墨〔6・5図(b)参照〕
① イから水墨を引く．
② 隅木幅イ—ロをとり，それぞれから投げ墨を引く．
③ イ—ハおよびロ—ニは転び母屋への落ち掛かり寸法である．

(2) 転び母屋の墨〔6・5図(c)〕
① 隅木墨は長玄の返し勾配に引く．
② 隅木面墨は，平の中勾勾配の返しに引く．
③ ハ—ニを結べば落ち掛かり墨である．

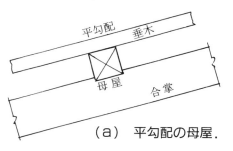

(a) 平勾配の母屋．

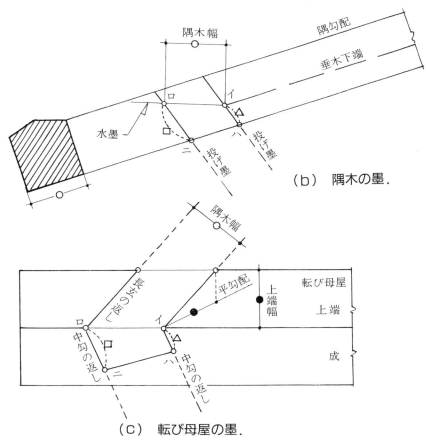

(b) 隅木の墨．

(c) 転び母屋の墨．

6・5図　転び母屋へ隅木の仕掛け墨．

6・6 棟木への隅木仕掛け

1. 棟木を欠いて隅木を仕込む場合 (6・6図参照)

上端胴付き墨は馬乗墨と同じ(上半は長玄の返し，下半は長玄．)．下端胴付き墨はたすき墨と同じ(隅長玄)．

なお，配付垂木の上端真は，長玄の勾配である．

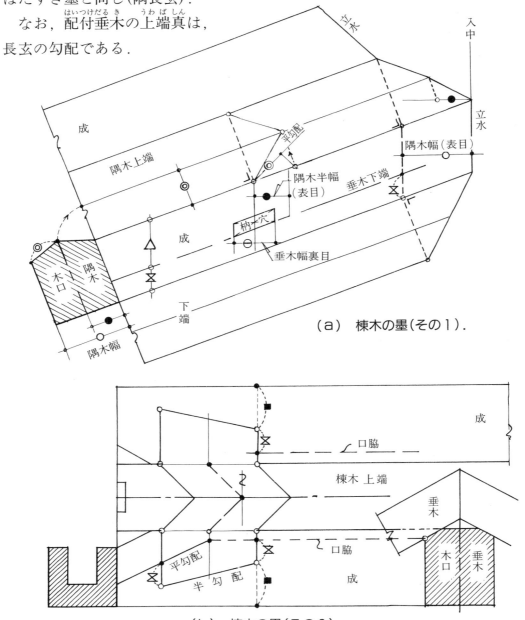

(a) 棟木の墨(その1)．

(b) 棟木の墨(その2)．

6・6図 棟木への隅木仕掛け(その1)．

2. 棟木はそのままとして隅木だけ加工する場合(6・7図参照)

上端胴付きは馬乗墨と同じ，下端胴付きはたすき墨と同じ，山勾配のない場合は上端・下端とも下端墨と同じで，隅長玄の勾配である．

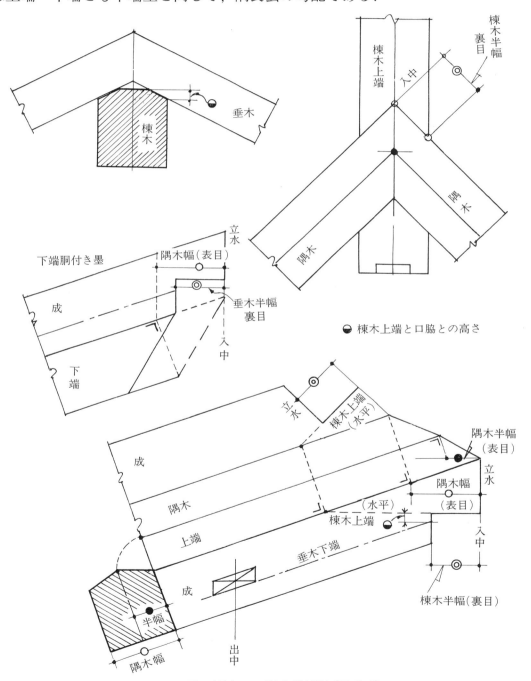

6・7 図　棟木への隅木仕掛け(その2)．

090 | **第6章** | **隅に関連をもつ各種の墨**

6・7 胴差しへの隅木差し口

1. 隅木の枘穴を胴差しに水平につくる場合

隅木の枘穴を胴差しに水平につくる場合，隅木の墨および胴差しの墨のしかたは，つぎのとおりである．

（1）　**隅木の墨**　隅木の墨の要領は，つぎのとおりである（6・8図参照）．

①　竪胴付き墨のしかたは，入中から胴差し半幅の裏目を戻って胴付き墨とする．

②　上端胴付き墨は，まず，胴付きの上端角1から隅勾配を引き，つぎに，これにそって隅木半幅（表目）①をとり，その点に隅木面から矩をかけて山勾配の頂点を求める．

さらに，隅木面において胴付き線から水平に隅木幅（表目）をとり，立水を引き，上端3から矩をかけて4とし，1，2，4を結べば，これが上端胴付きの墨となる．

③　下端胴付きは，胴付き線から水平にとった隅木幅の5点から矩をかけた6点と5点を結ぶと下端胴付きの墨となる．

④　枘墨は，つぎのようにする．

　ⓐ　まず，最初に，表側で垂木下端を枘上端と定めて，立水に枘幅の寸法をとる．

　ⓑ　つぎに，胴付きの枘幅を，水平に隅木上端まで引いて，上端から裏側に矩をかける．

　ⓒ　裏側では上端墨から水平の墨を引いて，胴付きにおける枘の位置および枘の厚さとする．

（2）　**胴差しの墨**　胴差しの墨のしかたは，つぎのとおりである．

①　上端に隅木真および幅墨を引く．

②　前側において垂木下端（これは計算によってその高さを定めること．）を枘の上端として，隅木での枘厚（これは立水に計ったものである．）を写して枘墨とする．

③　枘穴上端と隅木内側線の交点から，平の半勾配を，胴差し上角まで引き上げる．

④　上端で45°の線を引く．

⑤　内側において，上端の墨から平の半勾配を引き下げると，これが枘穴の上端となる．

⑥　内側の枘厚は，前の枘穴と同じであるが，前側の枘下端から上端と同じ方法で回してもよい．

2.　入隅の場合

6・9図に，入隅の場合における胴差しへの隅木差し口の要領を示した．

入隅の場合，仕込みの深さ(胴差し下端から隅木上端まで.)を計る位置は，6・9図(b)の⑧側である(出隅は④側でとる．すなわち出隅の場合と入隅の場合とでは反対である.)．

（1）　条　件　入隅の場合の条件は，つぎのとおりである．

①　胴差しの面に，峠の高さから計算した垂木下端および垂木上端を定める(垂木上端はすなわち谷隅木の上端でもある.)．

②　谷木の枘は垂木下を基準にして作る．したがって，胴差しの枘穴は勾配となる．

（2）　谷隅木の墨　この要領は，つぎのとおりである．

①　出中から隅木半幅をとって本中をとる．

②　胴付き墨は

(胴差し半幅裏目)−(隅木半幅表目)＝ ●　を本中から戻る．

または入中から胴差し半幅の裏目を戻る．

③　胴付き墨から隅木幅(表目)をとり，これを上端に回し，⑧側に立水を引くと胴付き線となる．

④　⑧側上端1から仕込みの深さ⊜寸法を1—2ととり，2から水墨を引く(胴差し下端となる.)．

⑤　この水墨を上端角まで3と延長して，上端に矩をかけて，その点を4点とする．

⑥　谷木前面に4から水墨を引いて胴差し下端とする．

⑦　上端谷底の胴付きは，胴付き線から隅木半幅(表目)を戻り，面の谷底線に矩をかけて上端に回し，3点を結ぶ．

3.　胴差しへの隅木差し口(出隅の場合)

6・9図において

①　峠の高さを胴差しの面に写して，垂木下端の線と定める(胴差し上端角は

たるきうわば
垂木上端.).
　② 上端および下端胴付きは，馬乗墨およびたすき墨と同じ方法による.

胴差し

柱

胴差し

隅木

隅木幅(表目)

入中

胴差し半幅の裏目

立水

陸水

4

2

1

隅勾配

㋑

3

隅木幅

入中

上端

陸水

垂木幅裏目

垂木柄穴

垂木下端

5

6 柄より隅材まで ⊕＝⊖裏目

⊕

胴差し半幅の裏目

成

木口 隅木

下端

隅木幅

㋑

成

柄穴

平の半勾配

真

上端

柱木口

胴差し上端

⊖

45°

平の半勾配

柄穴

垂木下端

隅木下端

成

6·8 図　胴差しへの隅木差し口(出隅の場合.).

4. 胴差しへの隅木差し口（入隅の場合）

6・9図のように，出隅と入隅とでは，仕込み深さをとる点が反対である．

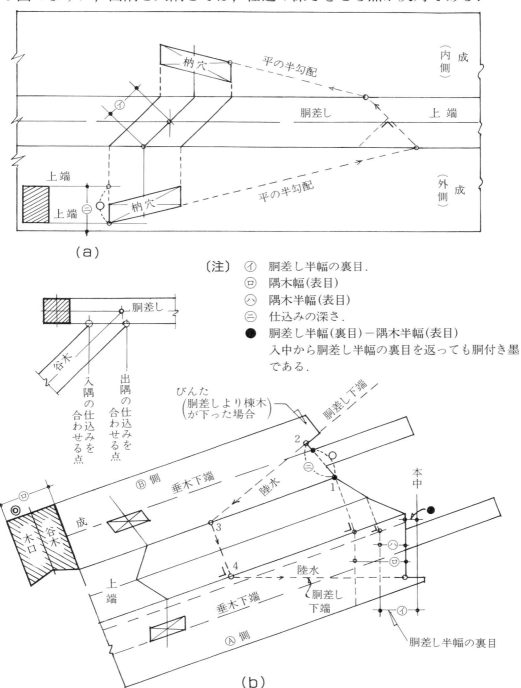

〔注〕
- ㋑ 胴差し半幅の裏目．
- ㋺ 隅木幅（表目）
- ㋩ 隅木半幅（表目）
- ㋥ 仕込みの深さ．
- ● 胴差し半幅（裏目）－隅木半幅（表目）
  入中から胴差し半幅の裏目を返っても胴付き墨である．

6・9図　胴差しへの隅木差し口（入隅の場合．）．

7

柱建て四方転び

　柱建て四方転びは，じょうご(漏斗)形の逆で，前後左右から内側に向かって傾くように作られる構造物であって，鐘楼・水屋・踏台がこれにあたる．すなわち，その柱は急勾配の隅木であると考えてよい．

7・1　踏台(柱に癖をとった場合)

1.　条　　件
①　左右の勾配が同じであること(左右の勾配の相違するものを振れ四方転びという．)．
②　柱の癖をとること．
　柱の実形を菱形に作る．したがって，天板または地面に接するよう，水平に切った木口は正方形となる．

2.　平勾配と隅勾配
　柱は二方向に転んでいるので，隅勾配が生じる．したがって，ここに隅柱が必要になる．
　(1)　平勾配　一般にいう返し勾配または転び勾配であるが，四方転びではこの転び勾配をとくに平勾配と定めている．
　(2)　隅勾配　さきに柱は急勾配の隅木と同一であると述べておいたが，ここでよく考えなければならないのは，屋根の隅木は平勾配であり，柱建て四方転びの柱は返し勾配であることや，隅木と隅柱の墨をつける面の状態が違っていることを理解しなければならない．
　　　隅勾配＝平の転び寸法を裏目でとった勾配．
である．ただし，これによって柱の長さを求めることができるが，柱が水平線に接する角度(勾配)ではない．これは平の中勾勾配である．
　(3)　柱の転び勾配　平の中勾勾配の返しである．
　柱面における天板や地面に接する隅柱の角度となる(柱の面に現れる勾配 … 7・2図参照．)．

すなわち，隅柱に墨をする上下の胴付き墨は，平の中勾勾配の返しである．

3. 柱の長さの求めかた

柱の長さの求めかたは，7・2図のようにいろいろの方法があるから，作図の場合や工作の場合など，その用途によって適当な方法を選ばなければならない．

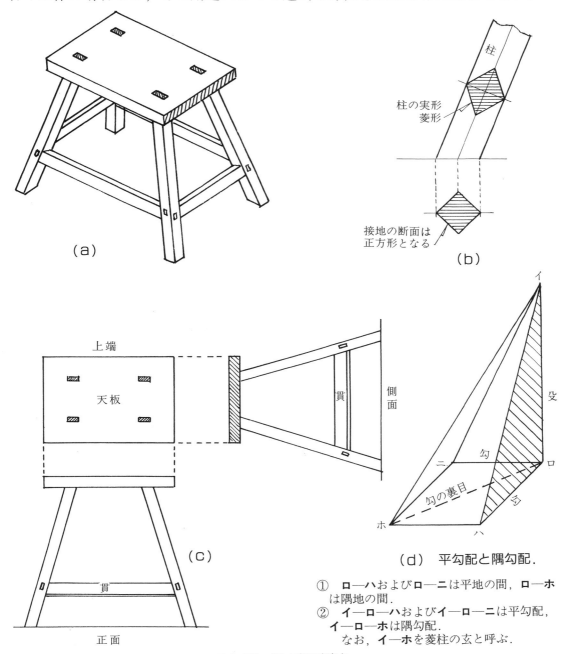

① ロ—ハおよびロ—ニは平地の間，ロ—ホは隅地の間．
② イ—ロ—ハおよびイ—ロ—ニは平勾配，イ—ロ—ホは隅勾配．
なお，イ—ホを菱柱の玄と呼ぶ．

7・1図 四方転び踏台

(1) 二転びの方法　転び幅のハ点を基準にして，平勾配の玄から矩をかけて平勾配の転び幅(○印)と同じ寸法をニととり，ニ―イを結べば，これが隅柱の実長である〔7・2図(a)〕．

(2) 裏目を使う方法　平勾配の転び幅ロ―ハの寸法を裏目に直してロ―ニととり，ニ―イを結べば隅柱の実長である〔7・2図(b)〕．

(注)　これは平勾配でいう裏の目勾配を倒立したもの．

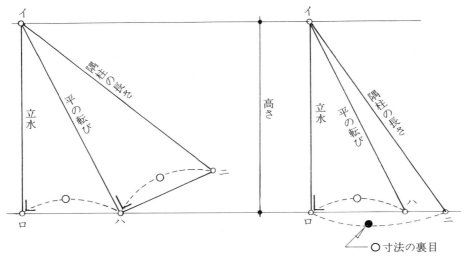

(a) 二転びの方法．　　　(b) 裏目を使う方法．

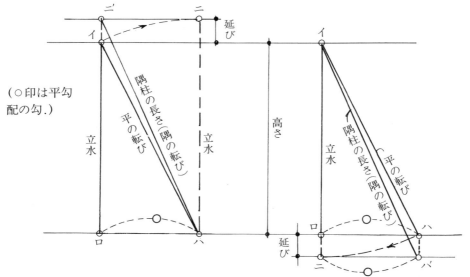

(c) 延び矩を使う方法(その1)．　(d) 延び矩を使う方法(その2)．

7・2図　柱の長さの計りかた(その1)．

(3) **延び矩を使う方法(その1)** 立水に勾配の延び(玄の長さ)を**ロ—ニ′**ととり，**ニ′**と平の転び**ハ**とを結べば隅柱の実長となり，その角度は平の中勾勾配となっている〔7・2図(c)〕．

(4) **延び矩を使う方法(その2)** 7・2図(d)は**イ—ハ**の玄の長さ(勾配の延び.)を**イ—ニ**ととり，**ロ—ハ**の平の転び寸法をそのまま，**ニ—ハ′**とし，**ハ′—イ**を結べば隅柱の実長となり，その角度は平の中勾勾配となっている．

この方法によると，柱の長さが求められると同時に，隅柱の転び勾配(平の中勾勾配.)も求めることができる．

(5) **雁木曲を使って用材に直接長さを求める方法** 7・3図(a)に示すように転び幅の寸法を裏目に直し，高さの寸法(表目)とにより雁木曲を作れば，直接柱の長さが求められる．また，貫の高さの求めかたも同じ方法である〔同図(b)〕．

ただし，柱の上下胴付きは平の中勾勾配であるから，長さだけを雁木曲で計り，胴付きは中勾勾配の返しで引かなければならない．

〔注〕 棒隅での隅木では，殳を裏目に直した雁木曲であったが，四方転びでは，勾の裏目を用いるから，考え違いのないように注意すること．

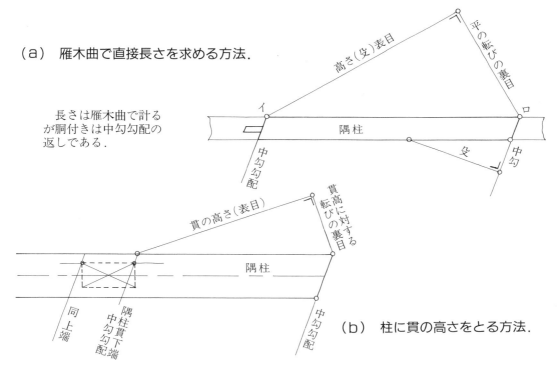

7・3 図 柱の長さの計りかた(その2)(雁木曲使用)．

4. 柱の癖のとりかた

柱が地面に接したとき正方形になるように，柱の実形を菱形に作成するが，この菱形にすることを，柱の癖をとるという．工作の場合，柱に癖をとる場合と癖をとらない場合とがあるが，とるのがふつうである．

柱の癖，すなわち菱形の求めかたについては，古来からいろいろの方法が発表されているが，ここでは実施に容易なつぎのようなものをあげることとした．

(1) 加弓勾配を用いるもの．
(2) 作図によるもの．
(i) 展開図法によるもの．
(ii) 裏の目勾配を基準としたもの．

（１） 加弓勾配を用いて菱形を求める方法（7・4図）

① 加弓の長さを求める〔7・4図(a)，(b)〕．
　ⓐ 平勾配をかき，イ―ニの中勾を求める．
　ⓑ 中勾勾配をかき，イ点から勾配にそいイ―ホと勾の長さ（平勾配の勾）をとる．
　ⓒ ホ―ヘは加弓の長さである．

② 加弓の返し勾配は，菱形の角度となる〔7・4図(c)〕．

なお，柱の地面に接する一辺が定められている場合は，図のように接地幅の裏目で対角線をイ―ロととればよい．

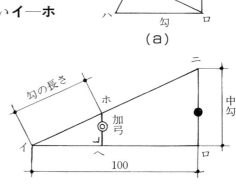

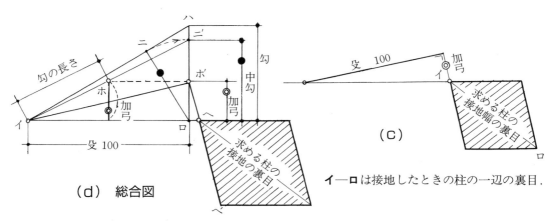

7・4図　柱の菱のとりかた（その１）（加弓勾配を使う方法．）．

（2） **作図によって菱形を求める方法**　工作のため作図をする場合は，他の各部分との関連性の多いこの方法がいちばん便利である．

（ⅰ）**平勾配から隅柱の転びを求める（すなわち中勾勾配を作る）**　7・5図によって説明する．

① **イ―ロ**を柱の接地幅とする．

② **ロ**点を基点として，**ロ・1・2**と平勾配の逆三角形をかく．

③ 中勾の**1―3**を**1―4**ととり，**ロ―4**を結び，隅柱の勾配とする（中勾勾配）．

④ **イ―ロ**を一辺として，**イ・ロ・ニ・ハ**と柱の接地断面をかき，対角線をかく．

⑤ **イ**から隅柱の転びに矩をかけて**イ―ホ**と柱幅をとり，この寸法で**イ**点から**イ―ヘ**，および**イ―ト**をとり，また，**ニ**点からも**ニ―ト**および**ニ―ヘ**をとって，**イ・ヘ・ニ・ト**を結べば，所要の菱形の柱の実形が得られる．

〔菱のとりかた〕

イ―ロの長さ（柱の接地幅）により**イ・ロ・ニ・ハ**と柱の断面（接地したときの大きさ．）をかき，隅柱の幅を隅柱の転びに直角に**イ―ホ**と計り，この長さで対角線に接するまで**イ―ヘ**とぶんまわしをかけ（弧をかく．），柱の一辺とする．また，イから**イ―ホ**の長さを対角線上に**イ―ト**ととり，**イ・ヘ・ニ・ト**を結べば柱の菱形が得られる．

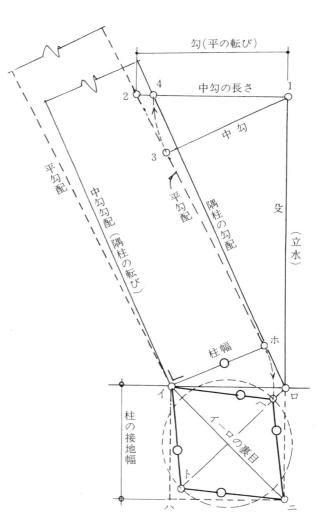

7・5図　柱の菱のとりかた（その2）
　　　（作図による方法．）

(ii) **裏の目勾配の利用(その1)** 7・6図によって説明する．

① 水平線上に任意の平勾配(平柱の転び.)をかき，その転び幅(勾)イ―ロを裏目寸法に直してイ―ハととり，ハ―Oを結べば隅勾配となる(裏の目勾配の返し)．

② 柱の接地幅をハ―ニと裏目でとり，その2等分点を1とする．

③ 1およびニから隅勾配の平行線を引く．

④ 隅勾配の任意の点から矩をトとかける．

⑤ ハ―ニの長さ(柱の接地幅を裏目で計った長さ.)を○点振分けにヘ―ホととり，チ・ヘ・ト・ホを結ぶと，柱の実形である菱形が求められる．

〔注〕 この勾配は柱面に現れる転び勾配(中勾勾配)とは違うことに注意のこと．

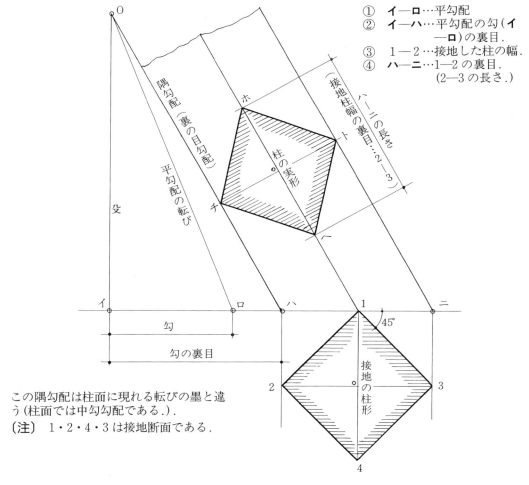

7・6図 柱の菱のとりかた(その3)(裏の目勾配を使った作図による方法.).

(iii) **裏の目勾配の利用(その2)** 7・7図によって説明する．

① 7・7図(a)のように，任意の裏の目勾配をかき，その中勾の長さを求める(**イ—ニの長さ**)．

② 同図(b)のように，求めた中勾の長さを水平線上に**イ—ロ**ととり，その**イ—ロ**の2等分点から裏の目勾配の立上り〔(a)図の**イ—ハ′**の長さ．〕，すなわち平勾配の転び幅の裏目を**ロ**点から矩の手に振り分けて，**ハ**および**ニ**点とする．

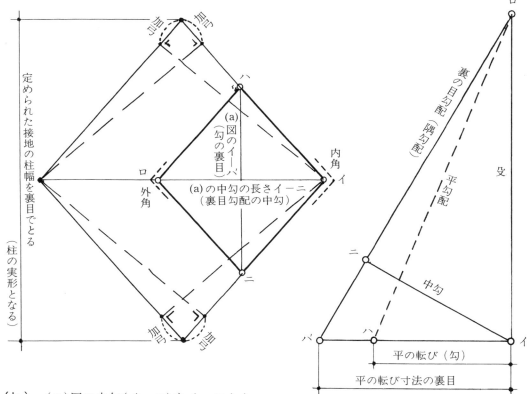

(b) (a)図の中勾(**イ—ニ**)を**イ—ロ**ととり，勾の裏目寸法(**イ—ハ′**)を**ハ—ニ**ととれば**イ・ハ・ロ・ニ**が柱の菱形となる．
定められた柱の実形を得るには，**ハ—ニ**の寸法をその柱の一辺の裏目でとればよい．

(a) **イ—ロ**と殳の長さをとり，勾すなわち平の転びの寸法の裏目を**イ—ハ′**ととって隅勾配を引く(この隅勾配は隅柱の転びではなく裏の目勾配である．)．

本図で使う中勾および勾の寸法は，裏の目勾配のものであって，ふつうのものではない．

7・7図 柱の菱のとりかた(その4)(作図による方法．)．

③　**イ・ハ・ロ・ニ**を結べば柱の菱形となるから，この角度を使って定められた柱の実形を求める．

④　柱の接地幅を裏目でとり，さきにかいた菱形の線を延長して平行線を引けば，柱の実形が得られる．

（ⅳ）　裏の目勾配の利用（その３）　7・8図によって説明する．

①　水平線上に**O**を中心とした柱の接地断面をかく（**イ—ロ**および**ハ—ニ**は接地幅の裏目である．）．

②　**O**から**イ—ロ**線に対して裏の目勾配を引く．

③　勾配線から**イ**点に矩をかけて1を求め，この**O—1**の長さを**イ—ロ**線上に**O—2**ととる．

④　**ハ・2・ニ・2′**と結べば菱形となり，柱の実形である．

平勾配の勾（平の転び幅.）を裏目で立上りとした勾配で，隅勾配ともいえるものであるが，柱面に現れる隅柱の転びと違っているから間違いのないようにすること（隅柱の転びは平の中勾勾配である．）．

(a)

①　O点から裏の目勾配を引き，その勾配から**イ**に矩をかけて1点を求める．

②　**イ—ロ**線上に，O—1の長さをO—2ととり，**ハ・2・ニ・2′・ハ**と結べば求める柱の実形である．

（b）　**イ—ロ**は柱が接地したときの一辺の裏目でとる．

7・8 図　柱の菱のとりかた（その５）（作図による方法.）．

5. 貫の位置の定めかた

(1) 平貫の高さを求める 正面図に現れる(出来上りの高さ.)平貫の高さは、貫の前面を基準にして、前上角または前下角により計測される(下の場合が多い.)．それゆえに、その貫前面が柱面とそろっているか、柱面より内側に入っているかによって、貫の高さが違ってくるから、その点をとくに留意しなければならない．

① 貫の前面が柱面と一致している場合を … つらいち(面一致)という〔7・9図(a)の(i)〕.

② 貫の前面が柱面より内側に納まっている場合を … めんうち(面内)という〔7・9図(a)の(ii)〕.

また、特別に便宜上同図(b)のように貫真で高さを求める場合もあるが、この場合は貫の高さや貫の長さを計る位置が違ってくるから、注意を要する．すなわち、この場合においても、貫の高さは一応貫の前角を基準にするのである．

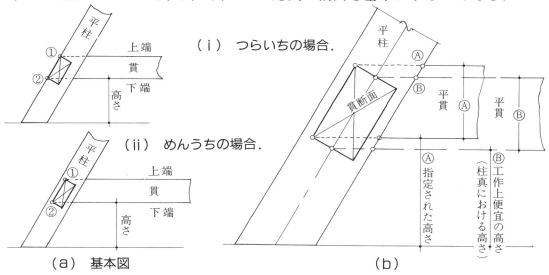

(a) **基本図** 貫が(i)のつらいち(面一致)の場合と、(ii)のめんうち(面内)の場合とによって貫高さが違ってくる．それは貫の高さを定めるには貫の前面における上端または下端の角がその高さになるからである．すなわち(i)または(ii)の位置で高さを定める．

(b) **柱真で求める方法**．これは便宜上、柱真で平貫の高さを定める方法である．
Ⓐは(a)の(ii)図のように貫の前面によって高さを求めたもの(貫の長さはⒶ点で計り貫の前面でとる.)．Ⓑは工作の便宜上、貫の真によって高さを求めたもの(貫の長さはⒷ点で計り貫の真にとること.)．

7・9図 隅柱への貫位置の求めかた(その1)(平貫の高さ.)．

104 第7章 柱建て四方転び

（２） 隅柱に貫の高さを求める　隅柱に貫の位置を求める方法には，いく種類かがあるが，ここにそのうちの三つの方法をあげておく．

（ⅰ） 第１法　7・10 図によって説明する．平勾配の玄に現れた平貫の高さ（**イ**および**ロ**）および柱の下端（**ハ**）の長さを，天板下端１点から立水に**ニ・ホ・ヘ**と写し，その点から水平線を引いて，隅柱に貫の高さを**チ・リ**と求める方法である．

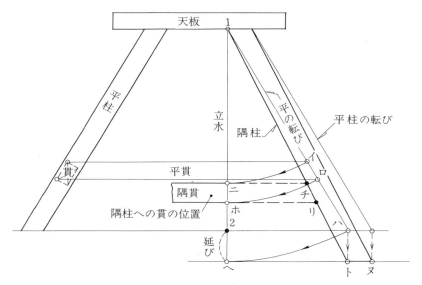

① 7・10 図において 1―2 は天板下端までの高さである．
② 2 点から高さに対する平の転び幅を 2―**ハ**ととり，**ハ**と 1 を結べば平柱の転びである．
③ 平貫の高さを平柱に**イ**―**ロ**と写す．
④ 1 を中心として弧をかき，立水線上に平柱の貫の位置および柱の下端を写す．
　　1―**イ**の長さを…1―**ニ**と写す（隅柱への貫上端）．
　　1―**ロ**の長さを…1―**ホ**と写す（隅柱への貫下端）．
　　1―**ハ**の長さを…1―**ヘ**と写す（平転びの延びの長さ．）．
⑤ **ヘ**から F.L（平の地盤）の平行線を**ヘ**―**ト**と引く（隅柱の仮定下端．）．
⑥ 1―**ト**と隅柱の内側線を引き，**ト**―**ヌ**と柱幅をとる（この柱幅は接地柱幅である．）．
⑦ 立水の**ニ**，**ホ**を水平に隅柱に**チ**，**リ**（貫の上端および下端．）と写すと隅柱への貫位置となる．

7・10 図　隅柱への貫位置の求めかた（その２）（第１法）．

（ⅱ） 第２法　7・11 図によって説明する．
① 平の転び幅の 3 から平柱に矩をかけて，さらに 2―3 の長さを 3―6 ととり，1―6 を結ぶと，1―6 は隅柱の長さとなる．
② 平柱の貫の位置**イ**および**ニ**から平柱に矩をかけて，1―6 線上に**ロ**および**ホ**ととる．
③ 1―**ロ**の長さで弧をかき，隅柱線に**ハ**と写し，隅柱における貫上端の墨と

踏台（柱に癖をとった場合） | 7・1 | 105

する．
④ 1—**ホ**の長さで弧をかき，隅柱の線に**ヘ**と写し，隅柱における貫下端の墨とする．

① 柱の長さは7・11図(a)の1—4の長さで計る．
② 柱の上下胴付きは平勾配の中勾勾配の返しである．貫の高さを定めるのは原則として貫の前面の角でとる．これの詳細については7・9図を参照すること．隅柱へ貫の高さを写す方法は，つぎのとおりである．
① 平勾配の3点から矩をかけて，平の転び2—3の長さを3—6ととり，1—6と結ぶ(二転びをするという．)．
② 貫上端 … 平柱の**イ**点より平の転びに矩をかけ**ロ**を求め，1—**ロ**の長さを隅柱に**ハ**と写すと，隅柱での貫の上端である．
③ 貫下端 … 上端と同じ方法によって**ニ**から**ホ**を求めて，1—**ホ**の長さを隅柱に**ヘ**と写せば貫の下端線となる．

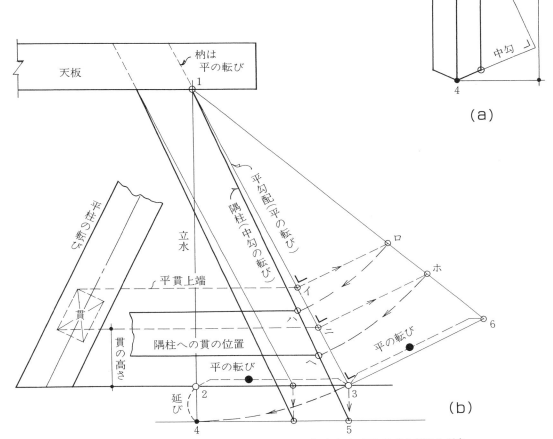

7・11 図　隅柱への貫位置の求めかた（その3）（第2法）．

(iii) **第3法** 7・12図によって説明する．

① 天板下までの高さを1—3の殳とし，その高さに対する転び幅を裏目として3—2の勾として矩を使えばは，1—2は隅柱の実長となる．

② 貫の位置 … 定められた貫の長さを5—4と殳にとり，その高さに対する転び幅を裏目で4—2とすれば，5点は貫の位置となる（本図は下端で高さを求めている．）．

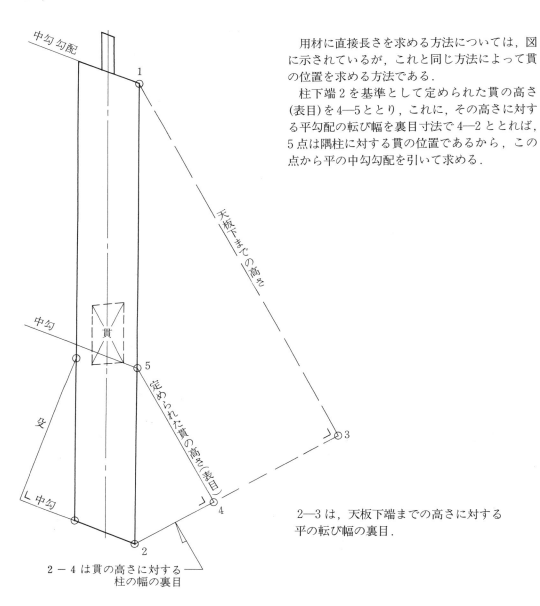

用材に直接長さを求める方法については，図に示されているが，これと同じ方法によって貫の位置を求める方法である．

柱下端2を基準として定められた貫の高さ（表目）を4—5ととり，これに，その高さに対する平勾配の転び幅を裏目寸法で4—2ととれば，5点は隅柱に対する貫の位置であるから，この点から平の中勾勾配を引いて求める．

2—3は，天板下端までの高さに対する平の転び幅の裏目．

2—4は貫の高さに対する柱の幅の裏目

7・12図　隅柱への貫位置の求めかた（その4）（第3法）．

6. 隅柱への貫枘穴墨のしかた

(1) 柱下端および上端の胴付き線を簡単に求める方法　7・13図によって説明する．

Ⓐ　まず柱の4面をかくこと．

① 柱の地盤線にそって柱幅をとる．

② 柱の勾配に合わせて柱幅を引く．

Ⓑ　柱の下端勾配を簡単に求める．

1—2の柱角から④面の**ロ**に**イ**—**ロ**と矩をかけ③面の柱**ハ**まで延ばし，2—**ハ**と結べば②・③面の下端胴付きである．

上端胴付きは，②・③面は1—2の長さを**ハ**—4ととり，1—4と結べばよい．また，①・④面は1—2の長さを**ロ**—3ととり，1—3を結ぶ．

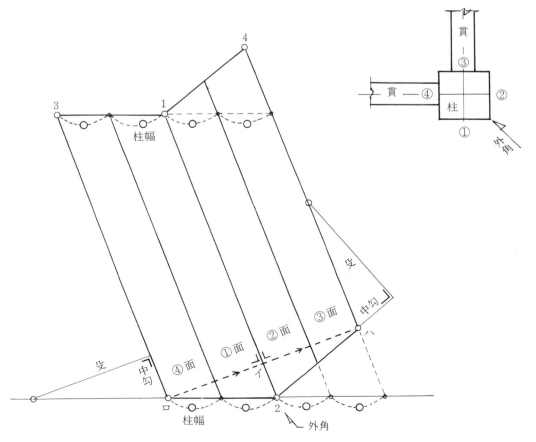

7・13図　隅柱上端・下端の胴付き線の求めかた．

第7章　柱建て四方転び

（2）加弓の寸法を使って貫の位置を求める方法（7·14図）　図の柱菱木口イ―ハ線からニに矩をかけるとイ―ホ（■印）すなわち加弓となる．この加弓を使って貫上端墨を出すにはつぎのようにする．

7·14図の①面の角（④面に近いほう．）から加弓■寸法をとり，貫上端の1点から矩をかけて④面の2と回し，つぎに柱角を貫上端の交点3から3―2と結べば貫の上端墨となる．また，この勾配は小中勾の返しである．

①面および④面は，これと同じ傾きとなり，②面および③面は右のほうが低くなるように傾く．すなわち，外角を境界にして内側が低くなるよう，左右が対称に勾配がつくように墨をすること．

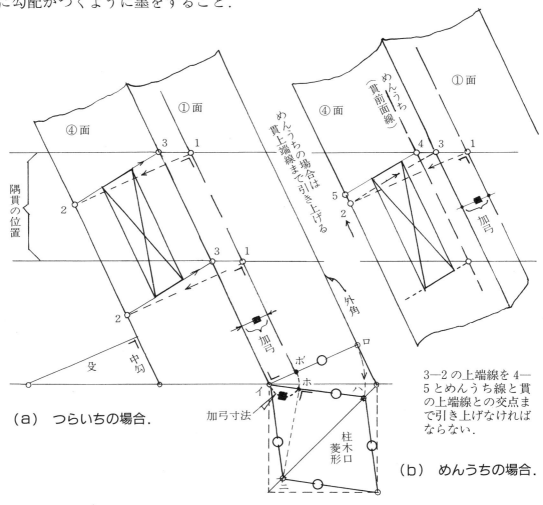

(a) つらいちの場合．

(b) めんうちの場合．

3―2の上端線を4―5とめんうち線と貫の上端線との交点まで引き上げなければならない．

7·14図　隅柱へ貫枘穴墨のしかた（その1）（加弓を使う方法．）．

(3) 柱4面の墨のつけかた(7・15図)

① 貫がめんうちの場合 … 柱の外角の方向の側に貫の前面の線を引く．すなわち①面および④面が右，②面および③面は左となる．

② 貫の上端の位置 … 貫の高さの線と貫の前面の線との一致点(**イ**および**ロ**.)から小中勾の返し勾配を引く．この場合の小中勾の勾配は，①面および④面が左下り，②面および③面が右下りとなる．

すなわち外角を基準にして左右に振分けとなる（貫の上端および下端は柱面に直角ではない．）．工作の場合，勾配が2/10～3/10くらいでは，小中勾が僅少であるから直角にする場合もある．

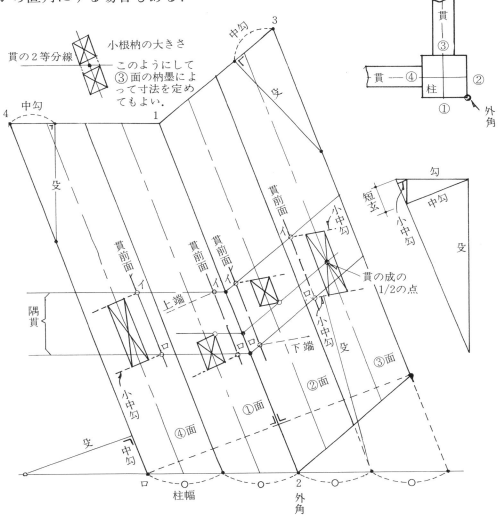

7・15 図　隅柱へ貫枘穴墨のしかた(その2)(柱4面の墨．)

（4）貫の穴墨（7・16 図） 貫穴上端および下端は平勾配の小中勾の返し勾配であって，外角を中心にして右は内側が低くなるように矩をかけ，左は左のほう，すなわち，内側が低くなるように矩をかける．

ただし，勾配が 2/10～3/10 で柱幅が 2 寸くらいまでなら直角でもよい（前述）．小根柄についても，上端および下端は 7・15 図も参照のこと．

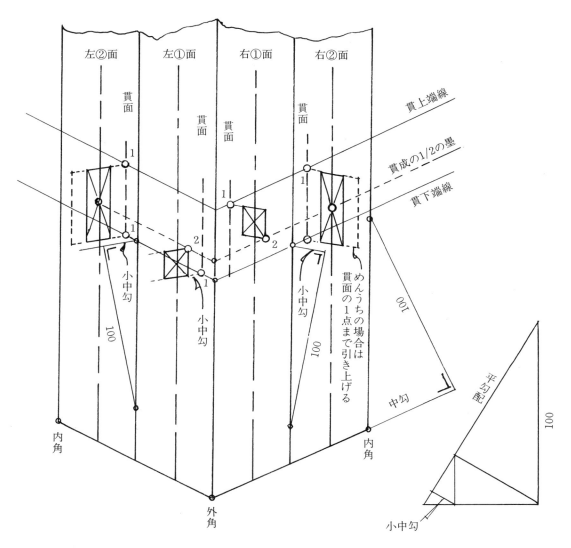

（注）貫のつらいちの場合は，この位置でよいが，めんうちの場合は，貫面の線と合致する点まで引き上げなければならない．

7・16 図　隅柱へ貫柄穴墨のしかた（その3）（貫の穴墨．）．

（5） 天板への柄墨(7・17図)　柄幅を定める方法には，①のように水平に柄幅を定める方法と，②のように柄面に直角に定める二つの方法がある．

　天板側面の柄道墨は，平勾配の返しであるが，柄の付けかたには，図に示すようないろいろの手法がある．

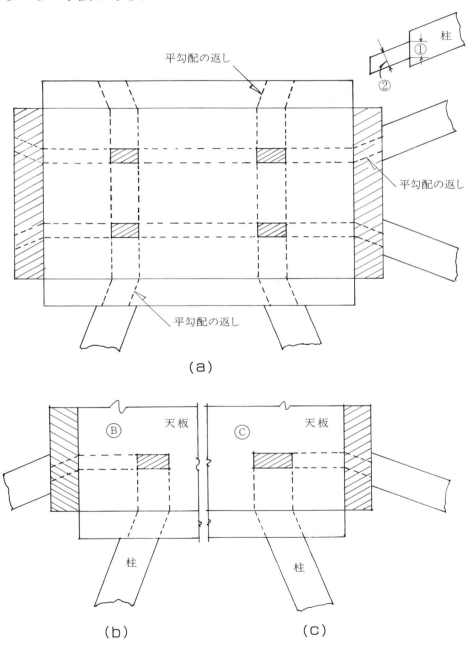

7・17 図　天板への柄墨．

7. 貫の長さの計りかた

（1） 長手の貫の長さ
貫の長さの出しかたは，計算によるほか，図面上でも求められる．

（i） 第1法 正面図の平柱内角で，平貫の上端前角のイ点からイ′点までの長さを水平に計った寸法が，貫の長さの基準となる（7・18図および7・19図）．

（ii） 第2法 貫上端の貫真において長さを計る方法で，7・19図のA点からA′点までの長さを水平に計った寸法が，貫の長さの基準となる．

（2） 貫の上端胴付き墨
短玄の返し勾配である．

貫の長さを第1法によってとった場合と，第2法によった場合とでは，上端胴付きの短玄返しの掛けかたが変わってくるので注意が必要である（7・19図）．

第1法の場合には，貫外面の計測点イおよびイ′から短玄の返しを内側が長くなるように引く．

第2法の場合，貫上端真のAおよびA′から短玄の返し勾配を内側が長くなるように引く（図7・19参照）．

〔注〕 踏台のように下が広くなった四方転びは，貫上端の傾きの低い側が直角より長くなるように短玄を引き，下が狭くなるものには，上端の傾きの低い側が直角より短くなるよう短玄をかけなければならない．

（3） 側面の胴付き墨（竪胴付き）
平の中勾勾配の返しである．

実際の場合は，木の身返し法による墨付けをすると簡便である．

（4） 妻手の貫の長さ

① 7・18図Ⓐのように，天板下端で妻手柱の内法寸法□を求める．すなわち，1—2の幅である．

② また同図において，正面天板下端で両柱の内法から妻手の長さ□を差し引けば，両端に■寸法が残る．

③ 平貫の長さから■の寸法を両端から差し引いた残り寸法が，妻手貫の長さである．

（5） 転び貫の墨
転び貫とは上端の幅の方向に傾斜している貫をいい，この場合，その傾斜は柱の転びに対して直角に傾いているものである（上端が水平であったり柱の転びに対して直角でない場合はこの墨と違ってくる．）．

（i） 転び貫上端胴付き墨 長さを計ったイ点を基点にして，内側が直角より長くなるように，短玄の返しを引いて胴付き墨とする（7・20図）．

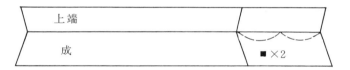

(a) 一方から妻手貫の長さをとる場合.

(b) 中心から振分けに妻手貫の長さをとる場合.

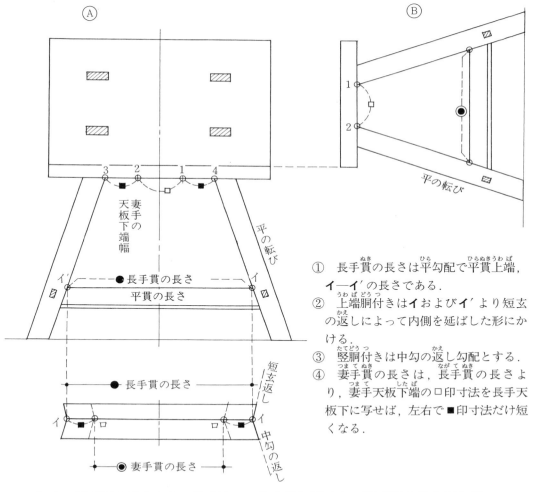

① 長手貫(ぬき)の長さは平勾配(ひらこうばい)で平貫上端(ひらぬきうわば), **イ—イ′**の長さである.
② 上端胴付(うわばどうつ)きは**イ**および**イ′**より短玄(たんげん)の返(かえ)しによって内側を延ばした形にかける.
③ 竪胴付(たてどうつ)きは中勾(ちゅうこう)の返し勾配とする.
④ 妻手貫(つまてぬき)の長さは,長手貫(ながてぬき)の長さより,妻手(つまて)天板下端の□印寸法を長手天板下に写せば,左右で■印寸法だけ短くなる.

(c) 長手貫の長さから■印寸法二つ分を差し引くと,妻手貫の長さである.

7・18 図 長手貫・妻手貫長さの求めかた.

第7章　柱建て四方転び

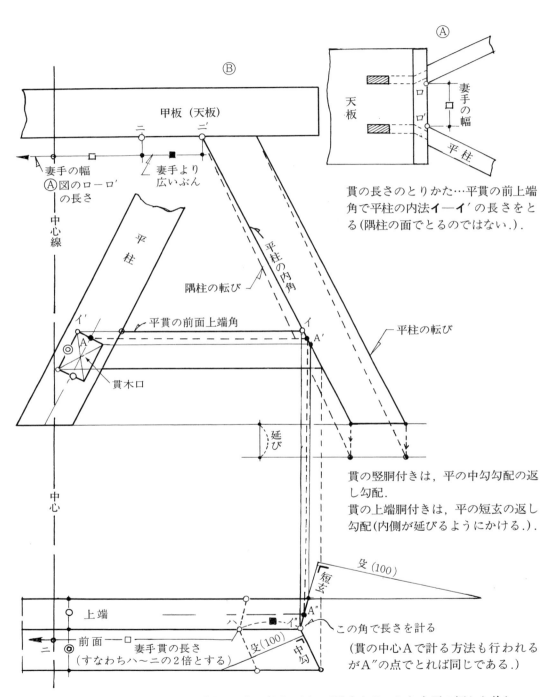

7・19 図　貫の長さ・貫の胴付き墨．

〔参考〕 上端胴付きは，平の短玄の返しである．
〔木の身返し法〕
① 1—3 線に対し 1—2 と平勾配を引く．
② 上端幅○印寸法を 1 点から平勾配にそって 1—4 ととり，1・4・3 と矩をかける．
③ 4 から外側に 5 と矩をかけ，5—3 を結べば上端胴付きとなる．

(ii) 転び貫の成（側面）の胴付き墨　成の胴付きは，平勾配の中勾の返し勾配である．
〔木の身返し法〕
① 1—2 と平勾配の返しを引く．
② 1—2 線にそい 1 点から成の幅●寸法を 1—3 ととる．
③ 3 点から 3′—4 と矩をかける．
④ 4—1 を結べば成の胴付きである．

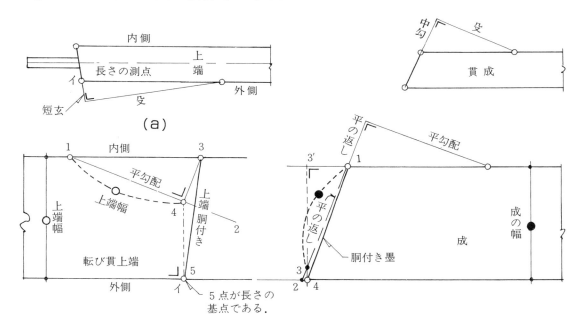

(b) 木の身返し法

7・20 図　転び貫の墨．

(iii) 転び貫上端胴付きを木の身返し法によって求める方法　7・20図(b)の木の身返しは長さの基準点5を定めてから後では少し複雑になるので，その際には7・21図の方法が便利である．

貫の面で上端胴付きを求める．

① 1を長さを計る基準点と定める．
② 貫外面に1を起点にした平勾配を1―2と引き，1―3の返しも引いておく(任意の長さ．)．

(注) 平の返しの墨は成の胴付き墨の際，かかれて残っているはずである．

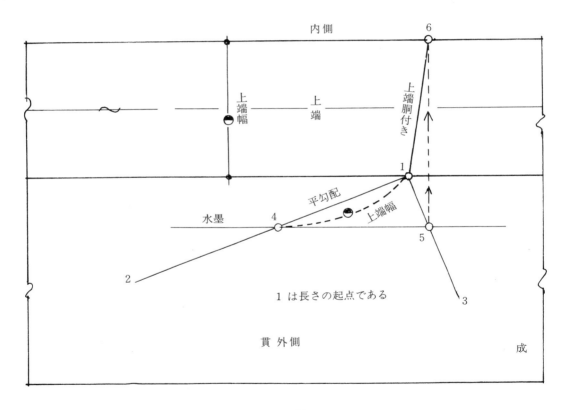

7・21 図

③ 1点から上端幅●印寸法を1―4ととり，4から水墨を引くと5点が得られる．
④ 5点から直角に矩をかけ，上端に6と回す．
⑤ 1―6を結べば上端胴付き墨となる(すなわち短玄の返し勾配．)．

7・2 四方転び踏台

1. 第 1 法

7・22図は，前述各部分の仕様の一部をとりまとめて工作図をかいたものであるから，詳細については各部の解説を参照してほしい．

① 平の正面図をかく（平の転び・貫の高さの決定．）．

② 天板の平面図をかく（柄穴・側面図の一部．）．

③ 天板下柱外側イ点から立水を引き，その転び（ロ—ハ）を知る．

④ ロ—ハの転びをもって二転びの方法による隅柱の長さ，隅柱の勾配，貫の位置を定める．

⑤ 柱の菱形を求める．

⑥ 正面貫の長さをとる（正面図の貫の上端の長さ．）．貫の上端胴付き（短玄の返し），竪胴付き（中勾の返し．）．

⑦ 妻手貫の長さ … 妻柱の内法●寸法を正面図の天板下に当てて，柱の内法から差し引くと，●印寸法が両端に残るが，この寸法を正面貫の長さの両端から切り縮めると，妻手貫の長さである．

⑧ 柱の柄穴は，7・13図〜7・16図を参照すること．

2. 第 2 法（建築大工技能士検定の出題例）（その 1）（7・23図）

これは，建築大工技能士検定の問題として出題されたもので，前面二脚は二方に転んでいるが，後の支柱は一方の転びしかもっていない．その点，四脚とも二方の転びをもつ踏台と相違する点があるので注意しなければならない．

工作するための現寸図の画きかたは，つぎのとおりである．

① 竪の中心線を引く（半分だけかく．）．

② 天板の平面をかく（三方の厚さとともに．）．

③ 天板の前面に平勾配を引く．

④ 天板下端から高さをとり，水平線を引く（第一の地盤線．）．

⑤ 天板下1点から立水を引き，2—3と転び幅をとる．

〔注〕 転び勾配は 4/10 と仮定．

⑥ 3—5と柱の接地幅をとり，平柱の一部をかく．

⑦ 貫の高さをとり，平柱に貫の形を点線でかき，平貫の上端および下端を定める．

118 | 第7章 | 柱建て四方転び

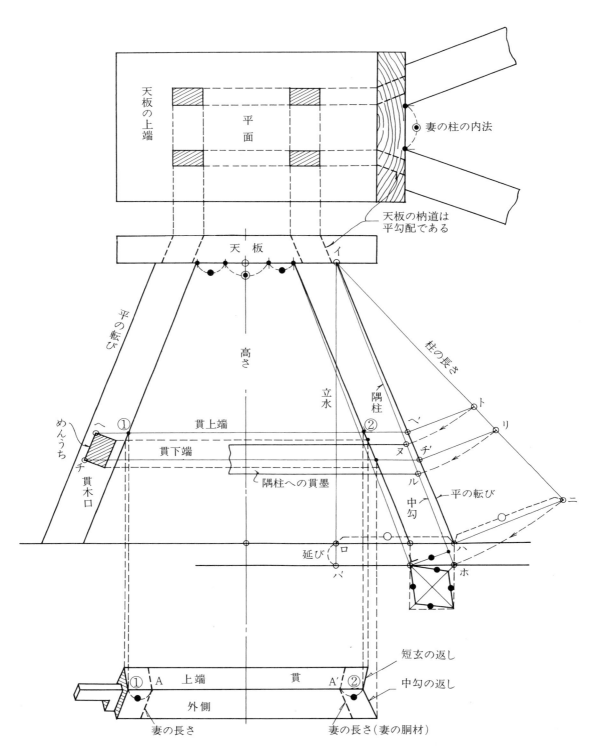

7·22 図　四方転び踏台総合図

⑧　天板下の1点を中心として，平柱のイ(貫上端)・ハ(貫下端)・3(平柱下端)から1—2の立水に弧をかき，ロ・ニ・3′を求める(1からイ・ハ・3までの長さを立水の線に写すことである.).

⑨　ロから水平線を引く〔隅柱への貫上端となる(ロ′).〕．ニから水平線を引く〔隅柱への貫下端となる(ニ′).〕．3′から水平線を引く〔隅柱の下端(柱の実長でもある.).〕．…　第二の地盤.

⑩　平柱下端の3および5から第二の地盤線に立水をおろし，4および6とする.

⑪　1と4を結ぶ … これは隅柱の転びとなる(中勾の返し勾配.).

なお，6から隅柱の転びの平行線を引けば，隅柱の幅ができる.

⑫　第二地盤の水平線にそい，4—6の柱幅で6・7・8・4と接地断面をかく.

⑬　柱の菱形 … 4から隅の転びに矩をかけ，●の寸法(直角に計った柱幅のこと.)で弧をかいて，接地断面の隅々の交差線上まで●をとり，それぞれを結び，菱形を求める(これは柱の実形である.).

⑭　隅柱角6点から，隅柱に対して中勾の返しを引いて，第2面および第3面の柱下端とする.

すなわち，柱が水平に地盤に接する線となる.

⑮　隅柱角ロ″(貫上端の線.)・ニ″(貫下端の線.)から中勾の返しを引く(水墨).

⑯　柱各面に貫前面の位置(めんうちの線.)をとる(柱の出角に近い側に.).

⑰　貫上端および下端線と貫前面線の交点から小中勾の返し勾配をかけ，貫の上端および下端墨とする.

⑱　各面に貫の幅墨をする.

⑲　小根柄を定めるが，小根柄の1/2ではない. 柄は傾斜しているので，小さくする必要がある.

その方法は，第3面の柄穴に点線で示したように，貫1/2の柱真の点から水墨を引き，これに触れないよう上下に縮める(7・15図も参照のこと.).

⑳　小根柄は上小根か下小根かを図解によって定める(本図は正面は下小根，側面は上小根となっている.).

㉑　長手貫の長さ

第7章　柱建て四方転び

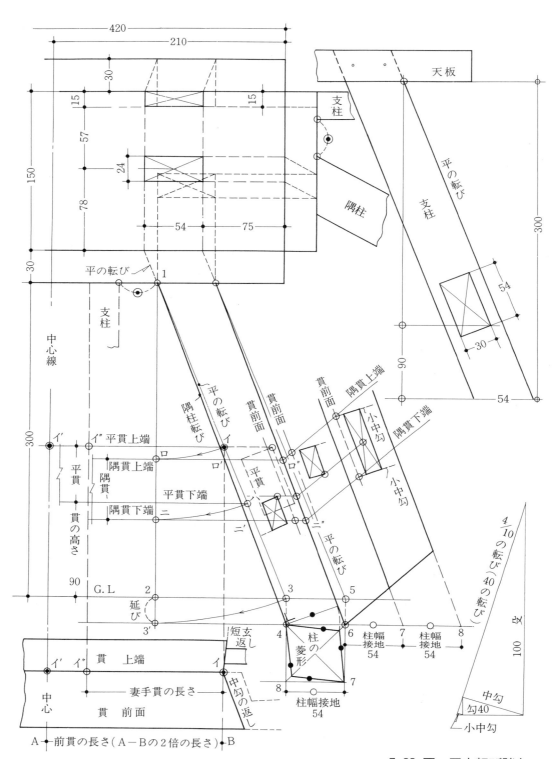

7・23 図　四方転び踏台

四方転び踏台 | 7・2 | 121

ⓐ 平柱における平貫上端**イ**点から**イ′**点までを, 貫の前角にとった長さを2倍したのが長さである(この図は半分しか書いていない.).

ⓑ 貫上端胴付きは, **イ**点から内側が長くなるように, 短玄の返しとなる.

ⓒ 竪胴付きは, **イ**点から中勾の返し勾配を引く.

㉒ 妻手貫の長さ … 一般の踏台と違って, 後方の支柱が一方にしか転んでいないので, 一般の妻手貫の長さの求めかたと違っている.

ⓐ 妻手天板下端で柱と支柱との内法◉寸法を計る.

ⓑ この◉寸法を正面天板下端1点(隅柱の内側.)からとれば, 支柱の内側となる. これに支柱の厚さを加えてから立水を引きおろせば, 平貫上端で**イ″**の位置となる. すなわち, **イ—イ″**の寸法は妻手貫の長さである(貫前の上端角で.).

ⓒ 転び柱への胴付き墨は, 長手貫の場合と同じであるが, 支柱の側は直角である.

なお, 支柱へは枘差しとせず, 貫の大きさの追入れとすることになっている.

㉓ 支柱の墨 … 最初にかいた平柱のとおりの勾配や長さでよい.

なお, 追入れの貫穴墨も, 貫の高さを定めた際に点線でかいたものと高さや大きさが同じである.

3. 第3法(建築大工技能士検定の出題例)(その2)(7・24 図)

この方法も, 技能士検定の条件を満足させたかきかたを示したものである.

① 地盤水平線を引き, 高さをとり, 天板下端線を引く.

② 天板下端1点から1—2と立水を引き, 柱の転び勾配を2—3ととり, 1—3を結ぶと, 平柱の転び(平勾配)となる.

③ 柱の接地寸法を天板下に1—4, 地盤に3—5ととり, 4—5を結んで平柱の形とする.

④ 天板をかく.

ⓐ 天板厚をとり, 平柱幅を引きあげる.

ⓑ 天板の端をとり, 天板の中心線まで天板の半分をかく(用紙のつごうによって天板の半分をかくから.).

ⓒ 天板の小口をかき, 柱と支柱の一部をかいておく.

⑤ 貫の高さを求める.

ⓐ 平柱に高さを水平に引き, これに貫前下角を一致させる.

122 第7章 柱建て四方転び

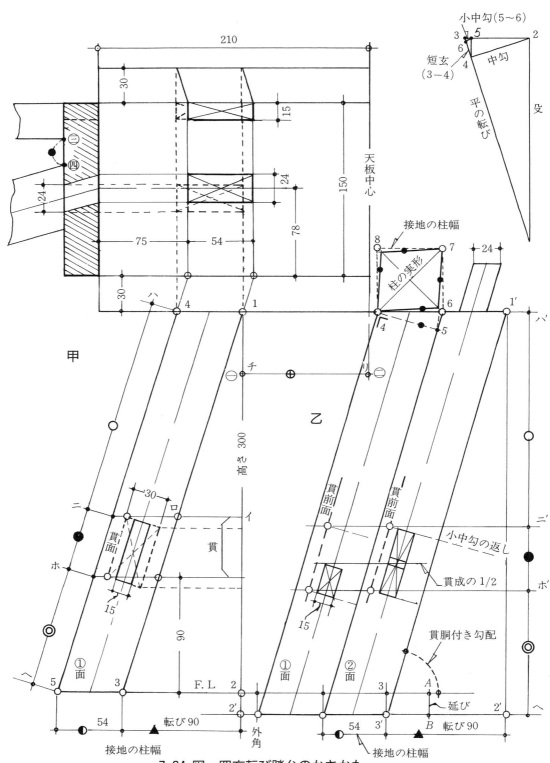

7・24 図　四方転び踏台のかきかた．

ⓑ　貫の断面を点線でかき，上端角から水平に貫上端線を引く．

⑥　柱の実形をかく … これは，工作上の柱の実長と接地勾配であるから，この図面のとおりに柱を作ればよい．

　　ⓐ　天板下端線の1から1—2′と立水を引く．

　　ⓑ　同図甲　平柱の転びにそって○，●，◎寸法を計り，乙図の1′点から立水にそってハ′・ニ′・ホ′・ヘと写し，ヘから水墨を引く．

　　ⓒ　同図乙　地盤によって2′から平勾配の転び幅を3′ととり，1′—3′を結び，隅柱の転びとする．

　　ⓓ　3′から柱の接地幅をとる．

　　ⓔ　1′—3′の柱傾斜に平行に，①面および②面の柱幅をかく．

　　ⓕ　隅貫の高さは，ニ′—ホ′を水平に引いて定める．

　　ⓖ　隅柱の前角寄りに貫の前面線(めんうちの位置.)を引き，貫上端線と下端線との交点から小中勾の返し勾配にて貫上端および下端線を引く．

　　ⓗ　貫の小根枘の大きさは，枘成の2等分の点から水墨を引いて，これを境にして上下に定める(小中勾の返しで.)．

⑦　柱の菱形のとりかた … 柱の上または下のいずれでも適当にかいてよい．

　　ⓐ　柱の接地幅により正方形(接地の柱形である.)をかき，対角線を引く．

　　ⓑ　柱幅を直角に計った4—5の寸法を，柱断面の対角線上に4—6と写し(7—8も同じ)，4・6・7・8と結べば柱の実形となる．

（注）　1．枘の厚さは水平に計った寸法で定められている．

　　　　2．柱の接地角度は平の中勾勾配である．

8

反り軒の概要

　御殿造りや社寺建築のような高級な純日本建築において，その外観上最も技術的かつ美術的に発達しているのは軒の姿である．したがって，軒の出は建物の大小，軒の高さなどを充分に研究したのち定められるものであって，ふつうは梁間の1/3〜1/5ぐらい出されている．

　また，古来，わが国の建築は以上のように軒が深いうえに，雨が多い関係から屋根の勾配も相当に強いので，これを軽快な姿に見せる方法として，軒先に反りをもたせるが，この屋根の野地全体や軒先隅の部分に曲線をつけて，反りをもたせるのを照り屋根・反り軒という．

　反り軒は，棒隅のように単純なものではなく，いろいろ複雑な問題が生じてくるので，これを解明しなければならないが，それは社寺建築に属するもので，初歩的規矩術の範囲をこえるから，ここではその常識的概要の説明にとどめることにした．

8・1　軒

　通常軒とは，丸桁（軒桁のことを日本建築では丸桁という．）から軒付けまでの間をいい，丸桁に垂木をのせて，はね出しとして軒付けと屋根をささえるのが目的であるが，軒が深くなると，垂木が太くかつ屋根裏勾配が強くて明るさがないことから，奈良時代のころから屋根の野地と軒裏とは全然別物として取り扱われることになり，構造上の力材としては桔木・力垂木を用いて，屋根や軒裏の全荷重を負わせる構造となって今日に至っている．また，軒の出が深くなると，その必要から垂木を重ねていくので，その相違によって一軒・二軒または三軒と称し，丸桁から地垂木が出て，その先に木負がのり，その木負からさらに飛えん垂木が出て，端末に茅負をのせる方法がとられる．
　①　一軒　…　あまり重要でないものに広く用いられる〔8・1図(a)〕．
　②　二軒　…　丁重な建物にはほとんどつねに使われている〔同図(b)〕．
　③　三軒　…　奈良興福寺の南円堂・北円堂に見られるだけで，一般には用いら

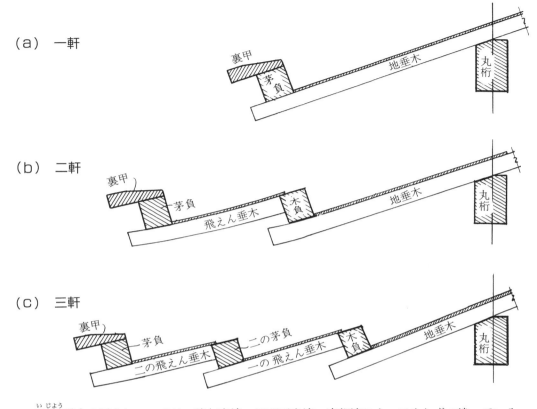

居定垂木の反りについては，建仁寺流・四天王寺流・京都流によって少しずつ違っている．

8・1 図　軒の種類．

れない．〔同図（c）〕．

1. 軒の反り

　古くは軒が建物真から反った総反りが多く，また，端に近づくに従って，とくに強く反ったものがあったが，江戸時代から，構造を簡単にするために隅柱真に反り元を求めているのが多くなった．

　軒反りは，ずいぶん長い距離で現れてくる曲線であり，現寸によって良否を決定することは難しいため，江戸時代には軒反りを直接現寸で出しやすいように，各種の円から導き出す方法をいく種類かとっている（8・3 図の例を参照．）．

2. 垂木の癖

　茅負が反り上がるから，それについた垂木もつぎつぎに捻じ上げられる形となるので，角形では面が転んでしまう．そこでその面を垂直にするため，断面に癖をとらなければならなくなる（8・2 図参照）．

3. 木負・茅負

隅が反り上がるため，平勾配と隅に近い部分の勾配が違ってくるので，茅負や木負に反りや捻じをもたせるよう，木作りをしなければならない．

4. その他

その他，垂木の配りかたに扇垂木というのがある．これは桁中心から放射状に配置する方法であるが，構造上はなはだめんどうとなり，その割付けは丸桁においても軒先においても等間隔に考えなければならないので，これについても各種の方法が発表されている．垂木はもちろん，その角度と反りとによって癖をとらなければならない．

8・2 反り軒の図解

1. 一軒茅負反り形軒の出の図解(8・2 図)

茅負反りを求める方法(元反りの方法．)は，つぎのとおりである．
① 茅負の下端を陸墨に引き，反り元真墨を引く．
② 隅木面の垂木間を他の垂木間と同じように垂木割りをする．
③ 茅負の反りを一本反り(茅負の成と同じ高さの意．)とする(例150)．

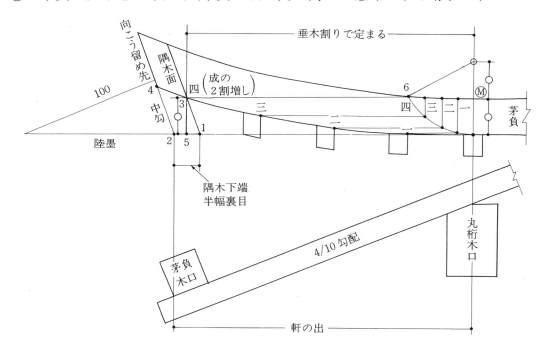

8・2 図　一軒茅負反り形の図解．

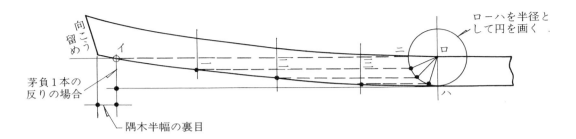

ハ―ロ…茅負の反り上り寸法である．反り上り寸法は，二軒(ふたのき)の場合は茅負の成程度．

ハ…反り元

イ…茅負下端の反り上りが隅木面に合うところ．

イ―ロの長さを等分(これは4等分．)する数と**ハ―ニ**の弧を等分する数は同じである(等分数は任意である．)．一軒(ひとのき)の場合は**イ―ロ**の長さの0.06～0.08程度がふつうである．

(a) 茅負反りの求めかた(その1)．

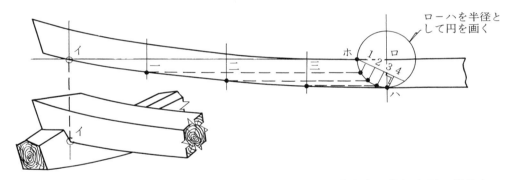

ホ―4の勾配は5/10～6/10．**ホ**からえがく勾配により**ホ―ハ**を任意の数(これは4等分．)に等分し，これと同じ数に**イ―ロ**を等分する．

(b) 茅負反りの求めかた(その2)．

茅負上端反り▲の求めかた．

イ点で⊠を茅負成の2割増しにとり，その頂点**イ**から**イ―ロ**を水平に引けば**ロ―ハ**となる．

⊠は成の2割増し
これを反り増しと呼ぶ

(c) 茅負反りの求めかた(その3)．

8・3図　軒の反り．

第8章 反り軒の概要

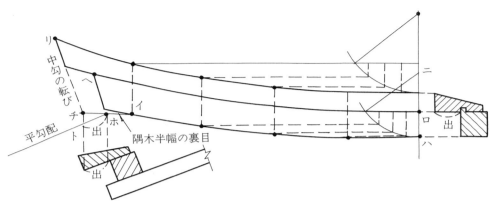

① **イ―ホ**と隅木半幅の裏目をとり，つぎに**ホ**から平勾配を引く．
② **ホ**から引いた平勾配にそい，茅負から裏甲の出ている寸法と同じ寸法をとり，**ホ―ト**とする．
③ **イ**から水平線をかき，**ト**からの立水との交点**チ**を求め，**ホ**から中勾の転びを**ヘ**と引けば茅負端（留め先）の実長となり，**チ**から中勾の転びを**リ**と引けば裏甲の端（留め先）の実長となる．

(a) 裏甲端の長さ．

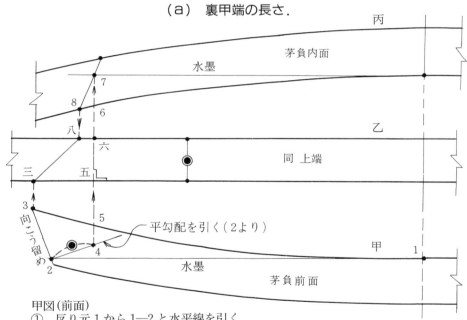

甲図（前面）
① 反り元1から1―2と水平線を引く．
② 2から2―3と中勾の転びの向こう留めを引く（水墨に対して．）．
③ 2から平勾配を引き，2から平勾配にそい上端幅◉印を4ととる．
④ 4―5を立水に引き，5点から上端（乙図）に移る．
乙図（上端）
① 上端において五から直角（矩の手）に五―六を引き，内面（丙図）に移る．
丙図（内面）
① 6から立水を引き，水墨との交点7を得，7を基点に向こう留めを引く．
② 上端において8点と八―3とを結び，上端留めとする．

(b) 茅負向こう留め先の求めかた．

8・4図 茅負向こう留めと裏甲端の求めかた．

④ 茅負反りを隅木面線で3—5ととり，その3点から中勾勾配の返しを引き，陸水との交点から隅木半幅を裏目で計り，中勾勾配(返し)を引けば，茅負の向こう留め先である．

⑤ 反り元真墨で反り上り寸法(150)の2倍を半径として弧をかき，反り上りの水平線との交点6から反り元真までの距離を垂木間に割った数(四つ割り)と同数に割り，各点から垂線を引き，弧の線に写し，これから水平線を引いて垂線との交点を求め，その各点を結んで茅負の反り形をかく．

⑥ 茅負の反り増しは，ふつう茅負成の2割増しとする．

軒出は垂木割りによって定まる．すなわち，垂木割りの垂木間の内法が隅木面から起算されるからである．

2. 軒の反りの求めかた(8·3図)

茅負反り形は，反りの有無によって留め先の長さが違ってくる．すなわち反りがあると直線に計って寸法が長くなる．

8·3図(b)の**ホ**から勾配 (5/10～6/10)を引いて**ハ—ホ**を4等分(任意の数に等分する．)し，各点から平行線を引き，つぎに**イ—ロ**を前と同数に等分して，各分点から立水を引くと，水平線との交点が求める曲線で，茅負下端の反りである．

8·3図(c)の軒の反りを延ばす方法と茅負上端(裏甲下端)の反りの求めかたは，**イ**から外に裏甲下端を引き延ばすために，**イ—ロ**を等分した一つを**イ—四**ととって立水を引き，つぎに**ホ—ロ**を等分した一つを**ホ—4**ととって立水を引くと，弧との交点**へ**点となる．その**へ**から水平線を引けば，先端四からの立水によって**ト**と交わるが，この点が求める反りの点である．

茅負上端反りはまず**イ**点で下端反りの点から茅負の成を2割増しした寸法◉を求める．つぎに反り元で◉の4倍の半径で弧をえがき，4等分(任意の数に等分する．)して水平線を引き，**イ—ロ**間を同数に等分した立水と交わらせて反りを求める．

3. 一軒反り隅木および茅負の図解(8·5図)

一軒反り隅木は，軒先伏せ図・茅負前面図・平勾配軒先断面図・茅負反り形写し墨・反り隅木図の各図によって作られる．

(1) 茅負前面図〔8·5図(b)参照〕

① 8·5図(a)の反りのないときの隅木面と茅負前面の交点から立水をおろし，同図(b)の陸水と交わせて1点とし，これから中勾勾配の返しを引く(隅木

第8章　反り軒の概要

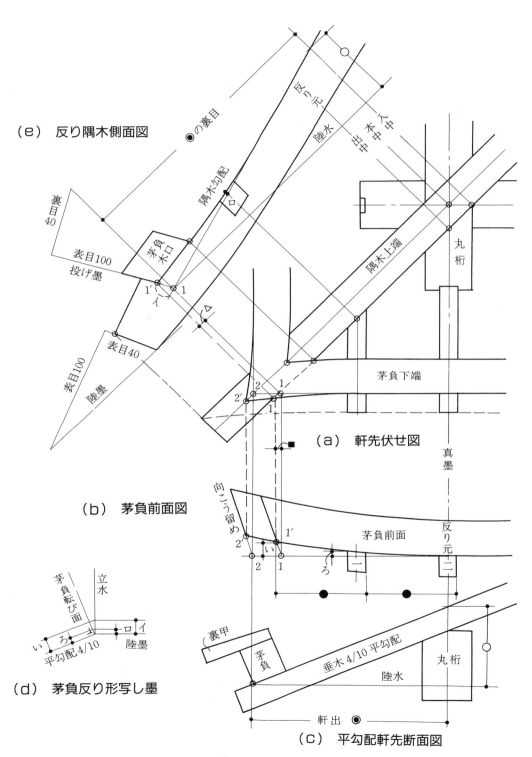

8・5 図　一軒反り隅木および茅負の図解.

面と茅負前面の交わるところ.).

② 8・5図(e)の反りと隅木面の交点1′から垂木割りをする.

③ 陸水1点から1—2と隅木半幅を裏目でとれば,向こう留め先となる.

④ 茅負の反り上り(隅木面で.)をいとし,垂木㈠の真の反りをろとする〔同図(d)によって求める.〕.

（2） 軒の出〔8・5図(c)〕 8・5図(a)の桁真と反りのないときの留め先2の長さは軒出の寸法となる.

（3） 茅負反り形を写す墨〔8・5図(d)〕

① 立水を中心にして,右に陸水,左に平勾配(例 4/10 勾配)を引く.

② 茅負転び面を引く(平勾配に直角.).

③ 同図(b)のいおよびろを茅負転び面に計り,立水に交わらせて陸水に平行線を引くと,イおよびロの寸法が得られる.

（4） 反り隅木〔8・5図(e)〕

① 8・5図(e)の隅伏せ図から立水を立ち上げ,隅勾配を引く(隅木の入中から陸水にそい,軒出寸法◉を裏目で1ととるのと同じ.).

② 1から投げ墨を引く.

③ 同図(e)の隅伏せ図の反り上り点1′からの立水を立ち上げた線と隅勾配の交点から,同図(d)から得た反り上り寸法イおよびロを立水に計り,反り元とイ—ロ点を連結すれば,反り隅木上端反りを得る.

（5） 隅木端切り墨 8・5図(e)のように,陸墨に対し平勾配の返しで切る.

4. 二軒繁垂木反り隅木図解(8・6図)

8・6図㈠は二軒繁垂木隅伏せ図,同図㈡は木負および茅負反り形図,同図㈢は軒の出断面図,同図㈣は茅負下端反りを木負上端に写す墨,同図㈤は木負下端反りを隅木上端に写す墨,同図㈥は茅負下端反りを隅木上端に写す墨,同図㈦は㈠図から㈥図によって反り隅木を作る図を示したものである.

5. 反り隅木の作りかた

（1） 隅伏せ図のかきかた(8・6図㈠) 地垂木6枝・飛えん垂木7枝とし,隅木から5本目の垂木を腰掛垂木(論治垂木ともいう.)と定める.

（2） 茅負および木負反り形図のかきかた(8・6図㈡)

① 茅負下端陸水線を引き,同図㈠の茅負下端の反りのないときの墨での茅負の留め先,および茅負の隅木脇面に接する点から立水を引きおろし,茅負下端の

第8章 反り軒の概要

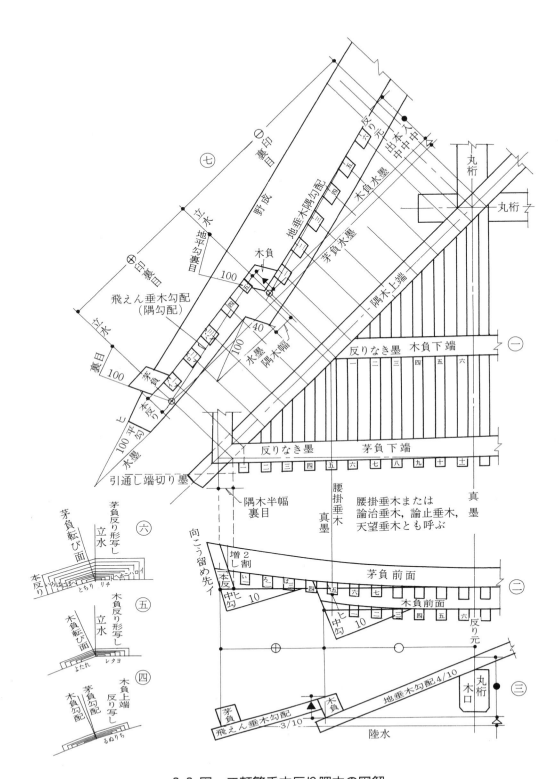

8・6 図　二軒繁垂木反り隅木の図解．

水墨に交わらせる.

② 水墨の交点**イ**から地垂木勾配の中勾勾配の返しを引いて向こう留め先の墨とし，**イ**点から水平に隅木半幅を戻り留め先線の平行線を引けば隅木脇面となる.

③ 隅木面で茅負の成1本を反りと定め，反り元である丸桁真から茅負の反り形線を引くが，これを垂木真ごとに反り上り寸法として計る.

④ 木負反り形線を引くには，木負下端水墨線を引き，腰掛垂木真墨と腰掛垂木下端との交点を中心として，地垂木勾配の中勾の返しを引いて水墨に交わらせる.つぎに，その線から水平に隅木半幅を加えて，中勾勾配の平行線を引けば，木負の向こう留め先となる.

⑤ 木負上端反りは，同図⑭から各垂木の反り上り寸法を求め，これを連結して上端反りとする.木負下端はこれに従い，下端反りとする.もし，木負隅に増しをつけるときは，下端に増しをつけるものとする.

⑥ 同図㈦は二軒反り隅木であり，まず地垂木と飛えん垂木の陸墨線を引き，その二つの水墨の高さの違い△印は同図㈢の△印寸法とならなければならない.

地隅の勾配は，同図㈢の●印寸法の立上りと水墨における腰掛垂木真の交点を結ぶもの.飛えん勾配は，木負で高さ▲(同図㈢)寸法の立上りと茅負下端角とを結ぶ.

隅木の反りは，同図㈡の反り寸法によってこれを連結して求める.

〔注〕 なお，これでは不充分であるが，社寺建築のものについて，ここでは概要を知るにとどめる.

第8章 反り軒の概要

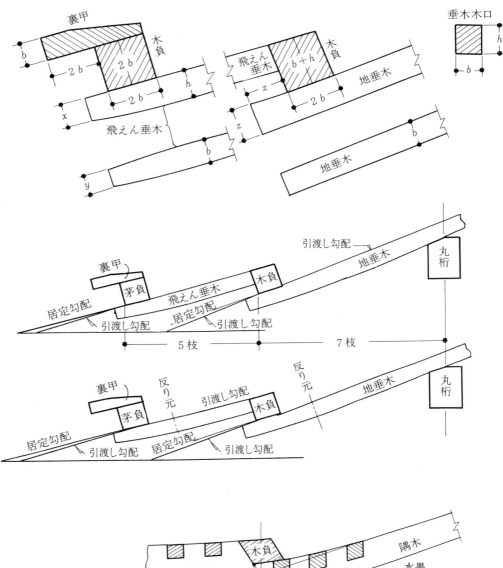

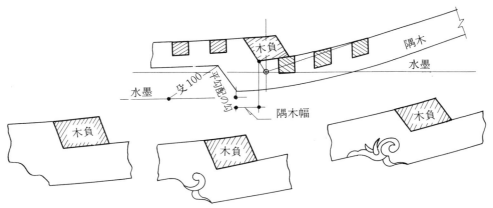

8・7 図　二軒各部

二軒居定垂木(諸流によるもの.)

建仁寺流の地垂木の反り元は，木負下端幅を標準とする．
地垂木および飛えん垂木の反りは，垂木の成を標準とする．
飛えん垂木木口は，成および下端幅とも，垂木の幅および成の 8/10 とする．

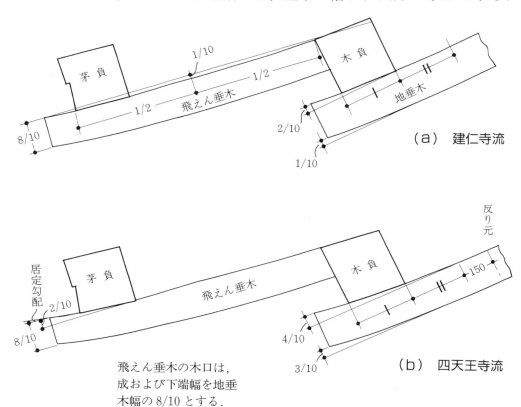

飛えん垂木の木口は，成および下端幅を地垂木幅の 8/10 とする．

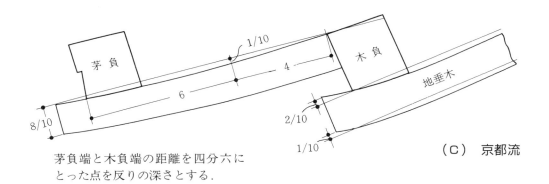

茅負端と木負端の距離を四分六にとった点を反りの深さとする．

8・8 図 二軒居定垂木

第8章　反り軒の概要

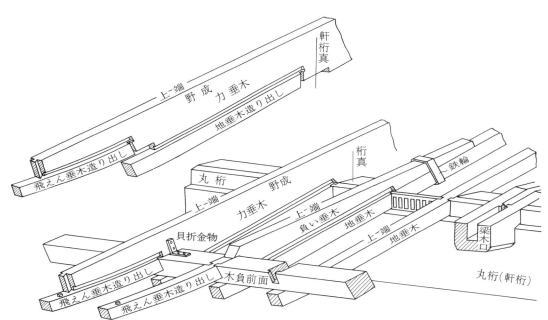

8・9 図　力垂木の例（江戸城本丸大広間軒回り詳細図…山本一次著『規矩術』より．）

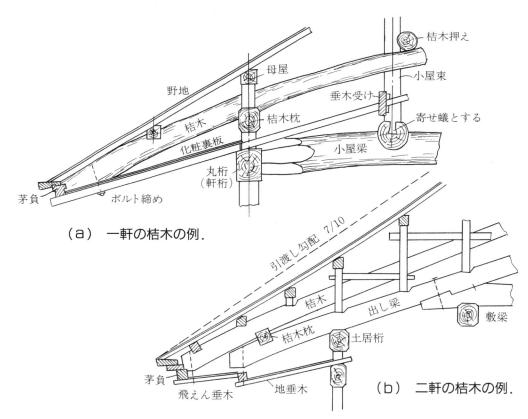

（a）一軒の桔木の例．

（b）二軒の桔木の例．

8・10 図　桔木　（桔木の使いかたは，当面の要求によって千差万別である．）

9
真束小屋組寄棟造り

9・1　各部名称および予備知識

① 真束 … 杵束ともいう．合掌と方杖の差し口部分を杵形に太くしてあるので，この名がある．

② 隅真束 … かぶら束またはかぼちゃ束とも呼ばれる．隅合掌や妻合掌を取り付ける関係で，八角形を半分にしたような断面をしている．

③ 予知事項 … 陸梁・妻梁・隅梁・配付梁，内側の火打ち梁の大きさは，幅も成も同じにするのがふつうである．また，高さも同じ高さに取り付ける（上端，下端とも．）．外側の火打ち梁の成は敷桁の成と等しい高さに取り付ける．

④ 隅真束断面の決定 … 9・1図において隅合掌・妻合掌の差し付け側の平合掌の半幅△と，隅合掌・妻合掌上端胴付きの真からの幅は同じ△の長さになって隅真束の断面が決定される．

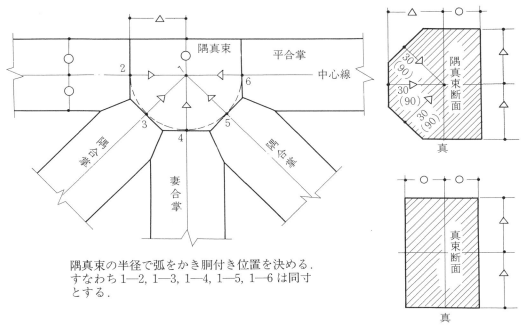

隅真束の半径で弧をかき胴付き位置を決める．
すなわち1—2, 1—3, 1—4, 1—5, 1—6は同寸とする．

9・1図　隅真束断面の決定．

9・2 真束小屋組現寸図のかきかた(9・2図)

〔例〕 梁間 9000, 勾配 5/10

① 陸梁の上端および下端線を引く.

② 柱の中心線をかく〔陸梁端は8寸(240)くらい.〕.

③ 軒桁(または端母屋.)の渡り腮の深さ1寸(30)くらいとして,軒桁の高さにより1点を軒峠と定める.

④ 梁間 9000 の半分の 4500 を計り,真束の中心線とする.

⑤ 真束の中心線に軒桁峠を写して2点とする.

⑥ 2点から棟の峠の高さを出す(4500 × 0.5 = 2250).3点は棟木峠である.

⑦ 1—3を結ぶ(屋根勾配,すなわち垂木下端線であり,また母屋上端の線である.).

⑧ 真束の大きさ(真振分けで.)をかく.

⑨ 母屋下端の渡り腮を 30 くらいとして,合掌の上端および下端線を引く.

すなわち,垂木下端線(1—3)から,母屋の成より渡り腮の寸法を差し引いた残りの寸法△をとって合掌上端線とし,またこれから合掌の成を計って合掌下端線とする.

⑩ 4=母屋下端線と軒桁中心線との交点.
5=母屋下端線と真束中心線との交点.

⑪ 真束と合掌の仕口は,7—8の寸法を約9分(28)くらいにとり,6—7と傾き胴付きとする.

⑫ 合掌尻鞍掛柄仕口のい点は,軒桁中心から180～210 くらいにする.また,合掌尻ボルトは屋根面から直角とする.

⑬ 母屋の位置の定めかたは,つぎのとおりである.

1—3の間を必要な任意の数(図では5.)に等分して母屋の中心とし,母屋幅を振り分けてかく(梁間を水平に等分し,母屋下端で母屋中心を定める方法もある.).

⑭ 方杖は,真束下部で陸梁上端から○印の寸法を150～180 くらいにとり,下端の9点を定める(この高さは最小限梁挟みの取付けが楽にできる寸法をとらなければならない.).

10点は合掌と真束の7の点と同じ深さになるようにする(面から27くらい.).

方杖の勾配は,合掌と共勾配(屋根勾配)にする.

9・2 真束小屋組現寸図のかきかた 139

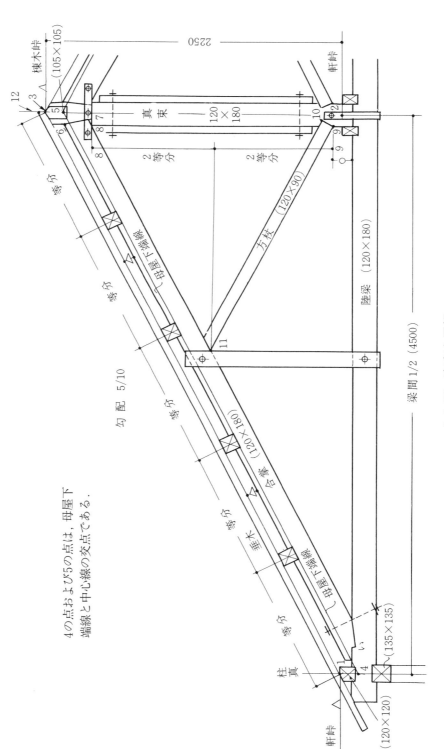

9・2 図　真束小屋組

第9章　真束小屋組寄棟造り

　その方法は，8—9の寸法を2等分して，水平に合掌下端に引き当てたところを11とし，9—11を結ぶと，方杖下端線である．この下端線から方杖の成を計って上端線とする．

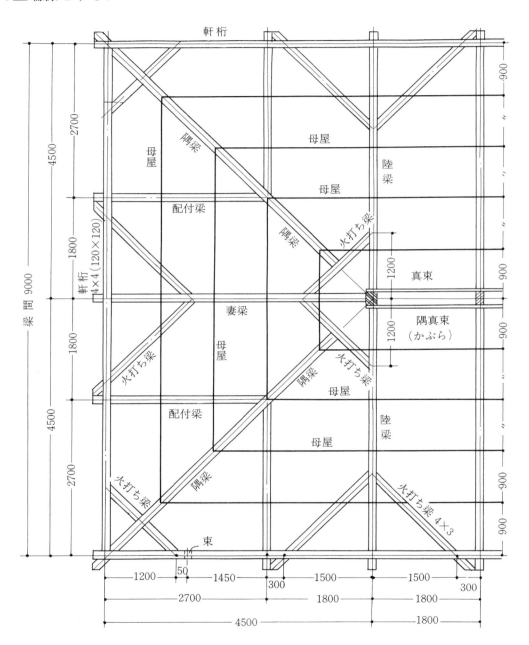

9・3 図　隅合掌小屋組配置平面図

9・3 隅合掌現寸図のかきかた

1. 隅合掌尻と桁との取合わせ(9・4図)

① 真束中心線から裏目で4500を計ると,軒桁の中心と妻桁の中心との交点である(9・4図では本中となる.).

② 真束中心線上(本中線)に軒桁峠の高さを写して2とする.

③ 平合掌の母屋下端線と軒桁真との交点4を,隅合掌の桁真(本中)まで延ばして4′とする.

④ 軒桁真(本中から隅合掌の半幅を表目で内側(右)に寄せて入中線とし,これに1′および4′を水平に引いて,その交点を1″および4″とする.

2. 隅合掌と真束上部の取合わせ(9・4図)

① 真束の中心を本中とし,隅合掌の半幅を表目で右に寄って入中線を引く.

② 3′および5を水平に入中線に延ばして,3″および5″とする(この1″・4″・3″・5″は,隅合掌をかく重要なポイントとなる.).

3. 母屋および隅合掌の上端および下端線の決定(9・4図)

① 1″と3″を結ぶ(母屋上端線となる.).

② 4″と5″を結ぶ(母屋下端線となる.).

③ 真束上部の6から母屋上端線と平行の線を引いて,隅合掌の上端線とする(隅合掌上端線).

④ 真束上部8から同じく母屋上端の平行線を引いて,隅合掌の下端線とする(隅合掌下端線).

4. 母屋の位置を定める(9・4図)

① 3″から1″の線上で,この間の長さを必要な任意の数に等分(図は5等分.)して母屋の中心点(上端における中心.)とし,この中心点から投げ墨を引いて母屋の中心とする.

② 9・4図(c)によって求めた母屋の隅上端留め幅の寸法○印を真から左右に振り分け,母屋の側面墨とする.

5. 隅方杖をかく(9・4図)

真束側面で,8と9点間を2等分した水平線と隅合掌の下端線との交点11′と9を結んで,隅方杖下端線とし(方杖下端線),A点からこれに平行線を引いて上端線とする(方杖上端線).

142　第9章　真束小屋組寄棟造り

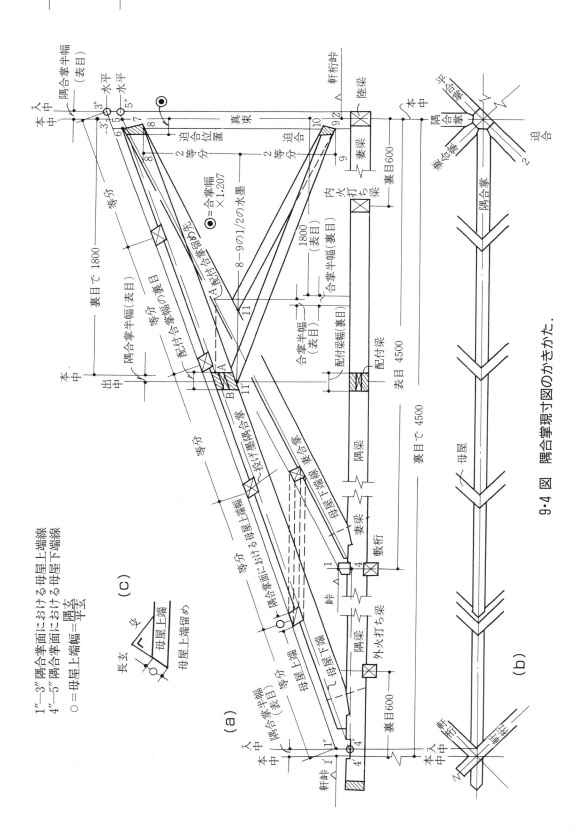

9・4 図　隅合掌現寸図のかきかた.

〔注〕 以上の結果，平方杖より少し成が大きくなる．

6. 配付梁および配付合掌の位置を定める(9・4 図)

① 真束中心(本中)から裏目で 1800 を計って本中ととり，これから隅合掌の半幅(表目)を左にとって出中とする．

② この出中を中心にして，配付梁・配付合掌の上端幅(裏目)を左右に振り分けてかき，その側面とする．

③ 配付合掌の取付けは，おのおのの母屋下端線がA・Bの点で一致するようにしなければならない．

7. 内および外の火打ち梁の位置を定める(9・4 図)

9・3 図によれば 1200 であるから，これの 1/2(600)を裏目で図のように本中からとり，おのおのの中心線として幅(表目で.) を振り分ける．内火打ち梁は陸梁と同じ高さとし，また，外の火打ち梁は敷桁と同じ高さに入れる．

8. 合掌および方杖の迫合(9・4 図)

① 平合掌・隅合掌・妻合掌の各合掌上端幅を全部そろえるのがふつうである．

② 迫合の位置 … 以上の上端幅に定数 1.207 を掛けた寸法が迫合の位置(◉印)となる．下部方杖の場合の迫合位置も同じである．

9. 配付合掌の長さ(9・4 図)

① 真束中心(本中)から裏目 1800 を計る(配付合掌の中心.)．

② この中心線から左へ隅合掌の半幅を表目にとり(1800 に加える.)，この線から再び配付合掌の半幅を裏目で右へ戻ると，この位置が配付合掌の留め先となる．

〔注〕 以上の配付合掌の留め先と合掌迫合の位置は，平合掌および隅合掌の型板に印しておくと便利である．

9・4 合掌および方杖の迫合(その 1)(9・5 図)

9・5 図(a)は合掌および方杖の迫合平面図であり，同図(b)は隅真束上部詳細図，同図(c)は隅真束下部詳細図である．

迫合平面図(9・5 図)において

① 平合掌の大きさ　0.4 × 0.6

② 隅真束の大きさ　0.5 × 0.6 (図のように木作る.)

第9章 真束小屋組寄棟造り

9・5 図　合掌および方杖の迫合（その1）．

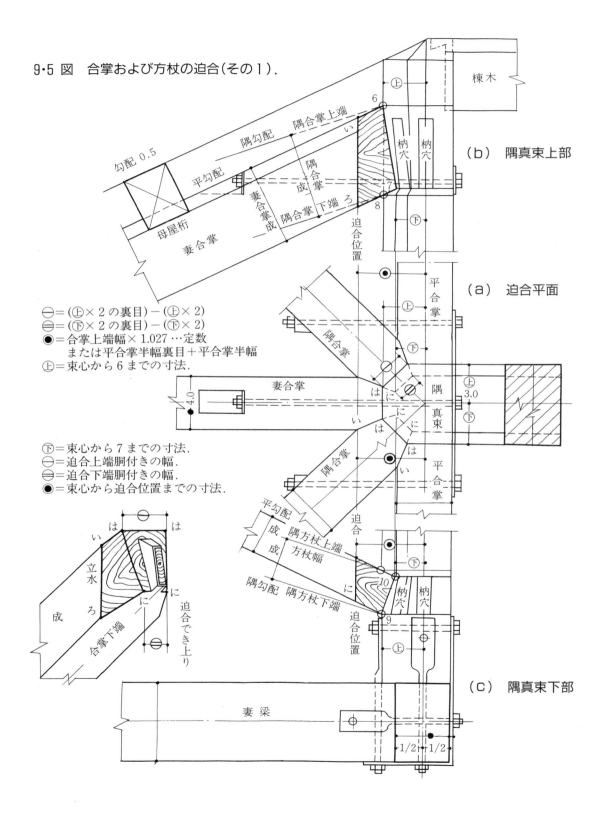

1. 隅合掌および妻合掌の隅真束への胴付きを求める（9・6図）

① 上端胴付き⊕の寸法を本中から表目でとる.

② 下端胴付き⊖の寸法を本中から表目でとる.

〔注〕 長さを計るのは一般のとおり入中であるが，胴付きや迫合の位置を定めるのは本中を基準とすること.

2. 迫合の上下胴付きの幅を求める（9・7図）

① 現寸図をかいて（図のように.）⊖および⊜を求める方法.

② 裏目尺を使用して⊖および⊜の寸法を求める方法.

上端胴付き幅⊖＝（⊕×2の裏目）－（⊕×2の表目）

〔例〕 （0.3×2の裏目）－（0.3×2の表目）＝0.249

下端胴付き幅⊜＝（⊖×2の裏目）－（⊖×2の表目）

〔例〕 （0.21×2の裏目）－（0.21×2の表目）＝0.174

3. 迫合の位置◉を求める

第1法 ◉＝合掌上端幅×1.207（定数）

第2法 ◉＝平合掌半幅裏目＋妻合掌半幅（表目）… 妻合掌の場合.

〔隅合掌の場合は，平合掌半幅（表目）＋隅合掌半幅（裏目）となる.〕

9・5 合掌および方杖の迫合（その2）（9・8図）

1. 妻合掌および妻方杖の迫合

9・8図①は隅真束および各合掌各方杖の迫合平面図，同図②は妻合掌の迫合墨，同図③は妻方杖の迫合墨を示したものである.

（1） 合掌および方杖の迫合（その1）（9・5図）

（2） 妻合掌および隅合掌の長さと隅真束への胴付きの定めかたならびに迫合位置の出しかた（9・6図）

（3） 迫合上端胴付き⊖および迫合下端胴付き⊜寸法の出しかた（9・7図）

2. 隅合掌および隅方杖の迫合

9・8図④は隅合掌の迫合墨を，同図⑤は隅方杖の迫合を示したものである.

3. 妻合掌および平合掌迫合型板の作りかた

合掌側面に迫合位置のい─ろ線を立水に引く.

（1） 上端迫合墨付け

① 合掌の上のほうに（上端より少し離して.）合掌の勾配に平行（平勾配）に

第9章　真束小屋組寄棟造り

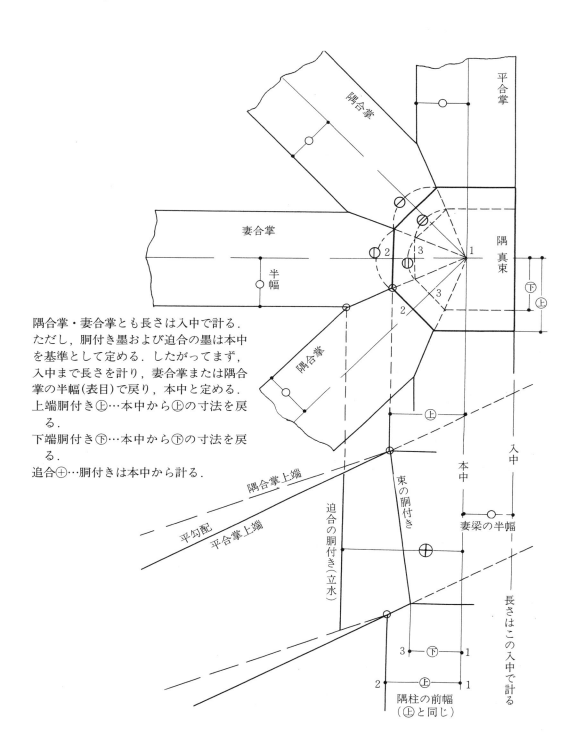

隅合掌・妻合掌とも長さは入中で計る．
ただし，胴付き墨および迫合の墨は本中
を基準として定める．したがってまず，
入中まで長さを計り，妻合掌または隅合
掌の半幅(表目)で戻り，本中と定める．
上端胴付き⊕…本中から⊕の寸法を戻
　　　　　　る．
下端胴付き⊕…本中から⊕の寸法を戻
　　　　　　る．
迫合⊕…胴付きは本中から計る．

9・6 図　隅合掌および妻合掌の隅真束への胴付きの求めかた．

妻合掌の上端をかく(9・8図Ⓐ).
② いおよび6点から合掌上端に矩の手(直角)の線を合掌上端の図まで引き,6からの線上に㊁の寸法を真振分けには—はととり,いとは点を結び,迫合勾配の墨とする.
（２） 合掌および方杖の迫合(その２)　9・8図参照
（３） 下端迫合墨付け
① 合掌の下方に(下端から少し離して.)合掌の勾配に平行に(平勾配)妻合掌下端をかく(9・8図Ⓑ).
② ろおよび7点から下端へ矩の手に引き,合掌下端幅に㊂の寸法を図のようにとり,ろ—にと結んで迫合墨とする.
以上によって上端用・下端用の型板を作る.

4．各方杖(平・妻・隅)の迫合墨

この場合,その方杖が合掌と共勾配であれば,各合掌の迫合型板を使い,上端用を下端に,下端用を上端に当てて墨付けをすればよい(合掌の勾配と方杖の勾配が同一の場合.).

もし,方杖の勾配が合掌と共勾配でない場合は,合掌の9・8図Ⓐおよび Ⓑをかいた要領によって,ⒸおよびⒹ図をかいて迫合勾配を求めることができる.

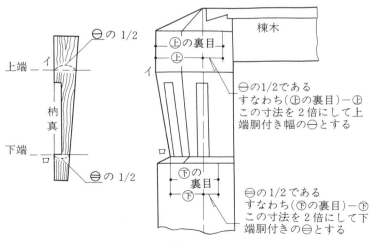

(a) 迫合幅の型板.

(b) 迫合上端胴付き幅㊁の出しかた.

(c) 迫合下端胴付き幅㊂の出しかた.

9・7図　迫合上端胴付き寸法および迫合下端胴付き寸法の出しかた.

148 第9章 真束小屋組寄棟造り

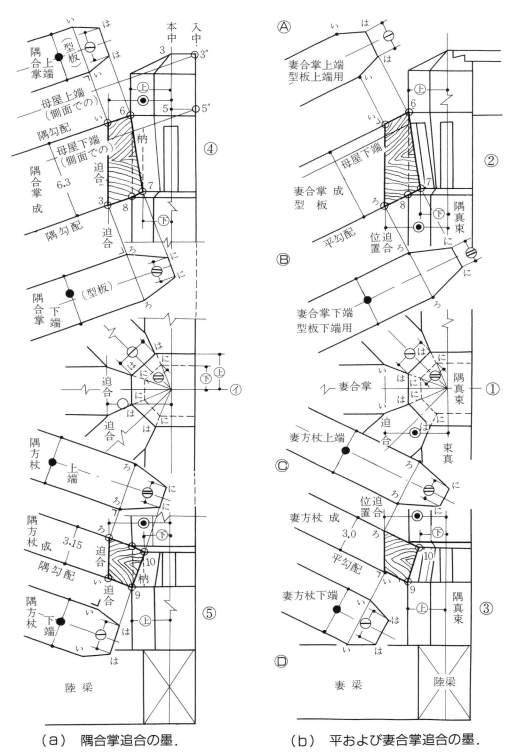

(a) 隅合掌追合の墨．　　(b) 平および妻合掌追合の墨．

9・8図　合掌および方杖の追合（その2）．

9・6 配付合掌の墨付け(9・9図)

1. 配付合掌を隅合掌に取り付ける仕口

9・9図(a)は取合わせの平面図,同図(b)は配付合掌の墨付け(第1法),同図(c)は配付合掌の墨付け(第2法),同図(d)は隅合掌ボルト位置を示したものである.

2. 配付合掌の墨付け

① 9・9図(a)の1点は雁木曲で計った配付合掌の長さである.

② 右側において墨をするには,同図(c)のように1に矩をかけて1点を2に写し,2—3を本中線とする.

(1) 胴付き墨 本中から胴付きを定めるには

(隅合掌半幅の裏目)−(配付合掌半幅の表目)=△(残りの寸法)

△の寸法を本中から差し引き,4—5を胴付き線とする.

(2) 上端留め墨 長玄の勾配で5—6と引く.長玄の勾配は配付垂木と同じ木の身返し法により求めるとよい.

なお,内側(左側)胴付き線は上端線から6—12と立水を引く.

3. ひよどりボルトの差しかた

隅合掌でひよどり(鵯)ボルトの中心および位置を定めるが,ふつうその高さは木幅の1/2のところとし,ボルト道の中心は配付合掌の内側と隅合掌の面の交点とする.

(1) 第1法

① 6点から6—11と長玄の勾配を引いて,ボルト道墨とする.

② 6—12の点の1/2の7点を内側のボルトの中心点と定め,7点から水墨を引き,8点を得る.

③ 上端において,8点から矩(直角)をかけた9点から右側(外側)成に水墨を引いて,上端の11から立水を引いた線との交点10が外側のボルトの中心となる.

(2) 第2法

① 外側成に胴付き線5—1から水平に上端幅(表目)をとり,**ホ**から上端に矩をかけた**ハ**—**5**を結べば,上端留め墨(長玄の勾配.)である.

② 内側に**ハ**から立水を引けば,内側胴付きである.

③ **ハ**から立水にそって,成の1/2のところにボルト中心**ニ**を求める.

④ **ホ**点からの立水に**ハ—ニ**の寸法●を**ホ—ヘ**ととり，**ヘ**から水墨を引き，胴付きの立水から上端幅の二つ分をとった立水との交点**ト**を，外側のボルト中心と定める．

4. 柄の付けかた

① 7点を中心に上下に柄厚を振り分け，B点(母屋下端)を基準にして**イ・ロ**の寸法を定める．A点から**イ・ロ**の寸法をとって，右側の柄の位置とする．

② 柄の上端は，配付垂木と同じく平の半勾配である．

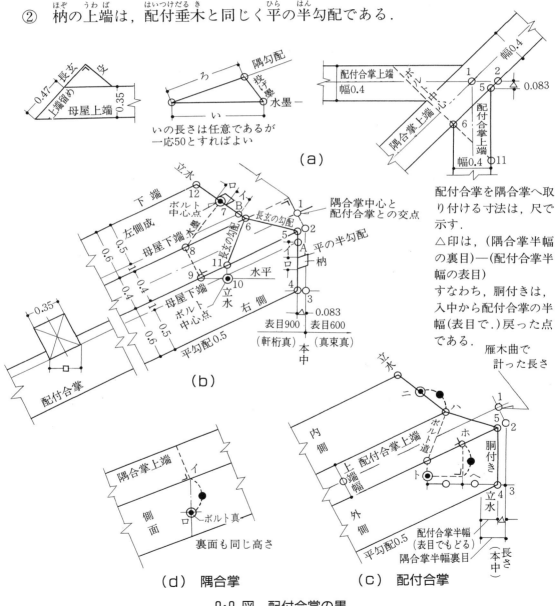

9・9 図　配付合掌の墨．

9・7 隅合掌の母屋と上端の接続(9・10 図)

この墨は隅木に山勾配をとらない場合の上端と同じであって，隅合掌に転び母屋や陸母屋の取り付く場合の接線の求めかたを示したものである．すなわち，隅合掌のように上端を山勾配に木作らないものの上端は，下端と同じ墨である．

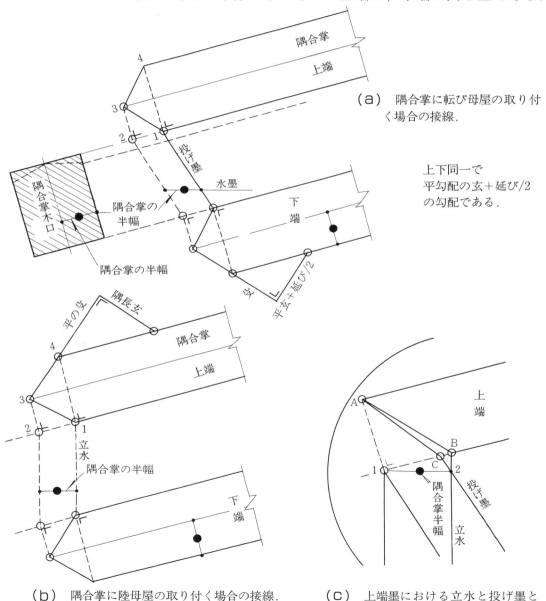

(a) 隅合掌に転び母屋の取り付く場合の接線．
上下同一で平勾配の玄＋延び/2 の勾配である．

(b) 隅合掌に陸母屋の取り付く場合の接線．上下同一で隅長玄の勾配である．

(c) 上端墨における立水と投げ墨とによる相違に注意すること．

9・10 図　隅合掌の母屋と上端の接続．

9・8 隅合掌に配付合掌の出合い墨（9・11 図）

9・11 図①の配付合掌の墨を参照して，同図③のように，出中を中心に配付合掌幅を裏目でとり，柄の位置およびボルト真を写す．

9・9 隅合掌に母屋切欠き墨

① 入中振分けに9・11図②の母屋幅■の裏目をとり，**り**および**る**点から投げ墨を引く．

② 上端墨は，つぎのように第1法と第2法とがある．

9・11 図　隅合掌に配付合掌の墨.

第1法 … 9・11図①から得たい・**ろ**で矩をかけて勾配を引く（9・11図④）．

第2法（簡便法）… 合掌側面の投げ墨A点から水平に合掌上端の半幅（表目）をBととり，投げ墨に平行に引き上げ，上端角から矩をかけ，**ち**—**わ**—**よ**を結ぶ（9・11図⑥）．

9・10 転び母屋に隅木仕掛け墨（その1）（9・12図）

母屋前面が転んでいるので，落ち掛かり勾配や仕込み寸法のとりかたが違う．

1. 仕込み寸法のとりかた

隅木投げ墨の垂木下端との交点から，3—5と仕込み寸法⊠をとる．

2. 落ち掛かり勾配

母屋面が転んでいるので，平の半勾配ではない．落ち掛かり勾配は，9・12図（b）によって落寸法を求め，これと受（1尺）とによって求められる〔同図（d）〕．

3. 母屋の墨

① 上端真（隅合掌との真．）から長玄の返し勾配を引いて上端留めとする．

② 上端前角で，1から1—3と隅木半幅を裏目にとり，隅木幅墨とする．

③ 向こう留めは中勾の返し勾配である．

④ 隅木幅墨を向こう留め墨に平行におろす．

⑤ 前上端角3から隅木幅墨にそって，9・12図（c）で得た仕込み寸法⊠を3—5ととり，5点から落寸法を使って落ち掛かり勾配を引く．

〔注〕 上端留め・向こう留め墨とも，4・48図，4・49図の簡便法を参照すること．

9・11 転び母屋に隅木仕掛け墨（その2）（9・13図）

隅木だけを切り欠いて仕掛ける方法である．

① 母屋上端幅を水平に計る（9・13図①の⑮の寸法となる．）．

② 垂木下端線と立水の交点から水墨を引く．

③ 入中を振分けに，⑮の寸法を裏目で水平にとる（2—3の幅．）．

④ 2および3の位置から投げ墨を引く（母屋幅）．

⑤ 下端墨は，玄＋半延びの勾配（同図③参照）を引く．

⑥ 2—3の水墨を延長し，隅木上端に矩をかけて内側に回し，水墨を引く．

⑦ 内側の立水と水墨との交点で隅木下端の平行線を引くと，母屋上端となる．

⑧ 内側の母屋幅は，下端から回して投げ墨で引き上げる．

154 第9章 真束小屋組寄棟造り

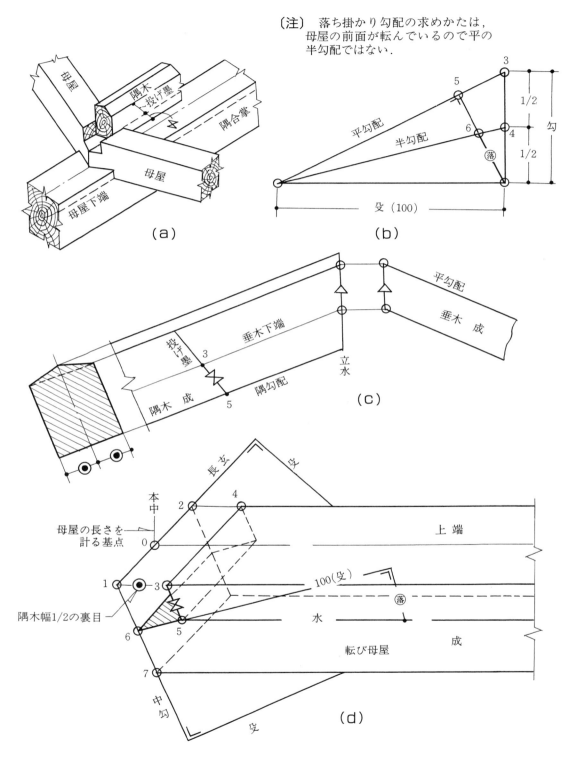

9・12 図 転び母屋に隅木の仕掛け墨（その1）.

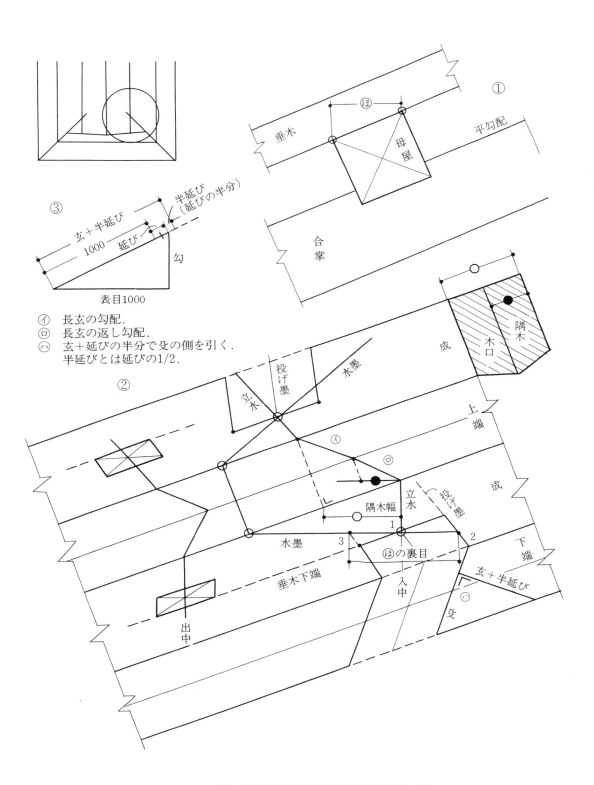

9・13 図　転び母屋に隅木の仕掛け墨(その2).

10

振れ隅

　隅勾配は正方形の対角線上に作られ，隅木は45°に納まるが，振れ隅勾配は矩形の対角線の上に作られるので，隅木は45°には納まらない．このように，45°に納まらないものを振れ隅または振れ隅勾配という．

10・1　振れ隅になる場合

①　桁方向の屋根と梁方向の屋根の勾配が異なる場合〔10・1図(b)〕．
②　梁間に広狭がある場合〔10・1図(c)〕．

1. 屋根両面の勾配が異なる場合

地の間は正方形であっても，左右の勾配を異にすれば振れ隅となる．

〔振れ隅とは〕

　例えば，桁行が5/10勾配，妻側は4/10勾配という場合には，隅木は真隅に入

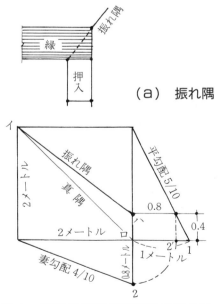

(a) 振れ隅

(b) 屋根の勾配が両面違う場合は，勾配の急な側に隅が振れる．

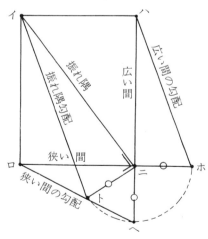

立上りのニーホ，ニーヘ，トーニは同じでなければならないから，両方の平勾配が違ってくる．

(c) 梁間に広狭のある場合

10・1図　振れ隅

らず，勾配の急な方向に振れることになるが，この方法は入母屋造り屋根にしばしば使われる例である．

それは，両方同じ勾配では，妻側の流れが急に見えるので，妻側の勾配をゆるくするため，隅木が桁側のほうに振れるが，その結果，入母屋破風が大きくなって体裁が良くなる．

〔例〕 10・1図（b）において平勾配5/10，妻勾配4/10の場合，地の間2000のとき，どれだけ振らさなければならないか．

① **イ―ロ** … 真隅である．

② ゆえに**ロ**点で
   平の立上り　$2000 \times 0.5 = 1000$（ミリ）
   妻の立上り　$2000 \times 0.4 = 800$（ミリ）
となって，平の高さと妻の高さの差は200ミリとなる．

③ この場合，隅の納まりを同じ高さにするためには，隅木を急勾配のほう（5/10勾配のほう．）に振らなければならない．すなわち，5/10勾配のうちに立上り200ミリの位置を探すことになる．

④ $1000 : 2000 = 800 : x$

$$x = \frac{2000 \times 800}{1000} = 1600$$

$2000 - 1600 = 400$ … 400ミリを**ロ**から**ハ**と振らせる．

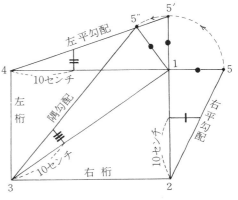

左・右平勾配と隅勾配を基準の10センチの点で計った立上り寸法は，おのおのその勾配の名称である．

10・2 図　振れ隅の左右平勾配と隅勾配の関係．

2. 梁間に広狭のある場合

一方が押入で他方が広縁である場合のように，一方に広く下屋をつけて，その対角線に隅木を入れると，隅木は桁に対して45°に納まらずに振れ隅となる（結局，両方の屋根勾配が違ってくることになる．）．

〔例〕 10・1図（c）において，地の間に広狭があっても，隅束の立上りは左右とも同じ高さでなければならないから

　地の間の狭いほうは … 勾配が急になる．
　地の間の広いほうは … 勾配は緩になる．

なお，この場合の狭い間を"狭間"，広い間を"広間"という．

10・2 振れ隅の振れを求める方法

1. 一般的な方法(10・3図)

これは，隅の振れや，左右の勾配および隅勾配を求める簡便な方法である．

勾配の基本となる殳の長さは，寸法の正確を期す意味で，2倍の20センチとして扱うことにする．

① 左右の地の間を適当に縮尺し，その対角線をかいて振れの角度を求める．

② 両面の平勾配の立上り寸法を用い，右桁には右平勾配の立上りが隅の振れ墨になるように引き(左桁は同様に左平勾配で.)，各自の立上り側を引く．

③ 左右地の間の縮尺に矩をかけ，右桁には左地の間のほうが隅の振れになるように(左桁は右地の間.)引く．

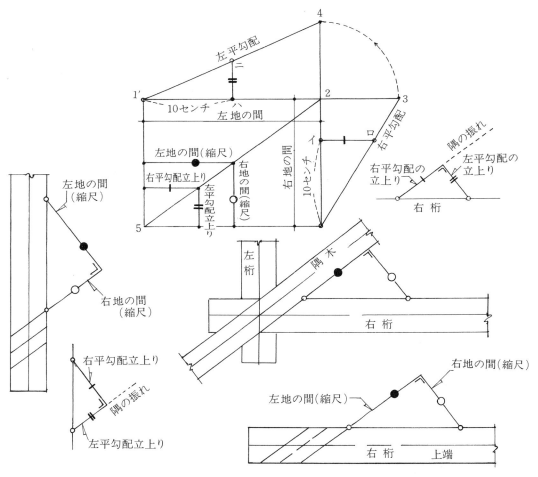

10・3図　振れ隅の振れを求める方法(その1)．

2. 隅木の振れと一方の平勾配を知って他方の平勾配・隅勾配を求める方法

10・4図(a)は，右勾配がわかっている場合(6/10勾配)の例を示したものである．

① 左右桁の延長線を引いて交点を求める．
② 隅の振れをかく（隅の振れは，左右地の間の縮尺によって求める．）．
③ 既知の右平勾配を，左桁の延長線に 1—2 ととる．
④ 隅の振れから 2 に向かって矩をかけ，これを右桁延長線まで引き上げ，4 とする．
⑤ 1—4 は左平勾配の立上り（殳 10 センチに対する．），1—3 は隅勾配の立上り（殳 10 センチに対する．）である．

   | …右平勾配の立上り
   || …左平勾配の立上り
   ||| …隅勾配の立上り

3. 左右の勾配の軒桁の内角を知って隅の振れ・隅勾配を知る方法

10・4図(b)は，その例を示したものである．これは入母屋で，両方の勾配を変えるときなどに，どれだけ振らせればよいかを知るのによい方法である．

① 左桁延長線上に右平勾配の立上り 1—2 をとり，右桁延長線上に左平勾配の立上り 1—3 をとる．
② 2—3 を結び，この線から直角に 1 を通る線を引けば，1—5 は隅木の振れ，1—4 は隅勾配の立上りとなる．

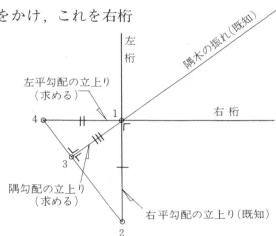

(a) 隅の振れと一方の平勾配により，他方の平勾配と隅勾配を求める方法．

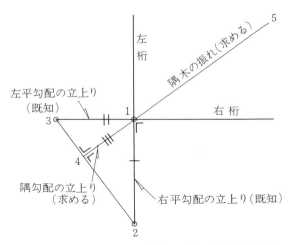

(b) 平勾配と軒桁の内角による隅の振れの求めかた．

10・4図　振れ隅の振れを求める方法（その2）（簡便法）．

10・3　多能三角形および多能四辺形

　この多能三角形および多能四辺形は，難解複雑な矩尺使いを容易かつ正確に解決する最も便利なもので，とくに振れ隅，多角形の軒回り，斜角振れ隅などの解決には，ぜひこれを採用することが望ましい．

1. 多能三角形

　10・5図において，(a)は直角三角形であり，(b)は斜角三角形である．辺の │ および ‖ は，振れ隅における左右平勾配の立上りを表し，‖‖ は隅勾配の立上りとなる．

　同図(a)はふつうの振れ隅（左右の軒桁の内角が直角である場合．）に用いる．

　同図(b)は，斜角振れ隅，すなわち左右の軒桁の内角が鈍角または鋭角の場合に応用する．

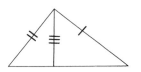 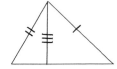

　(a)　直角三角形　　(b)　斜角三角形

│　右平勾配の立上り
‖　左平勾配の立上り
‖‖　隅勾配の立上り

10・5図　多能三角形

　なお，これらの応用については，そのつど説明を加えることとする．

2. 多能四辺形

　これは中村只八氏の発案によるもので，ふつうの振れ隅の例である（10・6図参照）．

(1) 多能四辺形のえがきかた

① 左右の立上りをもって左と右の平勾配図を作る〔10・6図(a)〕．

② 左右の勾配図を倒立し，両方を背合わせに組み合わす〔同図(b)，(c)〕．

③ 左右の勾配に直角に，3および4から矩をかけて，その交点5を得る．これを多能四辺形と名づける．

④ 5点から垂線を引き上げ，6点を得る．

　また別に │ の立上り 3―2 を 4―6 に，‖ の 2―4 を 3―6 と置き替えても6点となる．

⑤ 左右各平勾配から6点に向かって矩をかけると，7―6 ＝中，8―6 ＝中の寸法となり，それによって 7―3 ＝短，8―4 ＝短が得られる．

　以上のように同図(b)の多能四辺形を基礎にして，それぞれ所要の寸法を求めることができる．

(2) 多能四辺形使用上の注意

① この作図では殳を2倍の20センチにとってあるから，今後この多能四辺形の各寸法を使用する場合の殳は，常時20センチを用いなければならない．

② この作図は，振れ隅の墨を進めて行くために，継続的に使われるたいせつなものである．

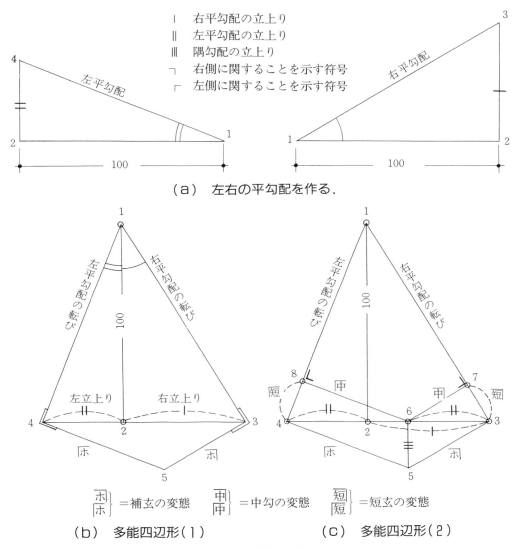

10·6 図　多能四辺形のえがきかた．

〔注〕　作図する場合，殳の10センチでは多能四辺形が小さく利用しにくいので，殳を2倍または3倍にして作図するとよい．ただ，勾配の基本は，あくまで10センチに対する立上りとすること．

10・4 振れ四方転びの規矩

1. じょうご形四方胴付き墨

10・7図は,じょうご形四方胴付き墨のしかたを示したものである.

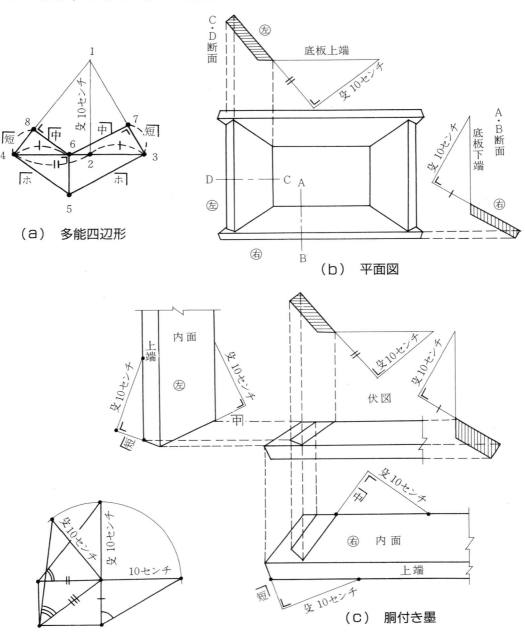

10・7 図　振れ四方転びの規矩(その1)(四方胴付き墨).

2. じょうご形四方留め墨

10・8図は，じょうご形四方留め墨のしかたを示したものである．

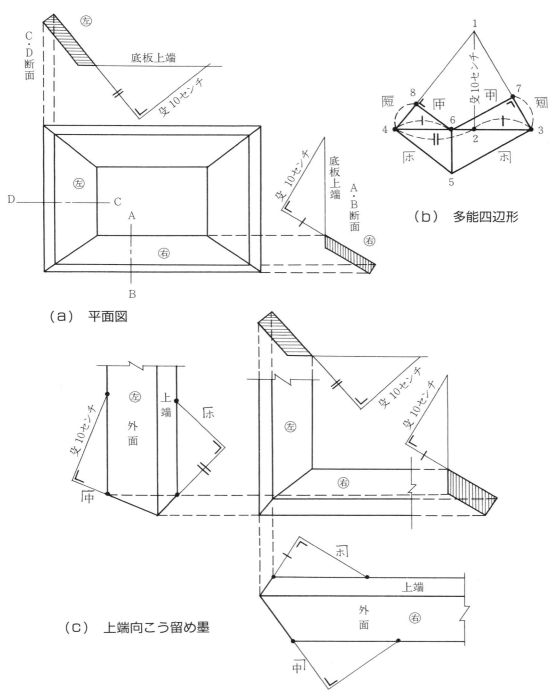

10・8図　振れ四方転びの規矩（その2）（四方留め墨）．

10・5 振れ隅の隅木山勾配の出しかた

1. 第1法(10・9図)

この方法は，棒隅の場合や多角形の場合にも利用され，古来から広く用いられている方法である．

① 地の間の縮尺をかき，両平勾配を引く．
② 隅の間に対して隅の立上り(束の長さ.)をとり，隅勾配をかく．
③ 隅の間の線上に任意の一点を求めて直角を引き，地の間にホおよびロと定めると，ニ—1を受とし立上りを1—2とした隅勾配図ができる．
④ これに1—3と中勾をとり，その長さを隅の間線上に1—4ととる．
⑤ ロ—4およびホ—4を結べば，隅木山勾配となる．
⑥ 落ち掛かり勾配は，桁交点ニから各1—2の長さをニ—5ととり，ホ—5を結べば右落ち掛かり勾配，ロ—5を結べば左落ち掛かり勾配となる．

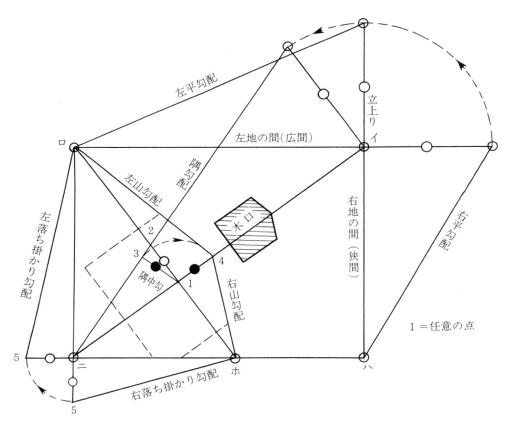

10・9 図 隅木山勾配の出しかた(その1)…第1法．

2. 第2法(10・10図)

　この方法は落ち掛かり勾配が求められないが，これも古来からよく使われている方法である．

　① 地の間の縮尺をかき，左右平勾配を引く．
　② 隅の間(イ―ニ)に対し，隅の立上り(束の長さ．)を以って隅勾配を左右二方にとる．
　③ 右地の間寸法に左地の間寸法を加えたものの1/2を**ハ**から**ホ**ととり，**イ―ホ**を結び，隅木木口の真とする．
　④ 両隅勾配の任意の点から矩をかけ，**イ―ホ**線上に交わらせれば，隅木山勾配となる．

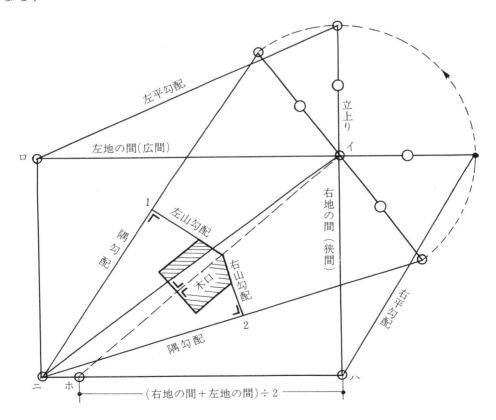

10・10図　隅木山勾配の出しかた(その2)…第2法．

3. 第 3 法

　10・11図(a)は，10・9図を簡易化したもので，山勾配を簡単に求める方法である．

166 | 第10章 | 振れ隅

4. 第 4 法

10・11図(b)は，多能三角形を利用して山勾配を求める方法を示したものである．

① 多能三角形の2点から2—3の線に対して隅勾配を引く．

（注）隅勾配を引くには，2—3線に対して2点から殳の長さをとり，多能三角形のⅢの寸法をおろせば隅勾配が得られる．

② 隅勾配線から4点および3点に矩をかけると，山および山の寸法が求められる．

なお，山および山を使っての山勾配の求めかたは，隅木木口の立水に対し，右は山と殳とにより右山勾配を，また，左は山と殳とにより左山勾配を得る．これに使用する殳の長さは，多能三角形や多能四辺形を作成したときの殳の長さであるから，間違いのないように．

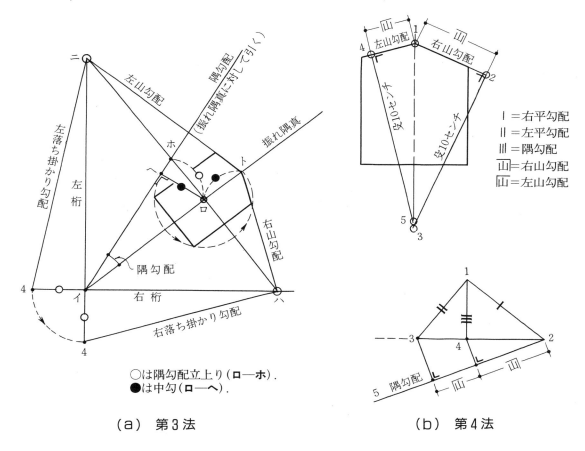

(a) 第3法　　　(b) 第4法

10・11図　隅木山勾配の出しかた(その3)．

10・6 軒出垂木端の寸法の出しかた

伏せ図にも現れているのと同じ方法である．

10・12図において右6/10勾配側の垂木の流れによって42センチの垂木端とすれば，左4.5/10勾配側の垂木は53.1センチに切らなければならない．

10・7 振れ隅の隅木投げ墨（その１）

茅負に癖をとるかとらないかによって，投げ墨の状態が違ってくる．

1. 茅負に癖をとらない場合（10・13図）

両方の茅負の前面が屋根勾配に直角であるから，同図（a）のように右と左の平勾配

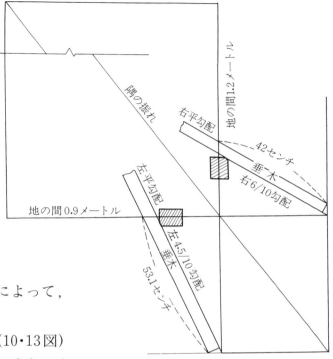

10・12 図　軒出垂木端寸法の出しかた．

の違いにより，茅負の上端での転び幅が違ってくる．したがって，茅負の上端留め先に目違いが生じる．

① 投げ墨の勾配を求める〔同図（b）〕．左平勾配＝4.5/10，右平勾配＝6/10
② 左右地の間を縮尺でかき，隅の振れを求める．
③ 1点から，右桁にそい1―2と左勾配の立上り寸法4.5センチをとり，これから立水を引いて，隅の振れの延長線と合致させて2′とする．
④ 1点から，右桁にそい1―3と右勾配の立上り寸法6センチをとり，これから立水を引いて，隅の振れの延長線と合致させて3′とする．
⑤ 隅の振れにそい，1―2′の寸法を計れば左5.65センチあり，また，1―3′の寸法を計れば，右7.5センチある．
⑥ 立水に対する投げ墨〔同図（c）〕
　隅木右面の投げ墨 … 7.5センチと殳（10センチ）をかける．
　隅木左面の投げ墨 … 5.65センチと殳（10センチ）をかける．

第10章　振れ隅

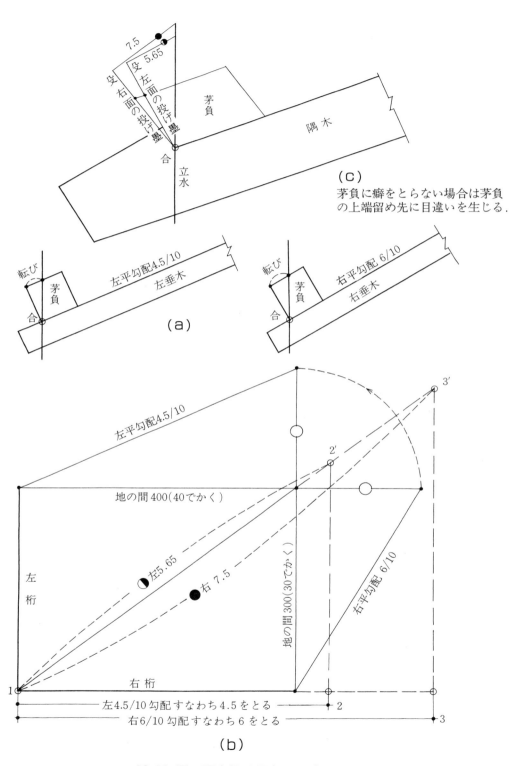

10・13 図　隅木投げ墨（その1）

2. 一方の茅負だけ癖をとった場合

10・14図は，一方の茅負だけ癖をとった場合の右側（狭い間）の投げ墨である．この茅負には癖がない．

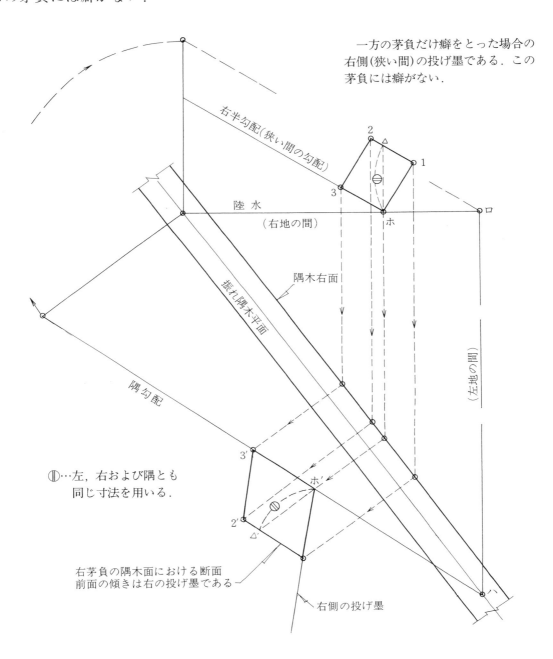

10・14図 隅木投げ墨（その2）

第10章 振れ隅

10・15図は同様に，左側(広い間)の投げ墨である．この茅負には癖がとってある．

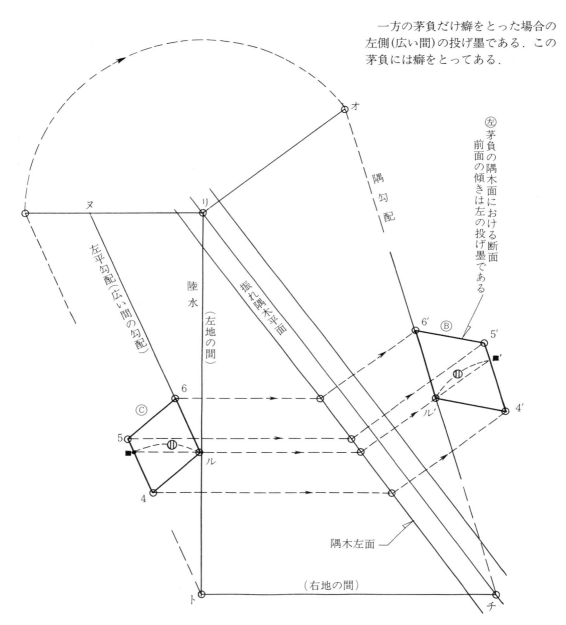

一方の茅負だけ癖をとった場合の左側(広い間)の投げ墨である．この茅負には癖をとってある．

Ⓜ…左，右および隅とも同じ寸法を用いる．

10・15図　隅木投げ墨(その3)

10・8 振れ隅の隅木投げ墨(その２)(多能三角形を用いるもの)

（10・16 図）

① 多能三角形からその底辺の幅㋭を求める．

② 殳を 1─2 と水墨にとり，多能三角形で求めた㋭を 2─4 と立上りにとり，4─1 を結ぶ（この勾配を差し角勾配と呼ぶ．）．

③ 1─2 を殳とした隅勾配の立上りを 2─3 ととり，1─3 を結び隅勾配をかく．

④ 差し角勾配(1─4)から 2 点に矩をかけると，隅勾配との交点 6 を得る．

⑤ 6 点から立水を引き上げれば 6─7 となり，その長さは投げ墨に使われる㋫となる．

⑥ ㋫の使いかた … 隅木の下端角に，直接㋫と殳の長さによって，㋫の側を引く〔10・16 図(ｃ)〕．

〔注意〕 使用する殳の長さは，多能三角形や多能四辺形を作成したときの殳の長さであるから，間違えないように注意すること．

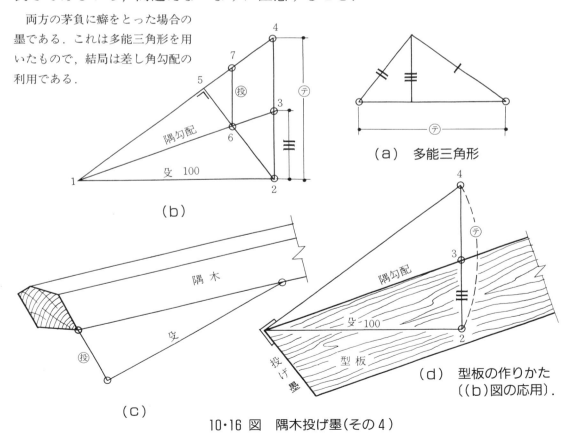

10・16 図 隅木投げ墨(その４)

10・9 落ち掛かり勾配の求めかた（10・17 図，10・18 図）

1. 作図によるもの（10・17 図）

① 縮尺により地の間をかき，隅の間 1—4 に対して隅勾配を引く．

② 隅の間から 2 点に矩をかけて，隅勾配の線に引き延ばすと，6—7 の長さが得られる（6—7 は右落ち掛かり勾配に使う長さ．）．

③ 隅の間から 3 点に矩をかけると，隅勾配線との間に 8—9 が得られる（8—9 の長さは左落ち掛かり勾配に使う長さ．）．

④ 右落ち掛かり勾配 … 6—7 の長さを 1—10 ととり，右桁の 2 点から 2—10 と結ぶ．

⑤ 左落ち掛かり勾配 … 8—9 の長さを 1—11 ととり，左桁の 3 点から 3—11 と結ぶ．

隅地の間から
① 右地の間角 2 点に矩をかけ，隅勾配に延長した●寸法は 1—2 に対する右落ち掛かり勾配である．
② 左地の間角 3 点に矩をかけ，隅勾配に延長した●寸法は 1—3 に対する左落ち掛かり勾配である．

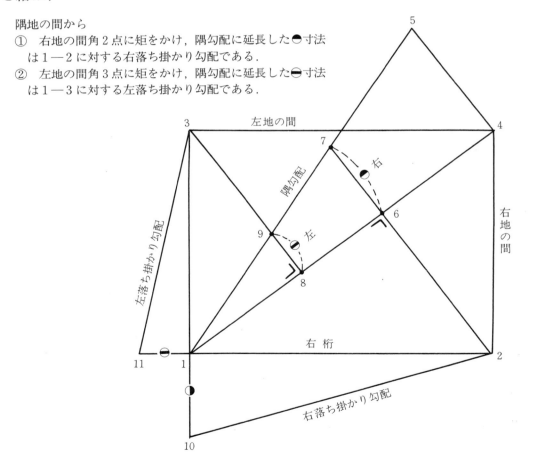

10・17 図 落ち掛かり勾配の求めかた（その 1）（作図によるもの）．

2. 10・11図の応用によるもの〔10・18図(b)〕

① 両桁の交差角をかき，桁交点1から既知の隅の振れおよび隅勾配を引く．

② 隅の振れ線上，任意の4点から5—6と矩をかけ，4—7の立上り寸法を1—8および1—9ととり，6—8を結べば右落ち掛かり勾配であり，5—9を結べば左落ち掛かり勾配となる．

③ 左右落ち掛かり勾配の呼称を知るには，6および5から基準の10センチをとれば，立上り寸法が得られる．

3. 多能三角形を使う方法〔10・18図(a)〕

① 多能三角形の左右勾配から4点に矩をかける（中勾を引くように．）．

② 5—4は落となり，右落ち掛かりに使う．6—4は落となり，左落ち掛かりに使う．

〔注〕 もちろん多能三角形作成の際の殳の寸法を使うこと．

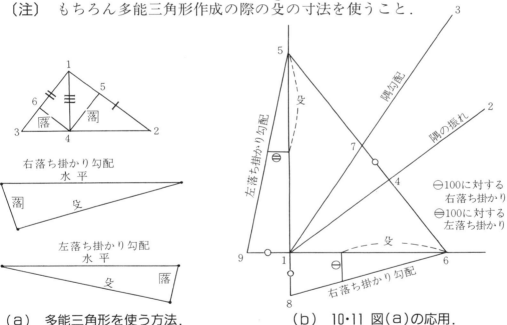

(a) 多能三角形を使う方法.　　　(b) 10・11図(a)の応用.

10・18図　落ち掛かり勾配の求めかた(その2).

4. 直接桁に墨付けする方法(10・19図)

10・19図に示す方法は，直接桁に墨付けできるので便利である．

(1) 右桁の墨〔同図(a)〕

① 桁上端隅木の振れおよび幅墨を引く．

② 隅木振れの内側の1から，振れに対して1—2と矩をかける．

③ 2から桁に直角な線2—3を引く．

④ 3を基点にして，右平勾配の返しを引く（3—4—5と右の平勾配を引くこと．）．

⑤ 2を基点として，2—3線に対する矩をかけ，2—6とする．

⑥ 2—6の寸法を隅木幅2′から桁面に2′—6′ととり，1—6′を結ぶと右落ち掛かり勾配となる．

⑦ 取扱い上の注意 … 実際の場合には口脇線があり，これから仕込み寸法をとり，それから落ち掛かり勾配を引かなければならない．この図では，単に落ち掛かり勾配を求めただけであるから，口脇線から仕込み寸法をとり，この勾配線の平行線を引けばよい．

（2） **左桁の墨** 右桁の墨を参照すること．すなわち，隅木の振れと左平勾配とが右桁の場合と異なるだけで，求める順序は同じである〔同図（b）参照〕．

10・19図は桁に直接墨ができる方法を示したものである．

これは単に落ち掛かりの勾配（傾斜の角度．）を示したものであるから，実施に当たっては口脇および仕込みの深さを考えなければならない．

隅木の振れは梁間寸法の縮尺によること．

実施の場合，平勾配を逆にかけないと桁端が短い．

隅木の振れ・幅をとってから番号順に進め最後に○印を求める．

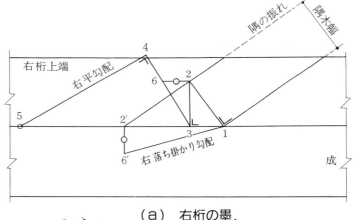

（a） 右桁の墨．

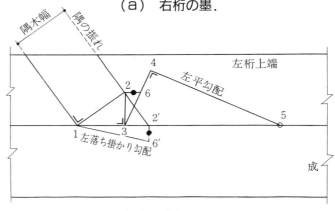

（b） 左桁の墨．

10・19図 桁に直接墨付けする方法．

10・10　振れ隅の隅木たすき墨・馬乗墨(その１)(10・20図)

隅木が振れているので，桁真が隅木真に当たる出中・入中も振れてくる．本図は展開図によって示したものである．

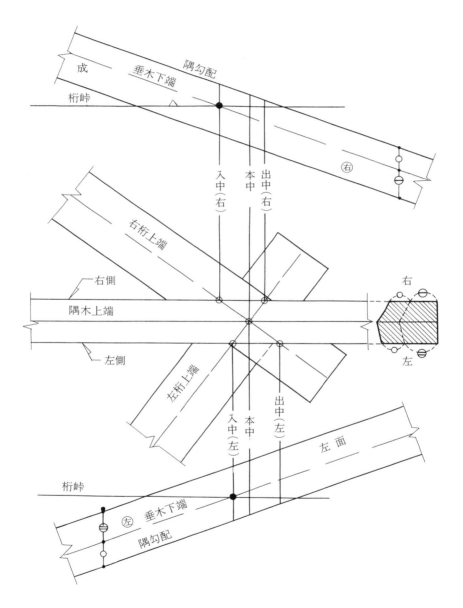

① 隅木への墨付けは㊧のものを右面に回さなければならない．すなわち，裏側に回す．
② 隅木への墨付けは㊨のものを左面に回さなければならない．すなわち，裏側に回す．

10・20図　隅木たすき墨・馬乗墨および出中・入中墨(その１)．

10・11 振れ隅の隅木たすき墨・馬乗墨（その2）(10・21 図)

展開によったもので，右面，左面の関係をよく注意し，隅木への墨は，㊨は左面に，㊧は右面に回して墨をしなければならない．

(1) 準 備

① 多能三角形の底辺の長さを2分し，2—4を夕(右)と求め，3—4を夕(左)と求める．

② 多能四辺形の3—5を禾(右)，4—5を床(左)とする．

③ 隅勾配の中勾⊜を求める．

(2) 隅木右面から墨を始める場合

① 長さを計り，入中を求める．

② 下端墨＝右たすき墨を引くには，入中1より曲尺に夕と⊜をおき，夕のほうに墨を引き，1—2とする．

③ この線と下端真墨と交わる5点を基点として，曲尺に夕と⊜をおき，3—5—4の左たすき墨を引く．

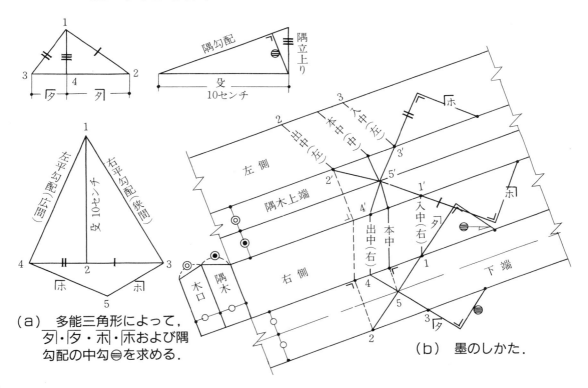

(a) 多能三角形によって，夕・夕・禾・床および隅勾配の中勾⊜を求める．

(b) 墨のしかた．

10・21 図　隅木たすき墨・馬乗墨および出中・入中墨（その2）．

（3）　**隅木左面の墨**　下端の３から立水を引き上げ入中，２から立水を引き上げ出中，また，下端５から左面まで矩をかけ，これに立水を引き本中とする．

（4）　**隅木上端馬乗墨**

①　右は１′から曲尺に冎と｜をおき，‖のほうを引く．

②　左は３′から曲尺に床と‖をおき，｜のほうを引く．

③　左右馬乗墨で得た５′から４′および２′を結べば，馬乗墨である．

〔注〕　隅木馬乗墨は必ずしも必要ではないが，隅木下端のたすき墨は，工作上必要である．

10・12　隅木と桁幅との関係

　振れ隅の場合は真隅と違って，左右の桁が同じ幅であれば，隅木真が桁の組合わせ“角”に一致しないで横に振れてしまう．

　それを隅木真と一致させるために，一方の桁幅を広くする方法がとられる．図の方法はこれを行ったもので，緩勾配（広間）の側の桁が図に示すように広くなる．

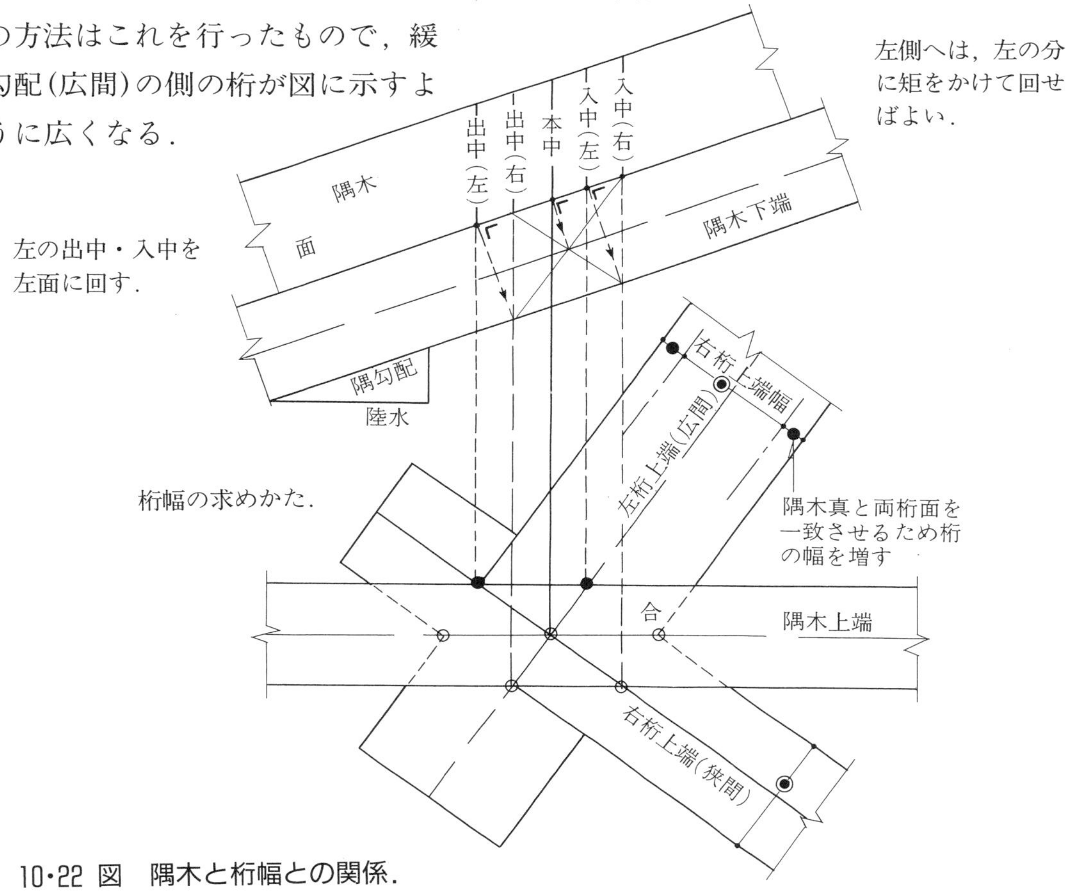

10・22 図　隅木と桁幅との関係．

10・13　隅木（すみぎ）の仕込（しこ）み寸法のとりかた（10・23 図）

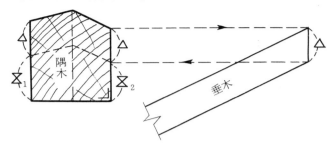

（a）　山勾配が左右異なるから，その仕込み寸法 X_1・X_2 も異なる．したがって，これを用いる場合，勝手違いをするおそれがあるので注意が必要である．

（b）　隅木下端を菱に削った場合（落ち掛かり勾配は反対側の勾配の半勾配となる．）．

落ち掛かり仕込み寸法の長さをそろえるため下端を菱形とする

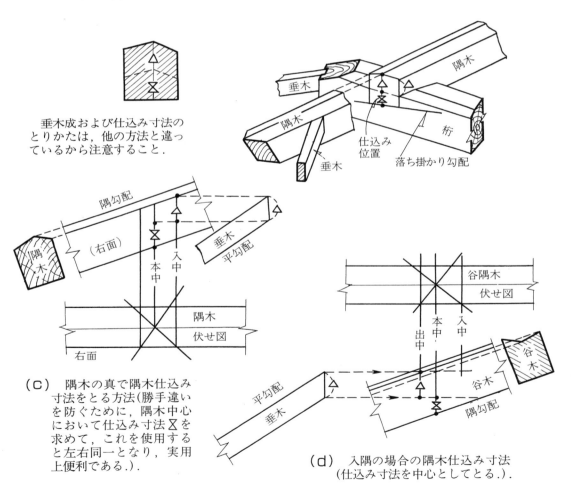

垂木成および仕込み寸法のとりかたは，他の方法と違っているから注意すること．

（c）　隅木の真で隅木仕込み寸法をとる方法（勝手違いを防ぐために，隅木中心において仕込み寸法 X を求めて，これを使用すると左右同一となり，実用上便利である．）．

（d）　入隅の場合の隅木仕込み寸法（仕込み寸法を中心としてとる．）．

10・23 図　隅木の仕込み寸法のとりかた．

10・14 桁落ち掛かり仕口

　振れ隅の桁に隅木を仕込む場合，両桁真と隅木真の三つが合った点において隅木の振れを求めるため，桁脇面角と隅木真は一致しないことになる．これをそのまま処理する方法と，組合わせ角と隅木真とを合わせるために，屋根勾配のゆるい側の桁幅を広くする方法とが行われているが，10・22図，10・23図は，桁幅が同一であるものの落ち掛かり仕口の墨を示したものである．

1.　左桁の部（10・24図）
① 桁口脇は左勾配でとる．
② 桁上端に振れ隅木の真および幅墨を引く．
③ 桁前面に隅木真および幅墨をおろす．
④ 桁真と峠の交点イ点から右平勾配（反対側の平勾配.）を引き，これに垂木の成をとる．

　また，口脇と隅木真の交点ロから右平勾配を引いても同じである．

　〔注〕　10・24，25図は，桁上端と峠の高さが同じであるから，イ点は桁上端と桁真との交点になっている．峠が高い場合には，その点をイと定めて，反対側の平勾配を引かなければならないが，口脇と隅木真との交点ロからであれば，常時これでよい．

⑤ 隅木内側線と口脇の交点１から左仕込み寸法⊠$_1$を１—２ととり，２から左落ち掛かり勾配を引く（落ち掛かりの深さ.）．
⑥ 桁内側の落ち掛かり墨の回しかたは，棒隅と同じ方法であって，桁前角の隅木の振れに矩をかけてニ点を求め，内側に立水を引く．
⑦ 桁外側の２—３の寸法◎を，内側ニ—４の線上に４—５ととり，５から左落ち掛かり勾配を引き上げると，内側の落ち掛かりの深さである．
⑧ 捻じ組の方法は，棒隅と同じである．

　〔注〕　仕込み寸法は，（a）図のように左右が違っているから，⊠$_1$と⊠$_2$とを間違わないように注意が必要である．

2.　右桁の部（10・25図）
① 桁口脇は右平勾配でとる．
② 桁上端に振れ隅木の真および幅墨を引く．
③ 桁前面に隅木真および幅墨をおろす．

④ 桁真と峠の交点イ点から左平勾配(反対側の平勾配.)を引き，これに垂木の成をとる．また，口脇と隅木真の交点ロから左平勾配を引いても同じである．
⑤ 隅木内側線と口脇の交点1から左仕込み寸法X_2を1—2ととり，2から右落ち掛かり勾配を引く(落ち掛かりの深さ.)．
⑥ 桁内側の落ち掛かり墨の回しかたは，棒隅と同じ方法であって，桁前角の隅木の振れに矩をかけてニ点を求め，内側に立水を引く．

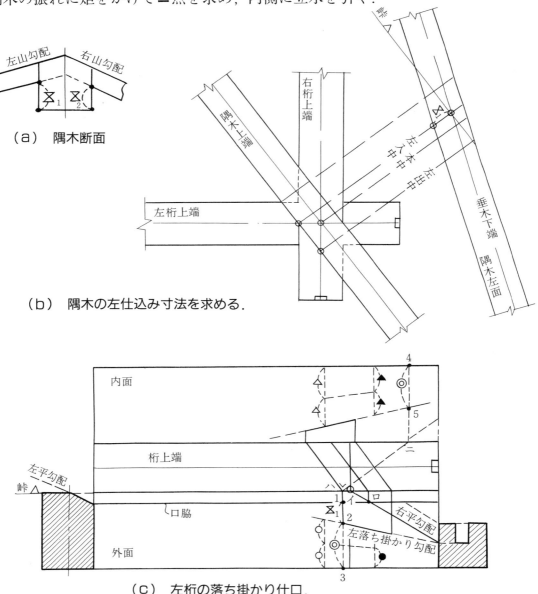

(a) 隅木断面

(b) 隅木の左仕込み寸法を求める．

(c) 左桁の落ち掛かり仕口．

10・24 図　桁落ち掛かり仕口(その1)．

⑦ 桁外側の2—3の寸法●を，内側ニ—4の線上に4—5ととり，5から右落ち掛かり勾配を引き上げると，内側の落ち掛かりの深さである．

⑧ 捻じ組の方法は，棒隅と同じである．

〔注〕 仕込み寸法は，10・24図(a)のように左右が違っているから，☒₁と☒₂とを間違わないように注意が必要である．

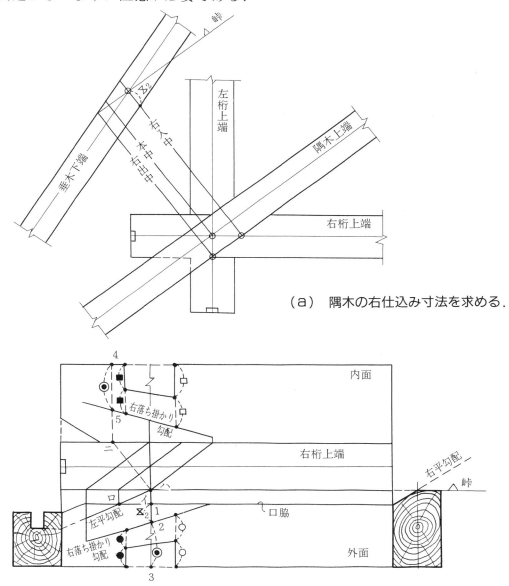

(a) 隅木の右仕込み寸法を求める．

(b) 右桁の落ち掛かり仕口．

10・25 図 桁落ち掛かり仕口(その2)

3. 隅木真と桁組合わせ角を一致させる方法(10・26図)

これは，隅木真と桁組合わせ角とを一致させるために，緩勾配の側の桁幅を広くする方法である．その他の墨については，他の方法とほとんど同じであるので，重複する点を省略して，他と違った方法を採用した所だけを掲げる．

(1) 落ち掛かり墨

(ⅰ) **左桁** 口脇から仕込み寸法**イ**をとり，左落ち掛かり勾配を引くが，別法として，隅木外側線と右平勾配線の交点から右の仕込み寸法**ロ**をとり，**イ—ロ**と結ぶと左落ち掛かり勾配となる．

(ⅱ) **右桁** 口脇から仕込み寸法**ロ**をとり，右落ち掛かり勾配を引くが，別法として，隅木外側線と左平勾配線の交点から左の仕込み寸法**イ**をとり，**ロ—イ**と結ぶと右落ち掛かり勾配となる．

(2) 内側の落ち掛かりの深さを求める

① 落ち掛かり勾配を桁上端まで引き上げる．
② 桁上端で，隅木の振れ隅から1点に矩をかけ(直角のこと．)，2点を得る．
③ 桁内側に2点から落ち掛かり勾配を引くと，内側の仕込みの深さが求められる．

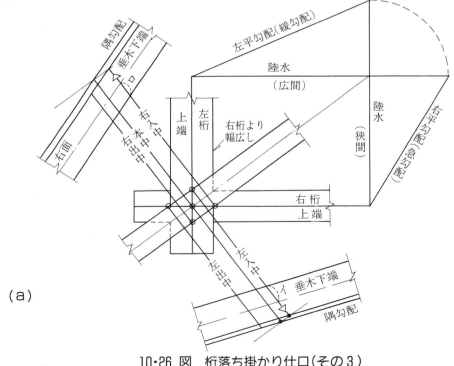

10・26 図　桁落ち掛かり仕口(その3)

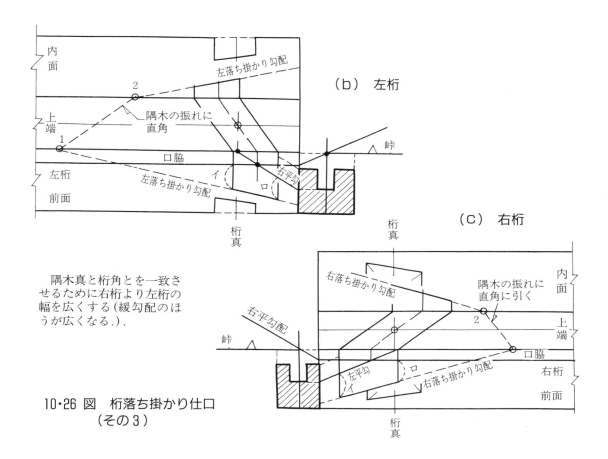

10・26 図　桁落ち掛かり仕口（その3）

4. 桁下端から墨を始める方法(10・27 図)

(1) 口脇墨

右桁の口脇をとるのは，右平勾配．
左桁の口脇をとるのは，左平勾配．

(2) 隅木の仕込み寸法(隅木真で求める方法.)　振れ隅の隅木山勾配は，左右を異にするため，その仕込み寸法の深さも左右が違ってくるので，これを使用する際に勝手違いをする心配がある．したがって，これを防ぐため，同図(e)のように隅木の中心で，仕込み寸法 x を求める．もしこれを隅木面で求める場合は，一般の場合と少し違っているから注意する必要がある．

隅木側面で仕込み寸法を求めるには同図(e)のように隅木面に立水を引き，垂木下端線との交点から水平線を引き，これにそって隅木半幅(表目)を外側のほうにとり，立水を引けば，水平線から隅木下端までの3—4 は仕込み寸法である(一般には図のように1—2 となる.)．

第10章　振れ隅

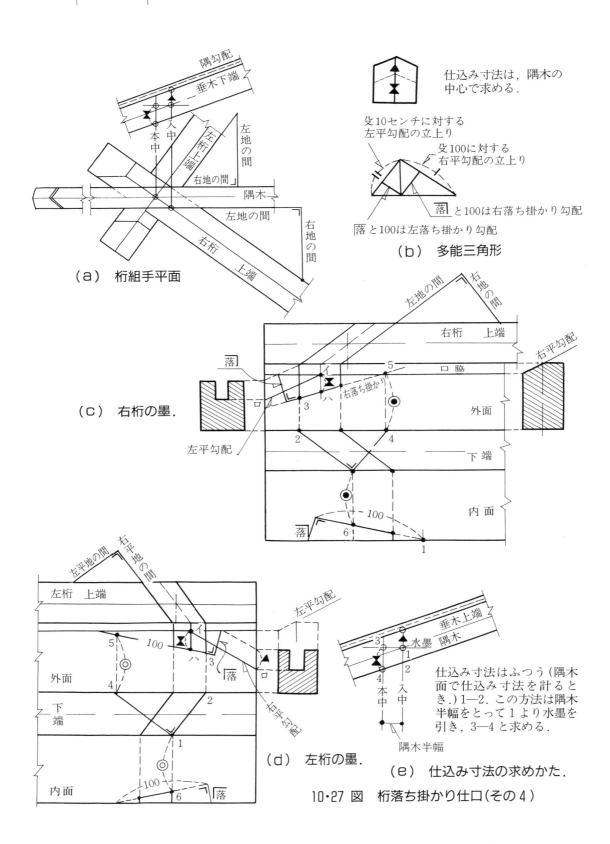

10・27 図　桁落ち掛かり仕口（その4）

10・15 振れ隅の茅負

振れ隅は，左右の屋根勾配が異なっているから，左右同寸の茅負をそのまま組み合わせると，上端角や幅がそろわなくなり，そのうえ留め先に目違いをも生じるので，これをまとめるため，いろいろ調整して，隅留め先を納める方法が講じられる．

この調整の方法（癖をとるという．）にはいろいろあるけれども，ここには，その目違いのできる原因と，その調整の理論について概説しておくことにする．

1. 茅負の前面が屋根勾配に直角である場合，向こう留めがどんなになるか

① 左右同寸の茅負をそのまま組み合わせると，前上端角（茅負の上端．）に高低ができてそろわない．それで，上端前角をそろえるために隅振れの1点から直角（各桁真と平行．）をとり，不変点と定め，左右とも①を同じ高さにとり，1を下端角として，両方の茅負断面をかく．

② 前上端角の2点から隅の振れに桁真の平行線を引くと，その転びの大小によってb点（右の急勾配のほう．）およびa点（左の緩勾配のほう．）が得られる．

すなわち，a−bの寸法が目違いのできる大きさである〔10・28図(a)参照〕．

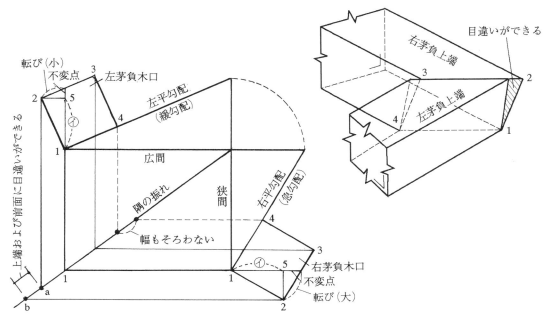

(a) 茅負の前面が屋根勾配に対して直角の場合．

10・28 図　茅負の癖のとりかた（その1）．

第10章 振れ隅

2. 向こう留めに目違いを作らないためには茅負の木口をどう調整すればよいか〔10・28 図（b）参照〕.

① 同図（b）2 は両茅負が癖のないときの前上端角となるので，これを隅の振れ線にもってくると，a および b 点となる（目違いの大きさである.）.

② この目違いを調整するには，a-b を2等分し（調整点），これを再び両茅負の上端線に引きあげると，右茅負（急勾配のほう.）においては 2″ 点となり，これを 1-2″ と結べば，前面線となり，屋根勾配に対して鈍角となる.

また左茅負（緩勾配のほう.）は 2′ 点となり，1-2′ と結べば前面線となり，屋根勾配に対して鋭角となる.

すなわち，急勾配で転びの大きい側は少し転びを控えて少なくし，緩勾配のほうは転びかたが不足するので，少し転びを多くして目違いのないように合わせるのである（目違いの大きさの 1/2 ずつを振り分ける.）.

〔注〕 なお，これは理論であるが，実際の場合は 10・30 図～10・33 図によること.

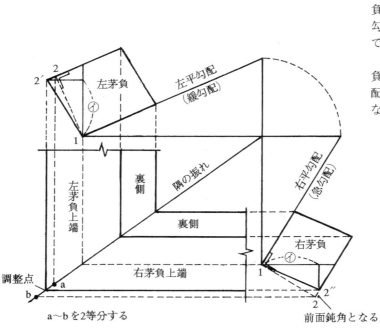

勾配の急なほうの茅負前面は，ゆるやかな勾配の返し勾配で鈍角である.

勾配のゆるやかな茅負前面は急なほうの勾配の返し勾配で鋭角となる.

（b） 茅負前面の左が鋭角，右が鈍角となる場合.

10・28 図　茅負の癖のとりかた（その1）.

3. 茅負の癖のとりかた（その1）(10・28図)

10・28図は振れ隅における茅負木口の調整法を示したものである．

振れ隅は左右の平勾配が異なるので，真隅の場合のように正方形（前面は流れに直角．）の茅負を用いれば，勾配の急なほうの転びが勾配のゆるやかなほうの転びよりも大きくなって，左右からの交点が隅の間の延長線上にて交わらない．すなわち上端に目違いができる．

4. 茅負の癖のとりかた（その2）(10・29図)

茅負の前面は，反対側勾配の返しである．

なお，10・28図(b)は，木口の調整法を示したものである．この場合，木口の両側からの部材の留めを隅地の間の延長線上で一致させ，それと同時に，留めの線と隅棟線とも一致させるために，茅負類の木口に癖をとる．

以上のように合理的に処理するためには茅負断面に"癖"をとらなければならないことが判明したが，両方とも同じ寸法では"成"や幅に目違いができるので，その幅や"成"の割合を定めなければならない．

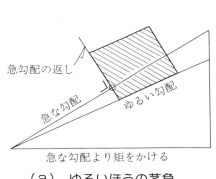

(a) ゆるいほうの茅負．

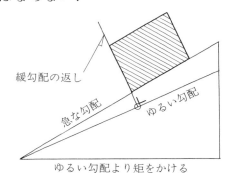

(b) 急なほうの茅負．

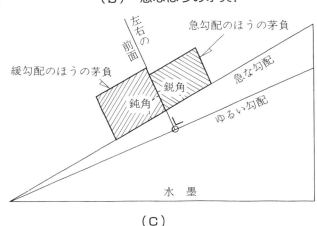

10・29図 茅負の癖のとりかた（その2）．

(c)

5. 茅負の癖のとりかた(その3)(10・30図)

上端角または幅を隅の部分においてそろえるため,一定の率によって大きさを定めなければならない.

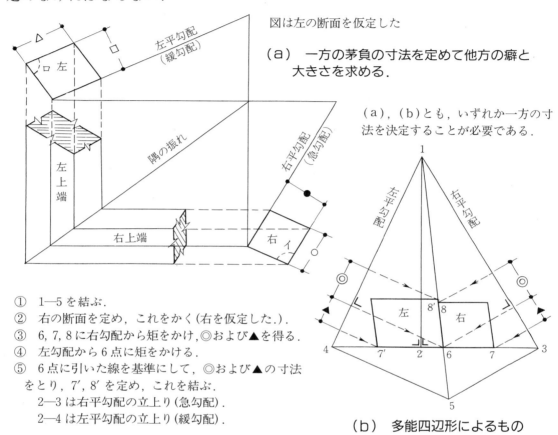

① 1—5を結ぶ.
② 右の断面を定め,これをかく(右を仮定した.).
③ 6, 7, 8に右勾配から矩をかけ,◎および▲を得る.
④ 左勾配から6点に矩をかける.
⑤ 6点に引いた線を基準にして,◎および▲の寸法をとり,7′, 8′を定め,これを結ぶ.
　2—3は右平勾配の立上り(急勾配).
　2—4は左平勾配の立上り(緩勾配).

10・30図　茅負の癖のとりかた(その3).

6. 茅負の癖とりと茅負の留め

(1) **一方だけに癖をとる場合**(10・31図)　展開図法によって他方の茅負の癖を求め,かつ,これの上端留めおよび向こう留めを求める方法である.

① 縮尺で両地の間をかき,左右両勾配および隅の振れをかく.
② 癖をとらない茅負断面を勾配上に定め,各角を1, 2, 3, 4とする.
③ 桁に平行に茅負の1, 2, 3, 4を引きおろして,隅の振れ線に交わらせて,ここから直角に折れ(左桁に平行のこと.),他の勾配線まで引き上げる.
④ 癖をとらない茅負断面の㋑の寸法(1—5の長さ.)を,1′から立水にそい1′—5′ととり,5′点から矩をかけ(水平を引くこと.),同図(a)の2からの延長線

との合点を 2′ ととり，2′，1′ を結び，前面とする．

⑤　同様に，茅負下端後角の 4 からの線を勾配線にとり，4′ とする．

⑥　2′ 点から平勾配線を引くと，上端線となる．また，4′ から前面の 1′—2′ 線の平行線を引けば，上端線との交点 3′ ができ，茅負の断面が求められる．

　この図は，茅負の一方だけに癖をとる場合を示したもので，その癖の求めかたと，この場合の隅留め墨の求めかたを示す．これは，他の展開図と大同小異の方法であるから図によって理解して欲しい．

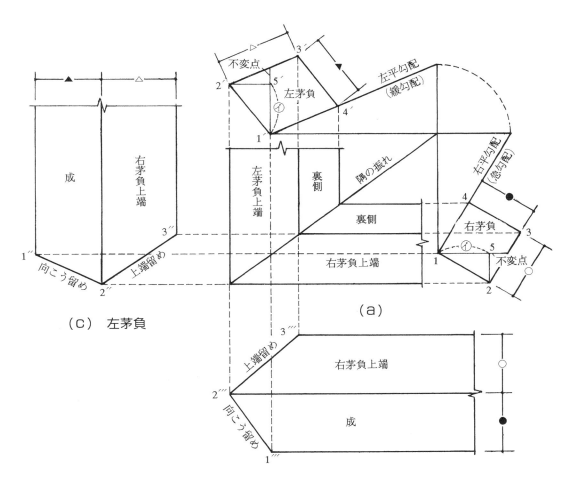

10·31 図　一方だけ癖をとる場合の茅負の癖とりと茅負留め．

(2) 茅負上端留めおよび向こう留め墨の出しかた

(ⅰ) 左茅負(緩勾配の側)〔10・31図(c)〕

① 右桁に平行に左の茅負上端および成をかく〔同図(a)の茅負断面の成●および幅○寸法と同じ寸法にとる.〕.

② 2′から上端角まで引きおろした2″は留め先となり,1′から前面下端まで引きおろした1″と2″とを結べば向こう留めとなる.

③ 3′から上端後角まで引きおろした3″と2″とを結べば上端留めとなる.

(ⅱ) 右茅負(急勾配の側)〔10・31図(b)〕

① 左桁に平行に右の茅負上端および成をかく〔同図(a)の茅負断面の成◉および幅◎寸法と同じ寸法にとる.〕.

② 2から上端角まで引きおろした2′は留め先となり,1から前面下端まで引きおろした1′と2′とを結べば向こう留めとなる.

③ 3から上端後角まで引きおろした3′と2′を結べば,上端留めとなる.

〔茅負留め墨〕
両方の茅負に癖をとった場合の例である.

〔茅負上端留め〕
左側の茅負〔10・32図(b)〕は,左平勾配の立上り‖と|ホ|の矩を使い,‖のほうを引く.右側の茅負〔同図(c)〕は,右平勾配の立上り|と|ホ|の矩を使い,|のほうを引く.

〔茅負向こう留め〕
左側の茅負〔同図(b)〕は|甲|と|ヌ|に矩をかけ,|甲|のほうを引く.
右側の茅負〔同図(c)〕は,|甲|と|ヌ|に矩をかけ,|甲|のほうを引く.
〔注〕 この場合に限り,|甲|・|甲|は,反対側のものを使う.

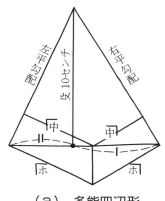

(a) 多能四辺形

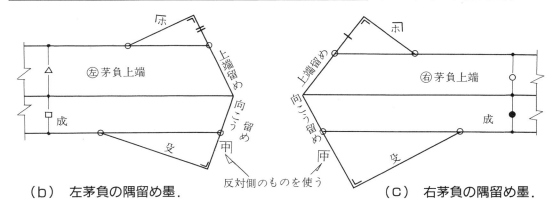

(b) 左茅負の隅留め墨.　　　　(c) 右茅負の隅留め墨.

10・32 図　茅負留め墨

7. 振れ隅の茅負留めの調整 (10・33 図)

癖をとらない場合の調整のしかた … この方法は，本格的な工法ではないが，やむを得ず茅負に癖をとらずに隅留めを納めるため，展開図によって隅留め先の墨を求める方法である．なお，この方法は前面の隅留め先だけをまとめる方法で，後端での幅はそろわない．

① 左右両茅負の前上端角から隅の振れ線に垂線を引けば，1—2の目違いの大きさが求められるので，その1/2を調整点◎とする．

② 右茅負の墨．
  ⓐ 右桁に平行に右茅負の上端幅および成の寸法で展開図をかく．
  ⓑ 2点から垂線を引き，隅振れ線から右折して，茅負上端角に交わらせて2とする（調整前の隅留め先．）．

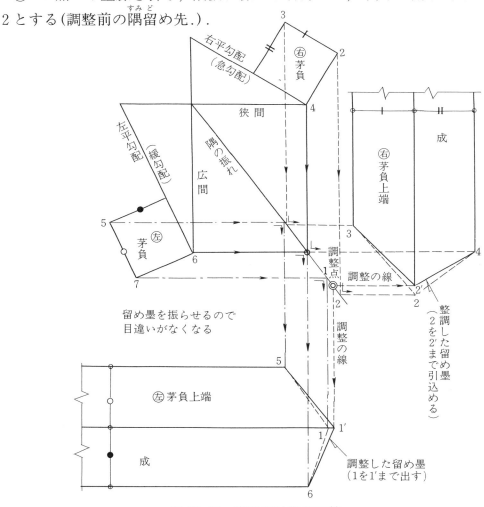

10・33 図　茅負留め墨の調整．

ⓒ 隅の振れ線上の調整点から右折して2′を求めると，工作上の隅留め先となる．

③ 左茅負の隅．
 ⓐ 左桁に平行に右茅負の上端幅および成の寸法によって展開図をかく．
 ⓑ 1点から垂線を引き，隅振れから左折して，茅負上端角に交わらせて1とする（調整前の隅留め先．）．
 ⓒ 隅振れ線を調整点から左折して1′を求めると，工作上の隅留め先となる．

10・16 小平起しによる配付垂木長さの求めかた

1. 左側の配付垂木

10・34図（a）は，左側の配付垂木を示したものであるが，これによって，小平起しによる上端胴付き墨も求めることができる．すなわち長さを求められると同時にその角度が上端墨となっているからである．

2. 右側の配付垂木

10・34図（b）は，右側の配付垂木を示したものである．

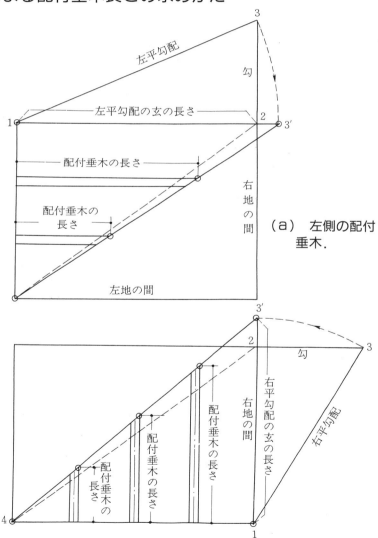

（a） 左側の配付垂木．

（b） 右側の配付垂木．

10・34図 小平起しによる配付垂木の長さ．

10・17 配付垂木の胴付き切り墨

10・35図は，配付垂木の胴付き切り墨のしかたを示したものである．

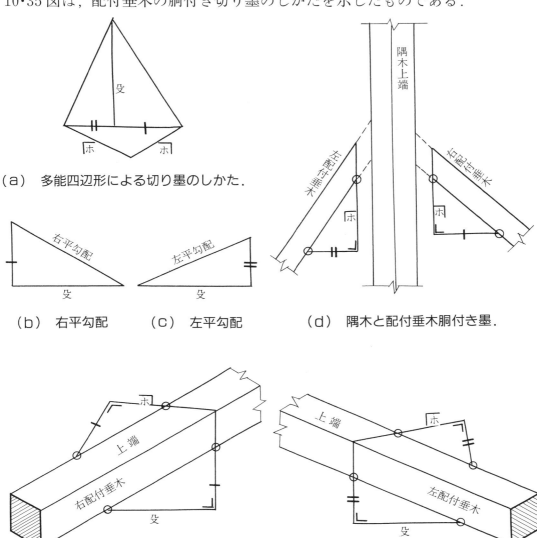

10・35 図　配付垂木の胴付き切り墨．

11

多角形

11・1 多角形の軒回り

多角形の軒回りでは，左右の軒桁の内角が，直角でなく任意の斜角であって，隅木は，その内角の中央に位置(角度の2等分の位置.)している．したがって，左右の平勾配は同一である場合をいう．

これは，敷地が鈍角や鋭角である場合の建物に用いられるもので，この方法は六角堂・八角堂など，多角形の場合に応用することができる．

相接している桁の線の一方が鈍角で，他方は鋭角をなす建物をひし屋という．11・1図はひし屋の軒回りを示したものである．同図において，甲の隅木線の左右も，乙の隅木線の左右も，平勾配の地の間が桁から直角に計って同じ寸法であるから，したがって三方とも同じ勾配である．ひし屋の隅を解決するためには，隅を鈍角と鋭角の二つの隅に分けて考えるのである．

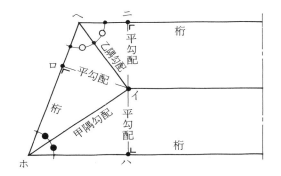

イ―ロ，イ―ハ，イ―ニは同寸．
したがって三方とも同勾配．

11・1 図　ひし屋の軒回り．

11・2 多角形の角の求めかた(その1)

多角形は，幾何画法によるもの，勾配によるもの，斜め尺を応用するものなど，いろいろの方法によって求められる．

11・2図は，角度を用いて多角形の角を求める方法を示したもので

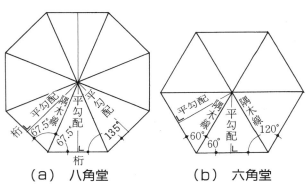

(a) 八角堂　　(b) 六角堂

11・2 図　角度を用いて多角形の角を求める方法．

あり，11・3図は，勾配を用いて多角形の角を求める方法を示したものである．11・3図(a)の六角は，57.7/100の返し勾配(詳しくいえば57.736/100の返し勾配.)であり，同図(b)の五角は，72.6/100の返し勾配(詳しくいえば72.6552/100の返し勾配.)である．また，同図(c)に示す八角は矩勾配であるが，そのほかに裏目を利用する方法もある．

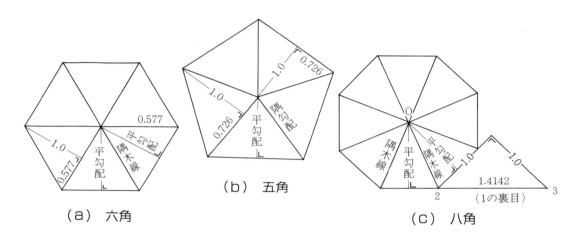

11・3図　勾配を用いて多角形の角を求める方法．

11・3　多角形の角の求めかた(その2)

11・4図は，五角形の角の求めかたを示したものである．図に示すように，まず，右桁に対し1―2と0.726をとる．つぎに右桁2点から直角に寸法1.0をとり，それを0点とする．1―0を結べば隅の振れとなる．

また，隅の振れから3，2と2点に矩をかけ，2―3の長さを2―3の延長線上に3―4ととり，1―4を結べば左桁の方向である．

検査をするときは，0点から1.0の寸法で弧をえがき，また，1点から0.726の寸法(1―2の寸法.)で弧をえがけば，交点4が得られる．これは一つの別法でもある．

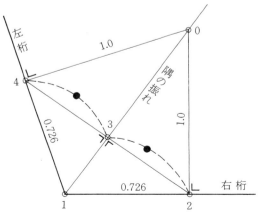

11・4図　五角形の角の求めかた．

11・5図は，六角形の桁の内角を求める方法を示したものである．図において，右桁から0.577の返し勾配を引く．これは，隅の振れとなるものである．つぎに3から隅の振れに矩をかけて，2—3の延長線を引き延ばし，その線上に2—3の寸法を3—4ととり，1—4を結ぶと，これが左桁の角度となる．この場合，内角は120°である．

11・6図は，八角形の内角および隅の振れの求めかたを示したものである．八角形の桁内角を求めるには，同図に示す**イ**点から左桁に対して**イ—ロ**と矩勾配を引いて，右桁の角度を求める．隅の振れは，41.24/100の返し勾配である．

11・4 多角形の内角と隅木の振れ

11・7図は，多角形の内角を示したものである．これは左右の軒桁の内角であって，鈍角または鋭角の場合がある．同図(a)は鈍角の内角，同図(b)は鋭角の内角を示したものである．

11・8図は，隅木の振れを示したものである．図に示すように，左右桁から基準の1.0(10センチメートル)の平行線をとり，交点4を求める．1—4と隅木の振れを求め，桁から直角に4点とを結べば，2および3が得られる．すなわち，1—2(1—3も同寸法．)⦶の寸法は，基準1.0に対する隅木の振れ勾配の立上りである．

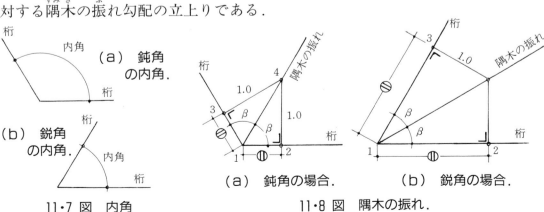

11・7 図　内角

11・8 図　隅木の振れ．

11・9図は，隅木の振れ勾配㊀を求める場合の，簡便法を示したものである．この方法は，まず，図に示すように左右桁の交点1から基準寸法1.0をとり（2および3.），これを結び〔この場合，同図(b)のような鋭

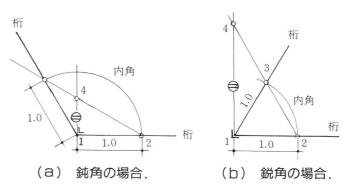

(a) 鈍角の場合．　　　(b) 鋭角の場合．
11・9 図　隅木の振れ勾配を求める簡便法．

角のときは，延長線を引いておく．〕，つぎに，1点から桁に対して直角に引き，それが内角に引いた線と交わる点4を求めれば，1—4は㊀の寸法となる．

11・5　多角形の多能四辺形の作りかた

11・10図は，多能四辺形の作りかたを示したものである．図に示すように，平勾配の三角を逆に置き換えて，隅の振れ勾配の三角形と平勾配の三角形とを合わせ，1，2，3の三角形とする．

なお，11・11図は，11・10図による多能四辺形を，鈍角の場合と鋭角の場合について，それぞれ示したものである．

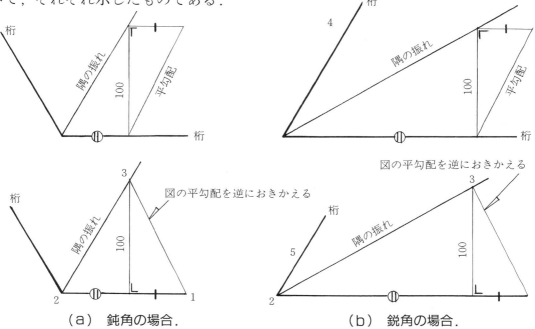

(a) 鈍角の場合．　　　　　　(b) 鋭角の場合．
11・10 図　多能四辺形の作りかた（その1）．

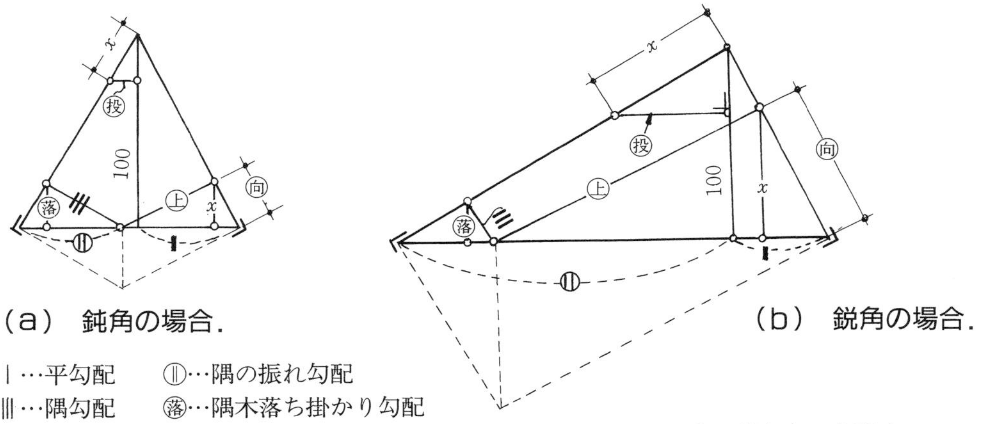

（a） 鈍角の場合.　　（b） 鋭角の場合.

|…平勾配　　⑪…隅の振れ勾配
|||…隅勾配　　㊦落…隅木落ち掛かり勾配
㊤…茅負上端留め勾配(返し)ならびに配付垂木中の上端勾配.　㊎向…茅負向こう留め勾配(返し).　㊎投…隅木投げ墨勾配(返し). 隅木の流れにかける勾配である.

11·11 図　多能四辺形の作りかた(その2).

11・6　隅木山(すみぎやま)勾配(その1)

11·12図は，多角形の隅木山(すみぎやま)勾配を示したものである．同図に示した方法は，以前から使われている方法であって，棒隅(ぼうすみ)にも振(ふ)れ隅にも，また，多角形にも応用できる一般的な方法である．

まず，平(ひら)勾配の束(つか)立上りを，図のように**ロ—ハ**ととり，隅(すみ)勾配を引く．

隅地(すみち)の間(ま)の任意の点**ニ**から**ホ—ヘ**と矩(かね)(直角)をかけると，**イ—ニ—ト**の隅(すみ)勾配ができる．

その隅(すみ)勾配の中勾の長さ**ニ—チ**を**ニ—リ**ととり，**ホ—ヘ—リ**と結べば，隅木山(すみぎやま)勾配となる．落(お)ち掛(か)かり勾配は，**イ**点から桁(けた)線に直角に勾の長さ**ニ—ト**を**イ—ヌ**ととり，**ヌ—ヘ**を結ぶと求めることができる．

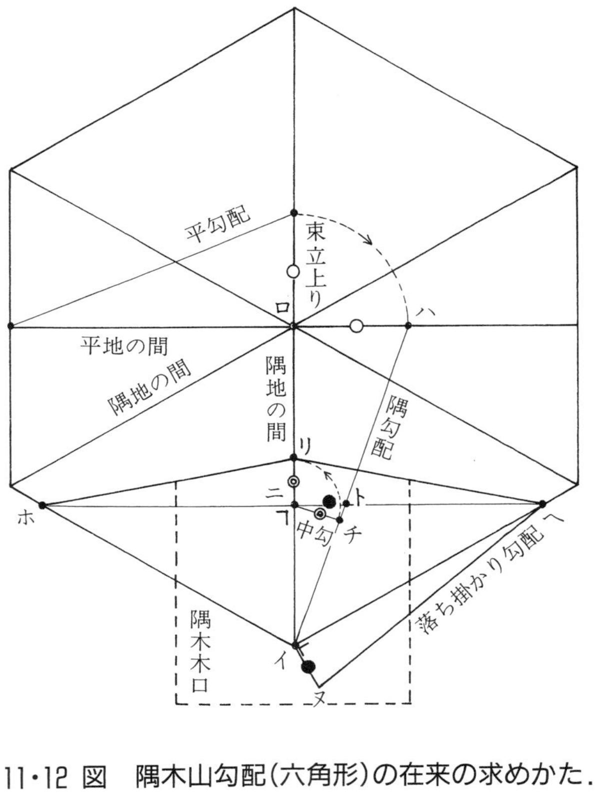

11·12 図　隅木山勾配(六角形)の在来の求めかた.

11・7 隅木山勾配（その2）

　11・13図は，隅木山勾配の簡便な方法を示したものである．この方法は，11・12図に示した方法を簡略化したものである．

　11・14図は，多能四辺形による隅木山勾配の求めかたを示したものである．この方法は，多能四辺形で求めた㊤×1により，茅負上端留めを求める．つぎに，上端留めにそって1—2と勾の長さⅠの寸法をとり，

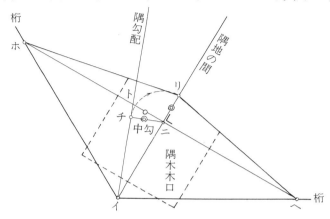

11・13図　隅木山勾配の簡便な求めかた．

2点に茅負面から矩をかけて3とする．1—3の長さは⑪となり，これと基準寸法の殳1.0との返し勾配は隅木山勾配である．

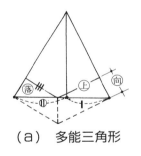
(a)　多能三角形

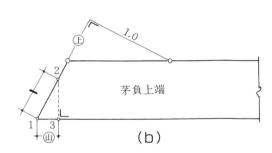
(b)

(c)

11・14図　多能四辺形による隅木山勾配の求めかた．

11・8 多角形の配付垂木・茅負

　11・15図は，小平起し法による配付垂木の上端墨の方法を示したものである．また，11・16図は，多能四辺形を，11・17図は11・16図の多能四辺形を利用した配付垂木の墨の方法を示したものである．同図において，配付垂木の上端胴付きは，㊤の勾配であり，成の胴付きは，平勾配の返し(立水)である．

　11・18図は茅負留め墨を，11・19図は，多能四辺形による茅負留め墨の求めかたを示したものである．同図に示す茅負上端墨は，多能四辺形の㊤勾配の返しであり，茅負向こう留め墨は，多能四辺形の�向勾配の返しである．

200　第11章　多角形

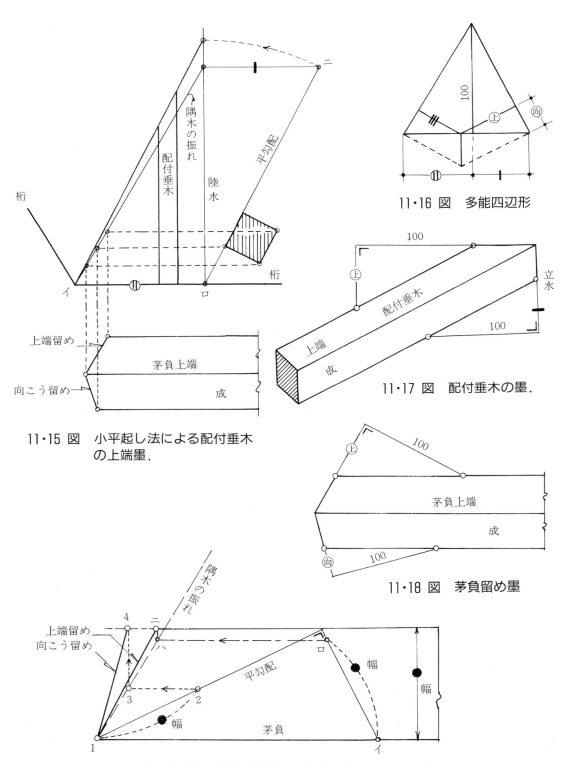

11·15 図　小平起し法による配付垂木の上端墨．

11·16 図　多能四辺形

11·17 図　配付垂木の墨．

11·18 図　茅負留め墨

11·19 図　多能四辺形による求めかた．

11・9　多角形の投げ墨・たすき墨・馬乗墨(その1)

　11・20図は，展開図法によって投げ墨を求める方法を示したものであって，同図(a)はその多能四辺形，同図(b)は作図法を示したものである．

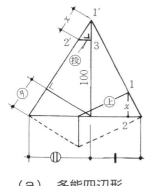

（a）多能四辺形

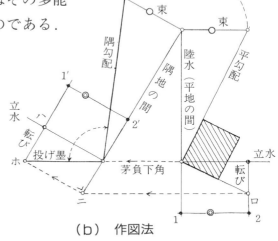

（b）作図法

11・20図　展開図法による投げ墨の求めかた．

　11・21図は，多能四辺形を使って投げ墨を求める方法を示したものである．図に示す㊗の寸法を求めるには，11・20図(a)の1′点から1―2とxの寸法を求め，このxの寸法を振れ勾配の1′から1′―2′ととり，2′―3と矩をかける

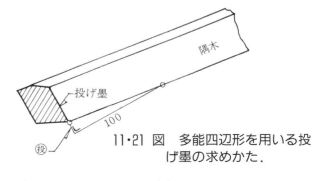

11・21図　多能四辺形を用いる投げ墨の求めかた．

と，2′―3の長さは㊗の寸法となる．投げ墨は，㊗×100返し勾配である．

11・10　多角形の投げ墨・たすき墨・馬乗墨(その2)

　11・22図および11・23図は，たすき墨・馬乗墨の方法を示したものである．11・22図(b)において，多能四辺形の㋟の寸法を1―2ととり，2から矩をかけて，上端留めにそった1―3を㋐とする．なお，この場合の㋐はたすき墨に使う．
　11・23図において，馬乗墨は㊤の返し勾配(真より上方の部分．)である．また，たすき墨は11・22図(b)に示した㋐の返し勾配である．すなわち，茅負上端留めで求めた㋐を使う．

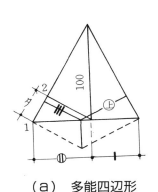
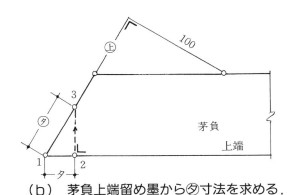

（a）多能四辺形　　　（b）茅負上端留め墨から㋟寸法を求める．

11・22 図　馬乗墨・たすき墨（その1）

11・11　多角形の桁落ち掛かり

　11・24図〜11・26図は，桁落ち掛かりの方法を示したものである．11・24図は，隅木の落ち掛かり寸法の求めかたであって，これは棒隅の方法と同じである．

　11・25図はその多能四辺形，11・26図は桁の落ち掛かり墨および捻じ組を示したものである．桁の落ち掛かり墨および捻じ組は，棒隅の手法と同じであって，上木と下木に150 mm ぐらい追い入れる．

　同図において，落ち掛かり勾配は，㋺×100 である．

　桁内面の落ち掛かりの深さは隅木の振れに 3―4 と矩をかけ，4の位置において，外側落ち掛かり勾配の 5―6 をとり，これを内側 3 の線上の桁下端から 8―7 ととり，7を基点にして落ち掛かり勾配を引くのである．

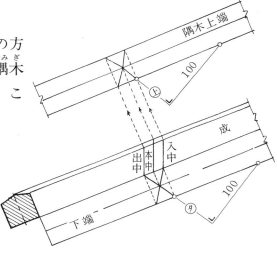

11・23 図　馬乗墨・たすき墨（その2）

11・24 図　隅木を桁に仕掛ける方法．

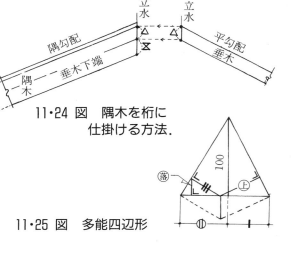

11・25 図　多能四辺形

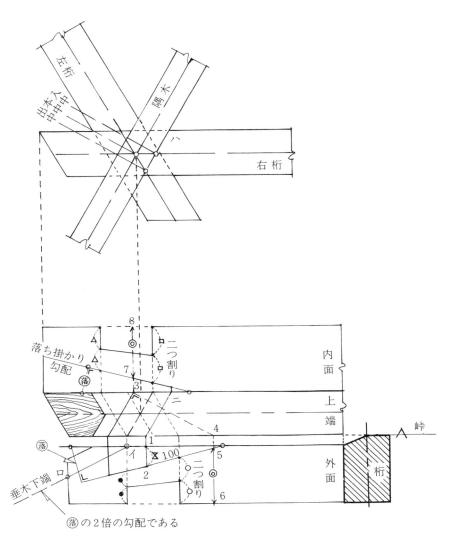

11・26 図 桁の落ち掛かり墨および捻じ組.

11・12 多角形の隅木(すみぎ)長さの求めかた

11・27 図は，多角形の隅木(すみぎ)長さを求める場合の，中村只八氏の創案した図表を示したものである．同図に示す例(1)，例(2)の場合について，参考までに答を求めてみると，つぎのようになる．

例(1)の場合は
平勾配(ひら)の立上り①＝ 4.5/10（従来は4寸5分勾配と呼んでいたもの．）
隅木(すみぎ)の振れ勾配(ふ)①＝ 0.60（従来6寸と呼んでいたもの．）
したがって，隅玄の長さ＝ 1.25 ……(答)となる．

例(2)の場合は
平勾配の立上り①= 4/10（従来は4寸勾配と呼んでいたもの．）
隅木の振れ勾配⑪= 1.25

したがって，隅玄の長さ= 1.65 ……(答)となる．

なお，11・28図は，隅木の長さの計りかたを示したものである．

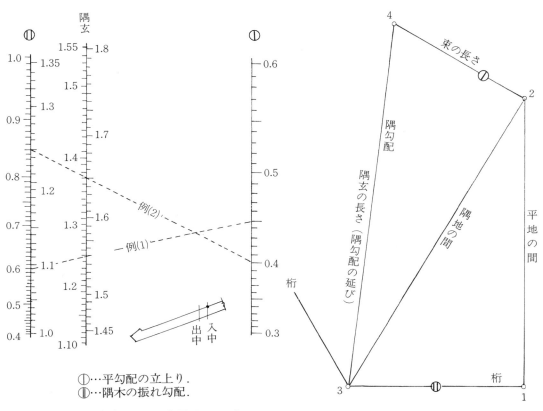

11・27 図　多角形の隅木長さの図表．
（中村只八氏創案）

①…平勾配の立上り．
⑪…隅木の振れ勾配．

11・28 図　隅木長さの計りかた．

付録

付録 I 尺度について 207

付録 II 神社建築 213

付録 III 2級建築大工実技試験問題* 220

付録 IV 1級建築大工実技試験問題* 241

付録 V 全建総連青年技能競技大会競技課題 265

* 1級および2級建築大工実技試験問題は，中央職業能力開発協会の許諾を得て転載しています．なお，解説は当社が作成したものです．これらにつき無断で複製することを禁止します．

付録 I　　尺度について

　現在の尺度は，メートル法によって統一されたので，いまさら尺度の変遷を述べる必要もないのであるが，古来より規矩術との関係が深かったので，参考のためにその概略を述べておく.

　一概に尺度の変遷といっても，これがきわめて複雑であって，一家をなす博学の士の間においても諸説が多いが，著者はかつて藤田元春著『尺度綜考』をひもといたことがあるので，この記憶をたどって，その片鱗を伺うにたるだけの概要を抽出してみよう.

　上代には尺度がなかったので，人体の一部である手や足などをもって長さを計る基準としたことは，各国にもその例が多く，フランスのプス(語源は親指.)・ピエ(語源は足.)，ドイツ・ババリヤのオーヌ(語源は前腕.)などによっても知ることができる. わが国においても手足による長さが使われていたらしい呼称が残っている.

　　ひろ(尋)＝両手を左右にひろげて延ばした長さ.

　　あたまたはし(咫)＝親指と中指とをひろげた長さ.

　　つかまたはあく(握)＝五指を握った拳の長さ.

　これによって十握八拳などの言葉があり，われわれのなじみ深い言葉にも八尋殿・八咫烏・八咫鏡・十握の剣，草薙剣などが残されている.

1．中国の尺度の変遷

　わが国にはいつの時代から尺度があったかは明白でないが，中国には古くから尺度があって，仏教伝来とともにわが国に伝えられたようであるから，ここにわが国の尺度に関係の深い中国の尺度の起源について，その概略に触れてみることにする.

　（1）　第一周尺　黄鐘の笛の管長9寸，これにくろきび(秬黍)が90並び，ちょうどくろきびの中等のものの幅が1分になるので，それを寸尺の目盛りにした. なお，この黄鐘の笛は，唐以後清に至る間，度量衡の原器となった.

　（2）　鎮圭尺　第一周尺または中国で最も古い周尺ともいわれ，周代玉人の用いた尺である. 曲1尺2寸である.

　（3）　第二周尺　いわゆる黄鐘律かん(琯)尺の復原. 曲7寸2分.

　（4）　第三周尺　古剣から周代の剣尺なるものを復原した. 曲6寸2分5厘.

　その他，開元尺・唐大尺・唐小尺・宋氏尺・造礼尺・営造尺など，いく種類かの尺度があり，これらが時代の変遷とともにわが国にも数多く渡来して，尺度の起源や沿革をなしている.

　（5）　唐　尺

　（a）　唐尺の起源　支那の淮南子宅経所載なりとの説によると

　"唐尺ハ魯般尺法・北斗尺・俗ニ天星尺トモ云ヒ昔魯ノ巧人ニ公輸子名ヲ班ト云フモノアリ或時宿星告テ曰ク汝大国一人ノ番匠タリ然レドモ未ダ寸尺ノ吉凶ニヨリテ凶ヲ防ギ吉ヲ招クノ法ヲ知ラズ今之ヲ汝ニ授クベシト，魯般謹ミテ其ノ法ヲ受ク是即魯般尺法ノ起原トス."

昔中国の魯の国に般という仕事の巧みな大工がいて，あるとき自分で雲への梯子を作り，天に昇って北斗七星の内の文曲星から建物の吉凶を左右する寸法を習い，帰ってこれを伝えたものだといわれている．

（注）　准南子宅経は中国の家相の書で，これと同類のものには，三白宝海，陰陽五要寄書，風水口義，地理小巻(以上漢書)，陰契陽符，相宅要説(宋朝)，象吉通書(准南子宅経)，羅径秘籤，三才八秘，地理弁正説(清朝)がある．

以上のような伝説から出ているので，この意義の内容についても大同小異の巷説がたくさんあるうえ，文化の開けた今日，信ずるにたらないものと思われるが，過去の時代においては相当根強く信じられて，吉凶判断に用いられていたので，ここにその一部をあげて参考としたのである．

○ 財 (1寸)　この寸を"ざい"という．証文箱・棟木・大黒柱の寸法に用いると吉である．仕合わせよく，財宝を得る．

● 病 (2寸)　この寸を"やまい"と読む．この寸に当たればすべて凶である．家内病事多く，悪いことがある．ただし，医師・出家などには吉である．それは，病の集まるのを司るものであるからである．

● 離 (3寸)　この寸を"りう"といい，または"はなる"と読む．子に別れ，親に離れるなど万事離れて悪い．

○ 義 (4寸)　この寸を"ぎ"と読む．金銀・証文・宝物入れ・門戸の類に用いると，万事思うことがかない，仕合わせである．

○ 官 (5寸)　この寸を"かん"と読み，"つかさ"という．立身出世して長命する．ただし，無位下賤の人が用いると凶である．

● 劫 (6寸)　この寸を"こう"と読む．"かすりきず"という．この寸に当たれば非義非道の人が生まれるか，あるいは口舌の争いがある．また，散財する人が生まれたり，盗難のおそれがある．

● 害 (7寸)　この寸を"がい"と読む．また，"ころす"とも解する．この寸は，始めは繁昌するが，金銀に薄く，災難・死人が多く，きわめて不吉である．

○ 吉 (8寸)　この寸は"きち"と読む．万事発達の象である．万事望みがない，吉である．

さしがねによっては以上のように，1尺2寸の八つ割りのほかに9寸6分を八つ割りしたものがあるが，この尺度は最後の「吉」の一字のところが「本」の字に変わっている．すなわち，この二通りが巷間に出まわっている．

これは，1尺2寸のものと，八掛け尺法によるその八つ割りの9寸6分のものであって，竪を計るには9寸6分の尺度を，横を計るには1尺2寸の尺度を，二様に使い分けて吉凶判断をすることになっているためであった．

しかし，その理由を深く理解しない工人のほとんどが，このうちのいずれかの1丁しか所持せず

に，その尺度だけによって判断していたようであるが，これは間違いである．

　われわれも淮南子宅経の原本を直接見ないまま，いろいろの書籍や口伝によって，その真偽に迷っているのであるが，筆者が岡崎職業補導所在勤当時，新潟県三条市の三条度器・府内兄弟商会・マルワ度量衡・松井度器および兵庫県三木町の日本度器などの協力で文献を集めたので，それらの文献によって判断してみよう．

（b）　各度器製造会社調査「唐尺の解説」の一部によるもの

　扨テ此ノ天星ト云フハ曲尺九寸六分ヲ八ツニ割リ其ノ一箇ヲ各一寸二分トシ，之レヲ財，病，離，義，官，劫，害，吉ノ八字ニ配当シ以テ其ノ吉凶ヲ分別シタリト云ヘバ高サ六尺二寸ノ門アリ．之レヲ天星尺ニテ測リ見ルニ六度運ビテ曲尺五尺七寸六分，即チ九寸六分ヲ六ツ合シタル数ナリ．余リ四寸四分アリコレヲ天星尺ニ引キ付ケ見レバ則チ義ノ字ニ当ル．コレヨリ吉寸ト知ルベシ．但シ六度運ブニ限ラズ何度ニテモ其ノ測ル品ノ短長ニ依リテ天星尺ニ付ケ見ルベシ．例ヘバ一尺五寸六分ノモノヲ測ル時ハ一度測リテ余リ六寸アリ之レヲ天星尺ニ引キ付ケ見レバ官ノ字ニ当ルヲ知ル．尚横幅等ハ八掛法ニ依ルモノトス．云々……

　八掛法　横幅ニ使用スル八掛尺法ハ後天ノ易法ニ則リ一准一尺二寸アルハ十二支ニ象リ八節ニ分ツハ四仲四孟ノ八局ニ准フテ各四時ノ陰陽ノ昇降五行攘カンノ理ニ符合セリ．最モ八掛尺ハ門戸ノ外スベテ横ヲ測ルニ用ユルモノニシテ左ヨリ起シ右ニ至ル是即チ陰陽ノ順行ニ慣ヒ基クモノナリ．右尺法ノ用格タトヘバ横幅四尺アル時ハ八掛法ニテ三准去ッテ四准ノ巽ニ当ル（着延命長寿吉之寸）ナリ．余之ニ准フベシ．

　　坎（一）　　諸願満足（吉寸）
　　艮（二）　　起諸災難（凶寸）
　　震（三）　　子孫繁昌（吉寸）
　　巽（四）　　着延命長寿（吉寸）
　　離（五）　　主　造　財（凶寸）
　　坤（六）　　主我万宝（凶寸）
　　兌（七）　　病難不絶（凶寸）
　　乾（八）　　吉祥如意（吉寸）

（C）　松浦栞鶴誌『家相秘伝集』（天保十一庚子年）によるもの

　門口家の入口寸尺吉撰の弁

……今天星尺を以て門戸寸尺の吉凶を決せん事を示す．此天星尺といふは曲尺九寸六分を八帰して各一寸二歩宛を財，病，離，義，官，劫，害，本の八字を配し以吉凶を分別す．譬へば高さ六尺二寸の門戸なれば彼天星尺を以てはかるに六度運て曲尺五尺七寸六分を除き残る四寸四分に，又天星尺を引付みれば乃義字に当る．是即吉なりとす．横巾も此の例を以て吉寸を求むべし．蓋大門宅門に限らず房室および窓倉庫等すべてこの天星尺の吉寸をもちゆべし．云々……

　以上のように，その説くところは区々にわたっており，つぎの目盛りの内容も釈然としないものもあるが，これは家相学など別途によって研究してもらうことにする．

付録Ⅰ　尺度について

左表（立之尺・横之尺）

立之尺 門尺 一名玉尺 上ヨリ下ヘ計ル			横之尺 一尺二寸 表ヨリ右カラ左ヘ計ル 内ヨリ左カラ右ヘ計ル				
財	貧狼	福徳大吉	風 坎	玄武	諸願満足	大吉	
病	破軍	絶命大凶	金 艮	鬼門	諸起災難	大悪	
離	武曲	禍害悪	火 震	青竜	子孫繁昌	大吉	
義	巨門	遊年大吉	水 巽	風門	寿命遠長	吉	
官	文曲	天医吉	木 離	朱雀	主逢賊難	大凶	
劫	廉貞	遊魂凶	天 坤	人門	主持萬宝	吉	
害	禄存	絶体大悪	土 兌	白虎	病難不絶	凶	
吉	普輔曜星	生家大吉	山 乾	天門	吉祥如意	大吉	

社寺建築家　立松茂氏所蔵

右表（家相秘伝集）

表（星名）	裏（説明）
天兌 武曲財 尺富	財宝富貴久シク主トルキリシマツア　財字吉
天坤 禄存 星疾病	家内ニ病多キ人ヲ主トルキヲ病　家字凶
天廉貞離 星逃離	親類離別和セ不ニ主シテ離別ス　親字凶
天巨門義 星順義	親族義孝和シテアリ義　義字吉
天震貧狼官 星爵官	高官ニ好シ町家ニハマシカラズ官　官字吉
天民破軍劫 星双劫	盗賊火災等害多ク主トルキ　劫字凶
天坎文曲害 星破害	百事災害多キヲ主トルキヲ害　害字凶
天乾弼補 星祥本	本ヲ生ズ貴子ヲ名ビ喜多シグル　本字吉

松浦栞鶴　家相秘伝集より．

2.　わが国の尺度の変遷

　前述のように，尺度を用いはじめた時代については詳かではないが，推古天皇の時代に，高麗から仏教が伝来した際，尺度も同時に伝えられたようである．

　正倉院には物尺19枚を数えるが，それを一つずつ厳密に検定して行くと，少しずつとはいえ長さの違いがあるようであるが，その代表的なものに，法隆寺伝象牙尺（鏤牙尺ともいう．）（9寸8分）・東大寺正倉院伝天平尺（9寸8分）・緑牙撥鏤尺（9寸8分）があり，これらはその当時のものである．

　また，高麗（現韓国）より渡来した高麗尺（曲尺1.176尺）（これを東魏尺ともいう．）があり，その後

は遣隋使や遣唐使などによって唐から唐尺が渡来している（曲9寸8分）．その他わが国にも，つぎの尺度が存在していたが，もちろんこれの基には，中国の尺度の影響があったことは明らかである．

（1）菊差し 6寸4分 … すなわち，菊の花の径1尺といっても，いまの尺の6寸4分である．

（2）文規 現在でも，多くの足袋の文数と称して，その大きさの標準にしている尺度である．

$$0.64 \times \frac{5}{4} = 0.8 \text{ または } 0.64 \times \frac{112}{100} = 0.768$$

となって8寸に近いが，これは開元尺と同じ寸法である．

また別説には付1・1図に示した三，四，五の法に記したようにして割り出された，7寸5分を文規としたとの説もある．

（3）鯨尺 高倉家裁衣尺と同じで

$$10 \times \frac{5}{4} = 1.25 \text{ 尺}$$

すなわち曲尺を四つに切って五つ寄せて1尺とした．また，付1・1図に示す三，四，五の法によって割り出されたとの説もある．

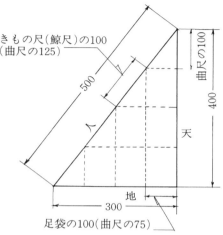

付1・1図 文規，鯨尺を求める三，四，五の法．

（注）開元尺とは … 一文銭10を並べた長さをもとにして作ったものである．

なお，わが国の尺度の年代的な変遷をみれば，つぎのとおりである．

① 孝徳天皇代 … 尺度があってこれがすなわち高麗尺であった．

② 文武天皇代 … 和銅6年に大宝律令が定められ，大尺・小尺の2種を定め，大尺は田・穀・銀・銅などを計るのに用い，その他のものは小尺を用いたようである．すなわち，大尺は小尺の1尺2寸に相当した．これをいまの尺に換算すると，大尺は高麗尺と同じ1.176尺，小尺は9寸8分に相当し，唐尺と同じである．

③ 元明天皇代 … 度制を改めて，従前の小尺をもって大尺とし，その5/6を小尺とした．

④ 桓武天皇代 … 延暦17年，勅命により度量衡の制度を定めて，和銅改定以来の大尺を常用尺としたが，小尺はその後廃絶した．

⑤ 徳川時代（江戸時代）… この時代に至って曲尺（大尺）に4種類を生じた．すなわち享保尺・念仏尺・又四郎尺・折ちゅう（衷）尺である．

ⓐ 享保尺 … 徳川吉宗が，従来使用されている尺度に多少の長短があるため，これの正しいものを定めようとして，広く典籍を探って，由来を深く推究し，紀伊国熊野神社所蔵の尺（大宝の小尺．）を模して定めた（この原は，紅葉山宝庫が焼けたとき焼失してしまった．）曲尺の1.0022尺．

ⓑ 念仏尺 … 近江国伊吹山で発掘された念仏塔婆に刻まれていた尺度を模造したもので，まったく享保尺と同じである．

ⓒ 又四郎尺 … 江戸時代中期の度工（尺度を作る職人．）で又四郎という人が木匠用の曲尺を

作った．いまの尺の 0.9977 尺．

    ⓓ 折ちゅう尺 … 寛政・享和の時代，測量家の伊能忠敬が享保尺と又四郎尺とを折ちゅうして作った．いまの尺の 1.0001 尺．

    このようにして明治時代となり，明治 5 年，岩倉大使が洋行した際，メートル法を伝え，これによって日本尺の長さを検定したところ，302.25 ミリから 303.6 ミリまでの間にあることを知り，伊能忠敬の折ちゅう尺の 303.05 ミリを正しいものとして，わが国の 1 尺を 303 ミリと定めた．

    ⑥ 明治 8 年，尺貫法による度量衡法が発布された．

    ⑦ 大正 10 年 4 月 11 日，国内の計量単位である尺貫法を廃し，国際単位系であるメートル法採用の原則を定め，法律が改正され，大正 13 年 7 月 1 日から施行された．しかし，メートル法の実施期日は一部を 10 年，他を 20 年間猶予することになった．

    ⑧ 昭和 8 年 12 月，勅令によって向こう 5 年間延期せられた（土地建物などは例外．）．

    ⑨ 昭和 26 年 7 月 7 日，計量法（法律第 207 号）が公布された．

    この計量法においても以前の期日がそのまま受けつがれたが，第 3 条によって「尺貫法による計量単位」の例外が認められた（本法は昭和 27 年 3 月 1 日施行．）．

    そのうち建築に関するものをあげれば，つぎのとおりである．

    ⓐ 金属製実目盛り付き角度直尺で，建物に関する計量または建物・建具用木材に関する計量に用いるもの（製造禁止） … 昭和 35 年 12 月 31 日まで．

    ⓑ 建物および建具用木材などの計量に用いているもの（使用禁止） … 昭和 35 年 12 月 31 日まで．

    ⓒ 土地建物に関する計量に使用中のもの（尺単位の使用禁止．） … 昭和 41 年 3 月 31 日まで．

    以上のように，明治 8 年以来なじまれてきた尺貫法は，昭和 41 年 3 月 31 日をもって終止符を打ち，メートル法に統一された．

付録 II　　　　神社建築

1. 唯一神明造りの各部名称

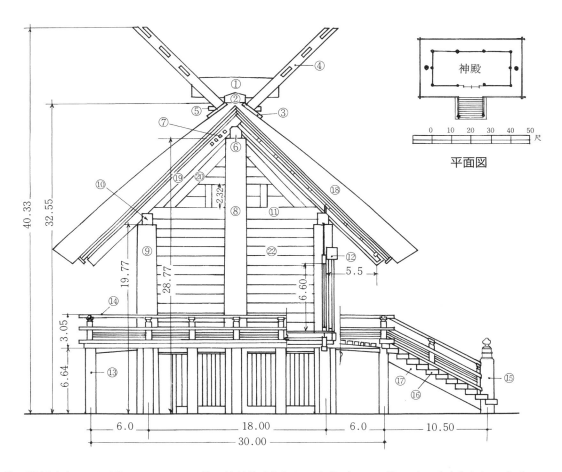

① 勝男木(かつおぎ)
② 甲　板(甍覆)
③ 障泥板(あおりいた)
④ 千　木(ちぎまたはひぎ)
　鎮木・知木・知疑とも書く.
　屋根を貫き破風と繋がる.
⑤ 樋貫(ひぬき) 樋束(棟束)に差し込まれたもの.
⑥ 棟　木
⑦ 小狭小舞(おさこま)い
　鞭掛またはひれいともいう.
⑧ 棟持柱(または二た柱.)
⑨ 本　柱
⑩ 軒　桁
⑪ 妻　梁
⑫ 猪子扠首(いのこさす)
⑬ 縁　束
⑭ 高　欄
⑮ 高欄柱
⑯ 階段板
⑰ 籠　桁
⑱ 茅葺地
⑲ 破　束(千木と一本.)
⑳ 樋　束
㉑ 高欄地覆
㉒ 胴羽目

唯一神明造り(内宮造り)

214 | 付録 II | 神社建築

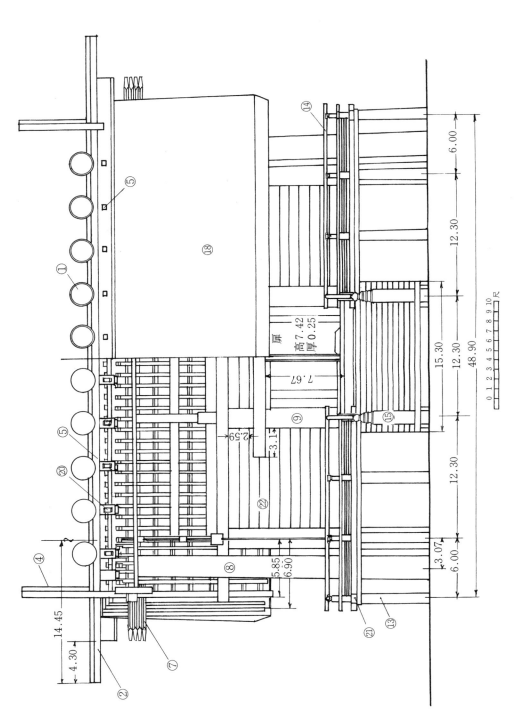

唯一神明造り正面図

2. 唯一神明造りの木割り

木割りの標準は本柱末口の直径とする．また唯一神明造りには長押がなく見付きだけ冠木をつける．この木割りは神明造りにも適用せられるが，別図のように木割りその他を少しずつ違えているものもある．

本　柱…正面柱間の約1割6分を末口直径として元口直径は1割増しとする．

棟持柱…末口の直径は本柱の元口の直径とし，元口の直径は1割増しとする（二た柱ともいう．）．

軒　桁…大きさ0.6四方，口脇にて0.5

中　梁…成0.4，下端幅0.5

押　梁…成0.4，下端幅0.3

扠首束…見付き0.4，見込み0.35　扠首竿（さすざお）または猪子扠首（いのこさす）

宇立束（中梁上の束）…見付き0.5，見込み0.5

同　貫…成0.45，厚さ0.2

棟　木…大きさ0.6角，口脇0.5

樋　束（棟上束）…見付き0.5，見込み0.5

垂　木…成0.2，下端幅0.2

茅　負…成0.2，下端幅0.25

木舞い…幅0.16，厚さ0.14

障泥板…幅柱1本，厚さ0.2

甲　板…幅柱1.2，口脇0.3，峠まで0.5

勝男木…長さ柱4.5，中径1.2，末径1.0，内宮造10本，外宮造9本

破風板…長さ柱10.25，幅0.45，厚さ0.33（長さは棟真より下木口まで．）

裏　甲…厚さ0.15

二重裏甲…厚さ0.15

前後裏甲包板…幅0.4，厚さ0.15

千　木…長さは柱の中心を立上げる．幅と厚さは破風板と同じ．

小狭小舞い（鞭掛）…大きさの0.16角．木口は大きさの8/10の丸形に削り，4本ずつ取り付ける．

地長押…成0.45

方　立…見付き0.45，見込み0.25

入口地覆…見付き0.2，幅0.3

楣…見付き0.25

冠　木…成0.7

階　段…12段

籏　桁…幅0.65，厚さ0.3

縁　束…末口0.5，元口は末口の1割増し

耳　板…厚さ0.25，下端0.35

高欄柱…末径0.6，元径は末径の1割増し

高欄地覆…幅0.4，厚さ0.26

同平桁…幅0.4，厚さ0.2

同架木…径0.2

内陣壁板…厚さ0.08

屋根勾配…矩勾配

葺　地…厚さ下末にて0.25

（注）　千木先端は内宮上部は水平，外宮上部は垂直（立水）に切る．また一般には，女神を祀ったものは水平，男神を祀ったものは立水に切るといわれている．

216 付録II 神社建築

3. 神明造り

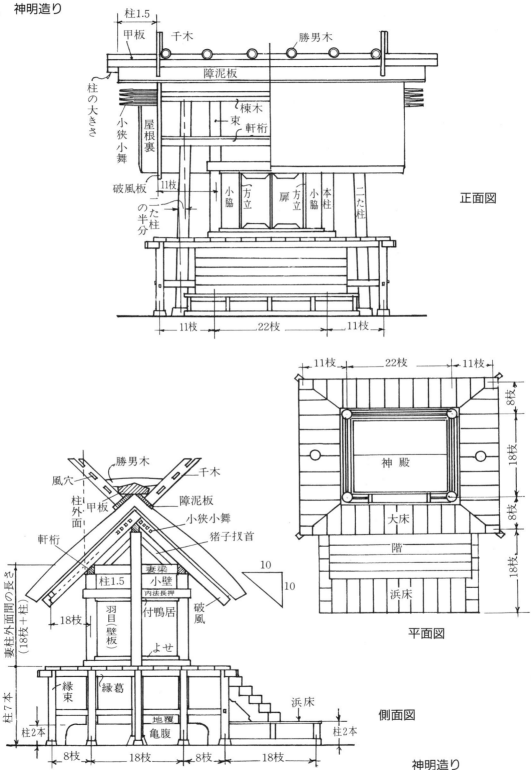

正面図

平面図

側面図

神明造り

千木端の長さの定め方にも，本柱真に定めるものと，柱外面で定めるものとの2方法がある．

猪子扠首の納めかたも扠首束に胴付きとするもの，棟木下で拝みに合わすもの，また棟木下に斗栱を入れるものなどがある．

千木の先端の切りかたはつぎのとおりである．

内宮は水平(後世，祭神が女であるときはこの手法.)

外宮は垂直(後世，祭神が男であるときはこの手法.)

なお，甲板は甍覆(いらかおおい)ともいい，小狭小舞(おさこま)いは鞭掛ともいう．

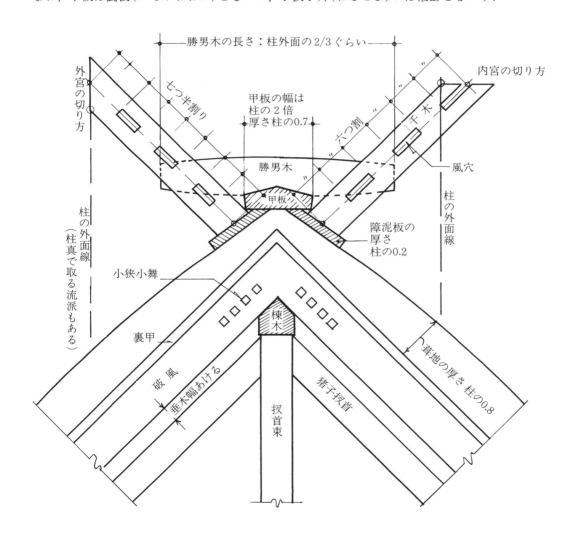

神明造りの千木と勝男木

4. 社寺枝割り法

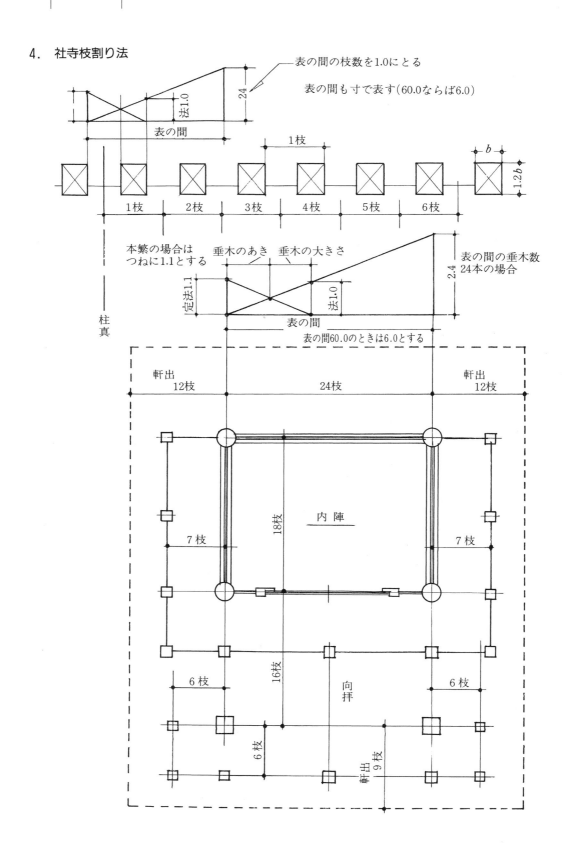

5. 本殿流れ造り矩計図

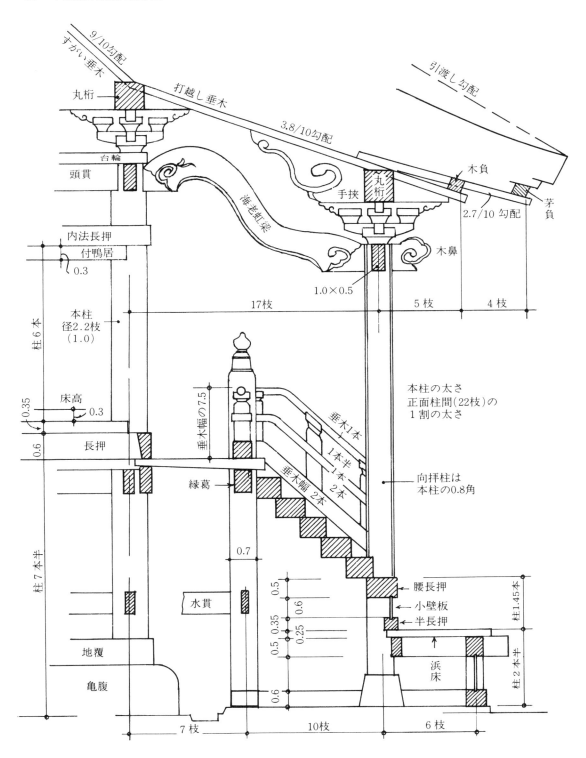

付録 III　2級建築大工実技試験問題

禁転載複製　－4　　　　　　　　　　「中央職業能力開発協会編」

令和4年度　技能検定
2級　建築大工（大工工事作業）
実技試験問題

　次の注意事項、仕様及び課題図に従って、現寸図の作成、木ごしらえ、墨付け及び加工組立てを行いなさい。

1　試験時間
　　標準時間　　3時間30分
　　打切り時間　3時間45分

2　注意事項
　(1)　支給された材料の品名、数量等が「4　支給材料」に示すとおりであることを確認すること。
　(2)　支給された材料に異常がある場合は、申し出ること。
　(3)　試験開始後は、原則として、支給材料の再支給をしない。
　(4)　使用工具等は、使用工具等一覧表で指定した以外のものは使用しないこと。
　(5)　試験中は、工具等の貸し借りを禁止する。
　　　なお、持参した工具の予備を使用する場合は、技能検定委員の確認を受けること。
　(6)　作業時の服装等は、安全性、かつ作業に適したものであること。
　　　なお、作業時の服装等が著しく不適切であり、受検者の安全管理上、重大なけが・事故につながる等試験を受けさせることが適切でないと技能検定委員が判断した場合、試験を中止（失格）とする場合がある。
　(7)　標準時間を超えて作業を行った場合は、超過時間に応じて減点される。
　(8)　作業が終了したら、技能検定委員に申し出ること。
　(9)　提出する現寸図及び製品（墨付け工程において提出が指示された部材）には、受検番号を記載すること。
　(10)　現寸図が完成したら提出し、木ごしらえに移ること。
　(11)　振たる木は、所定のくせを取った後、墨付けをして提出検査を受けること。
　(12)　**この問題には、事前に書込みをしないこと。また、試験中は、持参した他の用紙にメモをしたものや参考書等を参照することは禁止とする。**
　(13)　試験場内で、携帯電話、スマートフォン、ウェアラブル端末等の使用（電卓機能の使用を含む。）を禁止とする。

3 仕様
<作業順序>

<指定部材の墨付け提出順序>　提出順序は、厳守すること。

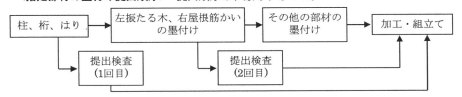

(1) 現寸図の作成(現寸図配置参考図参照)
　ア　現寸図は、用紙を横に使用し、下図に示す平面図、左振たる木、右屋根筋かいの現寸図及び基本図を作成する。
　　なお、左振たる木、右屋根筋かいについては、各側面に各取り合いに必要な引出し線を平面図より立ち上げ、側面より上ばに展開し描き、提出検査を受けること。
　　また、提出した現寸図は、検査終了後に返却するが、検査中は、次の工程(木ごしらえ)に移ってもよいものとする。
　イ　下図は配置参考図であるが、受検番号については、下図のとおり右下に書くこと。
　　また、その他製品の作成に受検者自身で必要と思われる図等は、描いてもさしつかえないものとする。

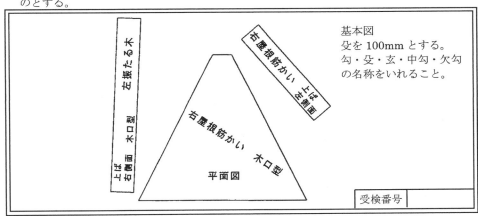

(2) 木ごしらえ
　ア　部材の仕上がり寸法は、次のとおりとすること。
(単位：mm)

番号	部材名	仕上がり寸法(幅×成)	番号	部材名	仕上がり寸法(幅×成)
①	柱	50×50	④	振たる木	30×現寸図による
②	桁	50×45	⑤	屋根筋かい	30×40
③	はり	50×45			

イ 振たる木のくせ及び寸法は、現寸図によって木ごしらえをすること。

ウ 各部材は、4面共かんな仕上げとすること。

エ 振たる木を除く部材は、直角に仕上げること。

(3) 墨付け(課題図参照)

ア 各部材両端は、切墨を入れること。

イ 加工組立てに必要な墨はすべて付け、墨つぼ及び墨さしで仕上げること。

ウ けびきによる線の上から墨付けを行うことは禁止とする。

（部材の両端にマーキングを行う場合のみ可）

エ 平勾配は、5/10勾配とすること。

オ 材幅芯墨は、墨打ちとし、柱4面(課題図参照)、はり、振たる木、屋根筋かいは、上ば下ばの2面に入れること。

カ 振たる木、屋根筋かいは、現寸図に基づき墨付けをすること。

キ 各取合いは、課題図に基づき墨付けをすること。

(4) 加工組立て

ア 加工組立ての順序は、受検者の任意とすること。

イ 加工組立ては、課題図に示すとおりに行うこと。

ウ 各取合いは、課題図のとおりとすること。

エ 取合い部を除くすべての木口は、かんな仕上げ、面取りはすべて糸面とする。

オ 振たる木は、柱に突き付け外側面から、桁に突き付け上ばより各くぎ1本止めとすること。

カ 屋根筋かいは、上部は振たる木側面から、下部は屋根筋かい側面より振たる木に各くぎ1本止めとすること。

キ 埋木等は行わないこと。

(5) 作品は、材幅芯墨及び取合い墨を残して提出すること。

4 支給材料

(単位：mm)

番号	品　　　名	寸法又は規格	数量	備　　　考
①	柱	500×51.5×51.5	1	
②	桁	700×51.5×46.5	1	
③	はり	620×51.5×46.5	1	
④	振たる木	720×31.5×48.5	2	
⑤	屋根筋かい	480×31.5×41.5	2	
⑥	くぎ	50	11	振たる木－柱　2本 振たる木－桁　2本 屋根筋かい－振たる木　2本
⑦		65	2	振たる木－屋根筋かい　2本
⑧	削り台止め(胴縁)	300×45×15程度	1	削り加工使用可
⑨	現寸図作成用紙	ケント紙(788×1091)	1	
⑩	メモ用紙		1	

2級　建築大工実技試験　使用工具等一覧表

1　受検者が持参するもの

品　名	寸法又は規格	数量	備　考
さ　し　が　ね	小、大	各1	
墨　　さ　　し		適宜	
墨　　つ　　ぼ		適宜	黒墨のものとする
か　　ん　　な	荒、中、仕上げ	適宜	
の　　　　み		適宜	
の　こ　ぎ　り		適宜	
コードレスドリル（インパクトドリルも可）	きりの本数及び太さは適宜	1	穴掘り、きり用
げ　ん　の　う	小、大	適宜	
あ　　て　　木		1	あて木として以外の使用は不可とする
か　じ　や（バール）		1	
け　　び　　き		適宜	固定したものは不可とする
まきがね（スコヤ）		1	
く　ぎ　し　め		1	
はねむし（くぎ・ビス）	削り材、削り台止め用	適宜	
三　角　定　規		適宜	勾配定規は不可とする
直　定　規	1m程度	1	
自　由　が　ね		適宜	固定したものは不可とする 勾配目盛り付きのものは不可とする
電子式卓上計算機	電池式(太陽電池式含む)	1	関数電卓不可
鉛筆及び消しゴム		適宜	シャープペンシルも可
し　ら　が　き		1	カッターナイフも可
養　　生　　類	タオル、すべり止め等	適宜	持参は任意とする
画　　鋲　　類		適宜	テープも可 持参は任意とする
作　業　服　等		一式	大工作業に適したもの 上履き含む
飲　　　　料		適宜	水分補給用

（注）　1.　使用工具等は、上記のものに限るが、すべてを用意しなくてもよく、また、同一種類のものを予備として持参することはさしつかえない。
　　　　　なお、充電式工具を持参する場合は、予め充電しておくこととし、バッテリーの予備の持参も可とする。
　　　2.　「飲料」については、各自で試験会場の状況や天候等を考慮の上、持参すること。

2　試験場に準備されているもの

（数量は、特にことわりがない場合は、受検者1名当たりの数量とする。）　　　　（単位：mm）

品　名	寸法又は規格	数量	備　考
削　　り　　台		1	
作　　業　　台	300×105×105程度	2	
合　　　　板	910×1820×12程度	1	作業床保護用 現寸図作成用下敷兼用
清　掃　道　具		適宜	
バ　　ケ　　ツ		適宜	水が入れてある

224 付録III 2級建築大工実技試験問題

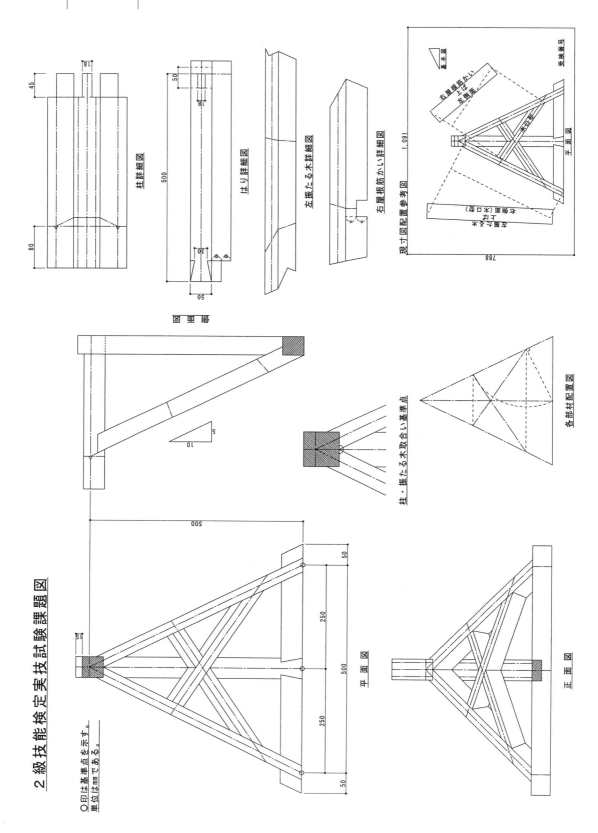

| 2 級 建 築 大 工 実 技 試 験 問 題 | 付録III | 225 |

2 級建築大工実技試験問題の解説

解説　田口和則

1　2 級建築大工実技試験問題について

　2 級建築大工の技能検定における実技試験課題は，令和 4 年度から「振れ垂木と筋交いたすき掛けによる屋根小屋組の一部」として実施されている．

　この課題においては，振れ垂木に筋交いたすき掛けが取り付けられる．振れ垂木の扱いについては，通常の平垂木と同様に，基本勾配を念頭に置きながら進めていく．具体的には，振れ垂木勾配，振れ垂木のくせ取り勾配，筋交いの勾配，そして筋交いの転び勾配を順に計算し，論理的に解を導き出すことで理解を深める．

　さらに，この基本的な理解をもとにして，材料の動きを考慮しつつ，取り合い角度を算出する．通常，勾配は「1/10」として表記されるが，この課題の解説では，伝統的な規矩術から筆者の指導者による「算定法」に基づく規矩術に至り，さらに筆者が応用発展させた「幾何算術法」による規矩術を用い，勾殳玄法の殳を<1>とした<0.1/1>勾配表記で解説を行っている．

　また，受検生が試験会場に持ち込むことが可能な電卓同様，幾何算術法も非常に簡便な四則演算に基づく技法である．幾何算術法では，地の間と平地の間，振れ垂木の地の間，たすき掛け筋交いの地の間の比率をそのまま勾配比に展開し，材料の取り合い角度を導く．

　この課題は，三平方の定理や相似の関係といった，いずれも義務教育で学ぶ初等数学の知識で十分に理解できるよう工夫されているので，これらを理解しながら学習を進めてほしい．

　試験の進行としては，原寸平面図から展開図を作成し，木ごしらえや墨付け加工をスムーズに進めることが求められる．そのためには，日頃から指導員のアドバイスを取り入れ，制限時間内に滞りなく作品を完成させるために，作業工程を繰り返し練習することが重要である．また，効率的な時間配分をし，制限時間を最大限に活用することにも注意してほしい．

2　規矩術の基本事項

1．基本勾配

　図例 1 の下部に，今回の課題に必要かつ重要な基本勾配を示した．また，図例 2 に示した「中勾勾配」は「二転びの勾配」とも呼ばれることがある．これは，平勾配で転び，その玄と同平勾配の勾で二度転ぶことで勾配が成されるためであり，これも今回の課題において重要なポイントである．

2．勾殳玄法，伸び矩法，現代の規矩術

　図例 1 に示されている勾配基本図に表現されている「勾殳玄法」は，歴史上たびたび見直され，体系化されてきた技法である．江戸時代の庶民の算術である「和算」の中にも，いくつかの勾殳玄法や伸び矩法の使用例が紹介されていた．大正時代には，規矩術を初等数学の観点から再検討し体系化する動きがあったが，当時の大工職でもこれを使用できる者は限られており，技術の習得には非常に時間と労力が必要であった．

　筆者の指導者による規矩術は「算定法」による規矩術と称され，古典的な規矩術を初等数学を用いて再構築したものである．この解法は非常に論理的であると同時に，CAD ソフトのように単に数値を計算するだけでなく，勾殳玄を基本とした規矩術の原理を踏まえたものである．これにより，論理的な解法だけでなく直感的な理解も促進される．

　この解説においては，材料の実長などの詳細は省略しているが，寸法の詳細については解答図例（図

例15）を参照してほしい．特に，材料の複雑な動きを示す取り合い角度の算出が，規矩術を理解する上での重要なポイントである．

3. 三平方の定理

図例1に，規矩術を理解するために重要な「三平方の定理」（ピタゴラスの定理）の一つの証明を示す．多くの人が一度は目にしたことがあるであろう本図は，規矩術においても多用される．このほかにもいくつかの証明方法が存在するが，本解説では、この図を用いて以下の公式を示す．

c^2 の面積は，a^2 の面積と b^2 の面積の和に等しい．すなわち，

$$c^2 = a^2 + b^2$$

したがって

$$a^2 = c^2 - b^2$$

$$b^2 = c^2 - a^2$$

これらの公式から，さしがねを用いて直角三角形「勾・殳・玄」の各辺の長さは次のように求められる．

$$c = \sqrt{a^2 + b^2}$$
$$a = \sqrt{c^2 - b^2}$$
$$b = \sqrt{c^2 - a^2}$$

3 各種勾配の算定

1. 中勾勾配

本課題において，解を導くための重要な要素として，中勾勾配が頻繁に登場する．課題において，平地の間の殳を<1>とした場合，勾は<0.5>となる．この勾配により，振れ垂木の地の間が1に対して0.5だけ振れているため，これが中勾勾配となる．図例

図例1　各種勾配基本図および三平方の定理

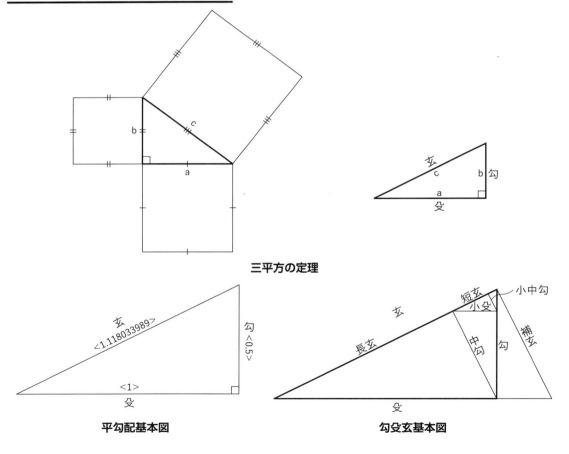

三平方の定理

平勾配基本図

勾殳玄基本図

2に示すように,「二転びの勾配」と課題における「中勾勾配」が等しいことが確認できる.具体的には以下のようになる.

$$\frac{平勾}{平勾配の玄} = \frac{中勾}{玄} = 中勾勾配$$

$$0.5/1.118033989 = 0.4472135955/1$$
$$= 中勾勾配$$

2. 相似の関係

図例**3**の相似の関係図は,直角二等辺三角形の拡大・縮小や直角三角形の分割に基づく相似の関係を示している.「算定法」および「幾何算術法」による規矩術では,この相似の関係を多用する.この相似の関係は,三平方の定理とあわせて,義務教育で学ぶ初等数学や算数の知識だけで十分に理解できるものであるため,しっかりと学習することで自然に身に付くはずである.

3. 幾何算術法のための規矩図

次に,課題の具体的な解法について説明する.図例**4**上図「課題から読み解く例」は,課題で要求される数値を,平地の間を<1>として算定したものである.まず,地の間比がどのようになっているかを示した.図例**4**下図「地の間比」には,一例として,振れ垂木の振れ地の間を<1>とした場合の地の間比が示されている.

このように,本課題は「振れ垂木の振れや勾配」および「筋交いの地の間や勾配」といった具合に,大きく二つに分けて考える必要がある.

図例**5**では,平地の間を<1>とした地の間比と,

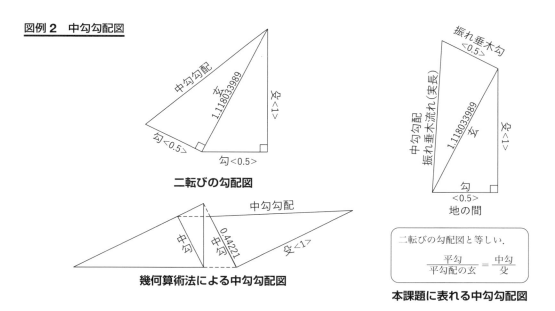

図例 2　中勾勾配図

二転びの勾配図

幾何算術法による中勾勾配図

本課題に表れる中勾勾配図

二転びの勾配図と等しい.
$$\frac{平勾}{平勾配の玄} = \frac{中勾}{玄}$$

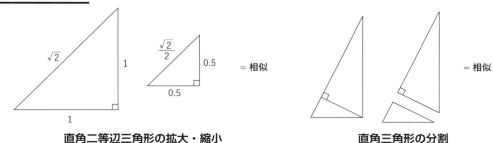

図例 3　相似の関係図

直角二等辺三角形の拡大・縮小

直角三角形の分割

図例4 幾何算術法のための規矩図

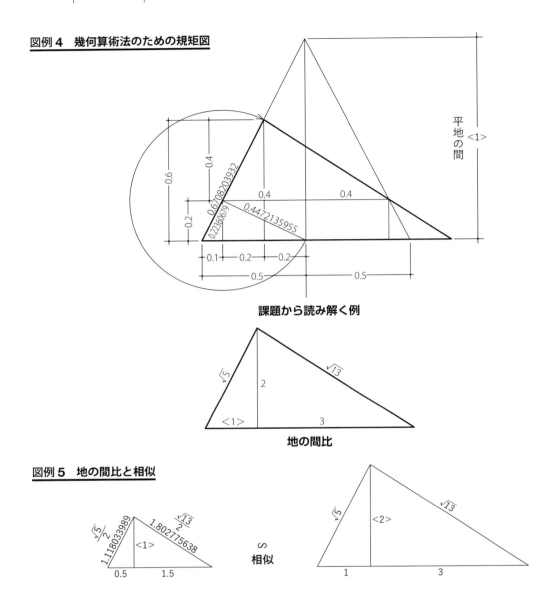

図例5 地の間比と相似

平地の間を<2>とした場合の地の間が相似の関係にあり，これらが互いに2倍あるいは1/2の関係にあることを示した．読者は，自身にとって計算しやすい方法で学習するとよい．本解説では，主に平地の間の丈を<1>として解説を進める．

次に，**図例6**「振れ垂木ならびに筋交い勾配比図」に，直感的に理解しやすい勾配比図を示した．地の間比を理解することで，課題をこのような勾配比の規矩図に表現することができる．この図は，各種勾配の一覧として活用してほしい．なお，勾配比の成り立ちについての詳細は別書に譲るが，**図例6**には，本課題における重要かつ主要な勾配が全て盛り込まれている．

- 平勾 = **0.5**：平勾配
- 振れ垂木勾 = **0.4472135955**…振れ垂木の勾配
- 振れ垂木くせ取り勾 = **0.2041241452**…振れ垂木に小返りを付ける勾配
- 筋交い勾 = **0.2773500981**…筋交いの勾配
- 筋交い転び勾 = **0.4008918629**…筋交いが垂木となじむように転ぶ勾配

図例6 振れ垂木勾配比ならびに筋交い勾配比図

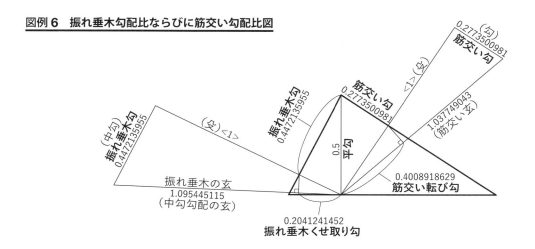

図例7 小平起こしの法と鏡返しによる伸び実長図

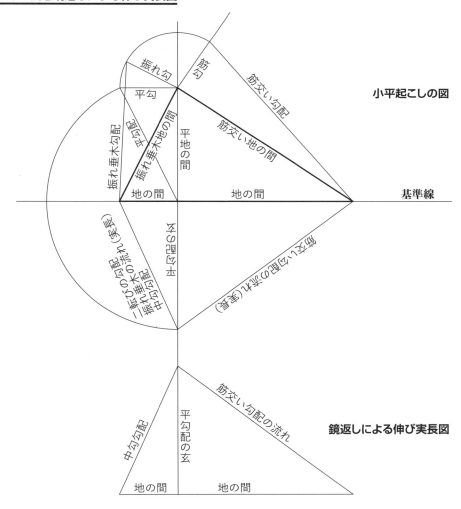

4　小平起こしと鏡返しによる伸び実長図

　図例7には，伝統的な「小平起こしの法」を用い，平面から立体的に実長を求める作図を示した．基準線より下部には，各所の実長が描かれている．

　この図では，基準線より下部を「鏡返しの法」（鏡に写して上下反転させる手法）を用いて「伸び実長図（伸び平面図）」として表現している．以後，本解説ではこの「伸び実長図」を使用する．

　ここで，なぜ「伸び実長図」が必要なのかを説明する．課題の振れ垂木と筋交いは，ともに屋根小屋組の一部であり，平垂木と同様に，屋根野地下地が平面になじむように張られる必要がある．すなわち，桁行き方向（距離の長い方向）においては，常に一定の高さ（位置）を保つことが求められる．したがって，「伸び実長図」を平面図として見ることで，これをもとにして各種部材の取り合い角度を算定することが可能となるである．

　ただし，**図例7**に示されているように，「伸び実長図」は単なる地の間図や通常の平面図とは異なるため，混同しないよう注意が必要である．

　さらに，**図例7**の「伸び実長図」に注目すると，この図自体が，すでに部材の上端の取り合い角度を表し，材の動きを示していることがわかる．これにより，この「伸び実長図（伸び平面図）」から逐次的に解を導き出すことが可能である．

5　各部材の取り合い角度

　ここまでに図示してきた内容をもとに，今回の課題における各部材の取り合い角度を求めていく．

1．振れ垂木のくせ取り

　前節で述べたように，振れ垂木も平垂木と同様に，野地下地がしっかりと接するように配置する必要がある．そのため，振れ垂木は桁行き方向において一定の高さ，つまり水平を保たなければならない．また，今回の課題では，垂木の上端だけでなく，下端も桁行き方向に水平であることが求められる．これにより，振れ垂木が桁にきちんと収まる．

　このため，振れ垂木の上端と下端の両方に「くせ取り」（小返り）を付ける必要があり，結果として振

れ垂木の小口断面は平行四辺形（ひし形）となる．

（1）　通常の平面図による三次元展開

　図例8では，平地の間を殳<1>，振れ地の間を<0.5>とした通常の平面図を用いて，くせ取りされていない振れ垂木幅を描いている．ここで，振れ垂木の下端が桁にどのように取り合うかを三次元的に展開して示した．

　まず注目すべきは，くせ取りされていない振れ垂木下端が桁とどのように当たる（接触する）かである．平面図上の桁基準線にある○印は，振れ垂木右下端角を示している．この○印が「左右垂木下端側面図」上において，桁上端基準線，陸水と右垂木下端（垂木の流れ）との交点となる．

　このとき，くせ取りしていない振れ垂木下端（上端もくせ取りしていない）の左角も「左右垂木下端側面図」上では○印に位置している．しかし，そのままでは，「平面図」の桁基準線と振れ垂木左下端の交点である□印に合致しない．

　「左右垂木下端側面図」上で，桁上端基準線と左垂木下端（垂木の流れ）の交点を□印とする，すなわち，振れ垂木下端を桁上端になじませるためには，同図に示された☆印の寸法分だけ下端を削り取らなければならない．つまり，振れ垂木左下端は，○印にある振れ垂木右下端の位置から，☆印の寸法分だけ上方になければならない．振れ垂木上端も同様であり，同じ寸法を削り取って小返りをつける．これは，振れ垂木の下端が桁に，上端が野地下地と常に水平であるように（陸水となるように）なじませるためである．

　図例8に示される振れ垂木の小口断面形状は，立水小口断面として表現されている．☆印の寸法は，振れ垂木の立水断面に表れるくせ取り寸法に等しい．この「平面図」は通常の平面図の視点（B−B′）を示しているが，このままでは，振れ垂木のくせ取りを行うのは現実的ではない．あくまで，小口は曲手でなければならない．

（2）　伸び平面図による三次元展開

　次に，**図例9**では「伸び平面図」を用いて，通常の平面図とは異なる視点からAとA′の関係を示している．ここでは，平の玄および振れ地の間による中勾勾配にもとづいて振れ垂木を描いている．

　図例8と同様，○印が振れ垂木の右下端と桁基準

図例8 三次元展開による垂木立水小口断面図

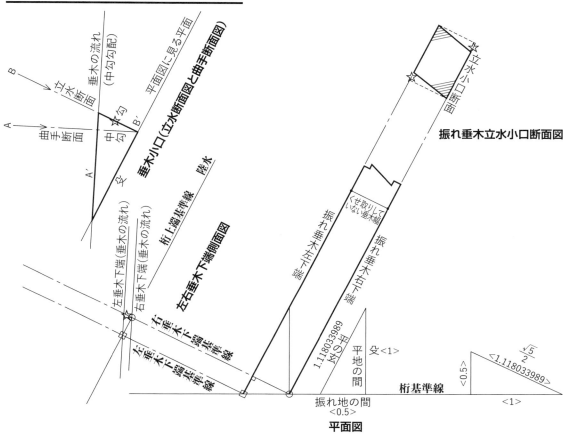

線の交点，□印が左下端と桁基準線の交点を示している．図例9の「振れ垂木曲手小口断面図」には，くせ取り勾配が示されており，「左右垂木下端側面図」上の○印と□印の寸法差が☆印に該当する．この☆印の寸法だけ，振れ垂木左下端を削り，同様の調整を振れ垂木右上端にも行う必要がある．

「左右垂木下端側面図」における☆印が「伸び平面図と平面図の視点の違い」におけるAとA′の関係にあることを理解することが重要である．

このようにして，振れ垂木が桁になじむように調整することが，野地下地との接合でも同様に求められる．

（3）振れ垂木のくせ取り勾配

図例9「伸び平面図と平面図の視点の違い」からわかるように，伸び平面図に見る平面が振れ垂木の流れ（実長）であり，それに直交する視点から☆印の寸法をもとに勾配を求めると，これが曲手小口断面のくせ取り勾配となる．算定式は以下の通りである．

$$0.4472135955 \div 1.095445115 \times 0.5$$
$$= 0.2041241452$$
$$\therefore\ 0.2041241452/1\ 勾配$$

これが振れ垂木のくせ取り勾配（小返り勾配）となる．図例9「振れ垂木曲手小口断面図」を参考に，学習を進めてほしい．

2．右筋交い上部と左振れ垂木の取り合い墨

ここでは，先に算定した振れ垂木のくせ取り勾配の勾を用いて，「右筋交い上部と左振れ垂木の取り合い墨」の各所の上端および側面の取り合い墨を算定する手順を解説する．

図例10の「伸び平面図」には，「振れ垂木と筋交

図例9 伸び平面図による三次元展開図

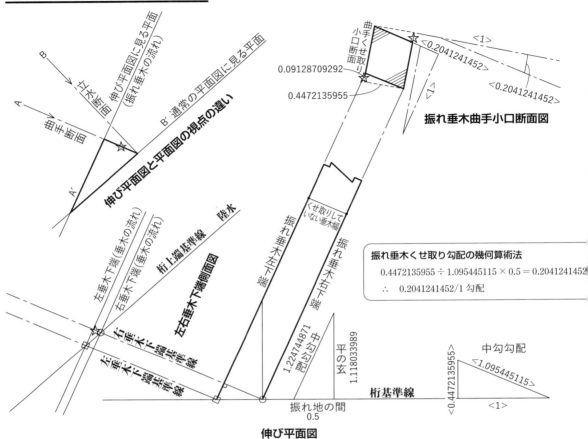

伸び平面図

いの部材上端に表れる取り合い墨」がすでに示されている．この図には，平の玄，平の勾，地の間，中勾勾配，筋交い勾配の流れに，くせ取りした振れ垂木幅および筋交い上端幅が描かれている．つまり，この「伸び平面図」に示された部材の取り合い墨の上端を算定することで，部材の動きを理解し，側面の取り合い墨を算定することが可能となる．

（1） 筋交い上端切り墨

まずは，筋交い上端に表れる切り墨を算定する．**図例10**「伸び平面図」上で，矢印↔間を殳<1>とし，勾を〇印とした勾配が筋交い上端切り墨となる．**図例11**の「差角勾配の規矩図」に注目してほしい．

図例10「伸び平面図」に示された矢印↔は，中勾勾配にある振れ垂木に対して直交しているため，矢印は中勾勾配となる．このため，「伸び平面図」上にある筋交いの勾配から中勾勾配までの差角勾配を算定すれば，解を導くことができる．

差角勾配の規矩図より，

$(0.7453559925 - 0.4472135955)$
$\div (0.7453559925 \times 0.447213595.5 + 1)$
$= 0.298142397 \div 1.3333333$
$= 0.2236067977$

∴ $0.2236067977/1$ 勾配

これが**図例11**の「筋交い上端切り墨」となる．

（2） 筋交い側面切り墨

続いて，「筋交い側面切り墨」を算定する．**図例11**の「筋交い上端切り墨」勾配にもとづき，玄口印を求める．

玄口印 $= 1.024695077$

図例10 矢印↔間に振れ垂木くせ取り勾を代入して乗じると，以下のようになる．

図例10 右筋交い上部と左振れ垂木の取り合い墨

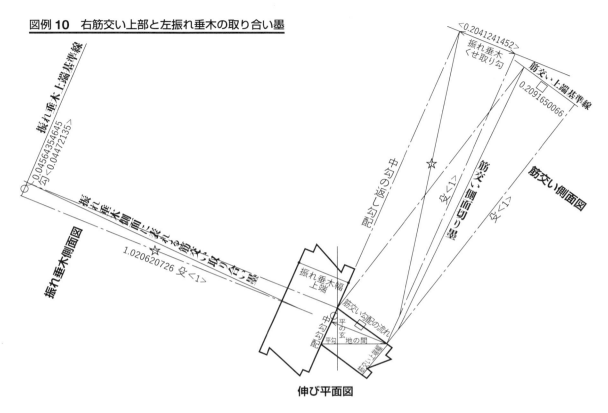

図例11 幾何算術法による規矩図と差角勾配の算定（図例10 対応）

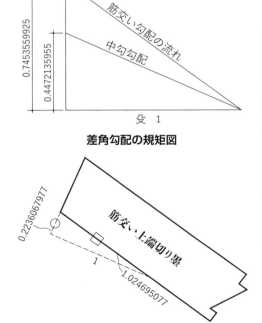

差角勾配の規矩図

差角勾配の幾何算術法
① 筋交い上端切り墨
$(0.7453559925 - 0.4472135955)$
$\div (0.4472135955 \times 0.7453559925 + 1)$
$= 0.298142397 \div 1.3333333$
$= 0.2236067977$
∴ 筋交い上端切り墨 $= 0.2236067977/1$ 勾配

② 筋交い側面切り墨
$0.2041241452 \times 1.024695077 = 0.2091650066$
∴ 筋交い側面切り墨 $= 0.2091650066/1$ 勾配

③ 振れ垂木側面に表れる筋交い取り合い墨
$0.2041241452 \times 0.2236067977 \div 1.020620726 = 0.04472135$
∴ 振れ垂木側面に表れる筋交い取り合い墨 $= 0.04472135/1$ 勾配

$0.2041241452 \times 1.024695077 = 0.2091650066$

∴ $0.2091650066/1$ 勾配

これが筋交い側面切り墨となる．

なお，振れ垂木くせ取り勾が矢印↔間に代入される理由は，筋交いに生じる材の動きが矢印↔間で振れ垂木くせ取り勾として転ぶためである．その転びが筋交いの側面にどのように表れるかを，図例10の「筋交い側面図」に示した．

（3） 振れ垂木の側面に表れる筋交い取り合い墨

最後に，これまでに導いた筋交い上端および側面の取り合い勾配にもとづき，「振れ垂木の側面に表れる筋交い取り合い墨」を算定する．

振れ垂木の側面に表れる筋交いとの取り合い墨は，図例10「伸び平面図」上の○印を勾とし，筋交い側面図」上の☆印を殳<1>とすることで求めることができる．☆印は，振れ垂木くせ取り勾の玄に相当する．次に，算定式を示す．

$0.2041241452 \times 0.2236067977 \div 1.020620726$
$= 0.04472135$

∴ $0.04472135/1$ 勾配

これが，振れ垂木側面に表れる筋交い取り合い墨となる．

3． 右筋交い下部と右振れ垂木の取り合い墨

ここでは，図例12に示されている「右筋交い下部と右振れ垂木の取り合い墨」について，幾何算術法による規矩図と差角勾配の算定法をもとに解説する．この図では，前述の手順と同様に「伸び平面図」を使用しており，平の玄，地の間，筋交い勾配に沿って筋交い上端幅が描かれている．

（1） 筋交い上端切り墨

まず，筋交いの上端における切り墨を算定する．先に述べたように，筋交いの上端と中勾勾配（中勾の返し勾配）にある右振れ垂木との取り合い墨を，

図例12　右筋交い下部と右振れ垂木の取り合い墨

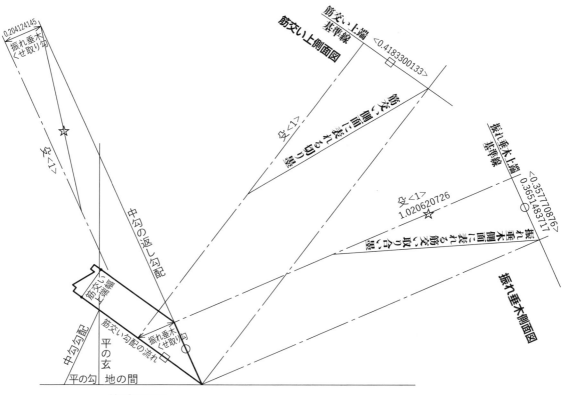

伸び平面図

図例13 の「差角勾配の規矩図」にもとづいて表すことができる.

図例12「伸び平面図」において,○印を殳<1>,矢印↔間を勾とする勾配が,右振れ垂木と取り合う筋交い上端の切り墨となる.この勾配を「差角勾配の規矩図」にもとづいて算定すると,以下のようになる.

  (2.236067977 − 0.7453559925)
   ÷(2.236067977 × 0.7453559925 + 1)
  = 1.4907119845 ÷ 2.66666667
  = 0.5590169944
  ∴ 0.55901699/1 勾配

これが筋交い上端切り墨である.

（2）筋交い側面に表れる切り墨

次に,図例12「筋交い側面に表れる切り墨」を算定する.先に求めた筋交い上端切り墨の勾配 (0.55901699/1 勾配) をもとに,矢印↔間に振れ垂木くせ取り勾を代入し,□印の勾配を求める.

  0.2041241452 ×(1.145643924 ÷ 0.55901699)
  = 0.41833001
  ∴ 0.41833001/1 勾配

これが「筋交い側面に表れる切り墨」となる.

（3）振れ垂木側面に表れる筋交い取り合い墨

最後に,図例12「振れ垂木側面に表れる筋交いの取り合い墨」を解説する.まず,振れ垂木くせ取り勾の玄☆印を求め,それを殳<1>とし,○印を勾とした勾配が,振れ垂木側面に表れる筋交い取り合い墨となることを理解する.この場合,次のような式になる.

  0.2041251452 ×(1 ÷ 0.55901699)
  = 0.3651483717
  0.3651483717 ÷ 1.020620726 = 0.357770876

図例13 幾何算術法による規矩図と差角勾配の算定（図例12 対応）

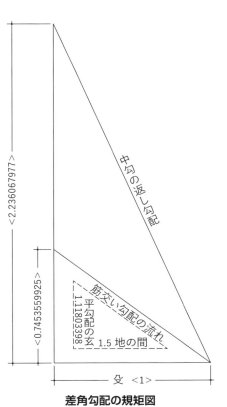

差角勾配の規矩図

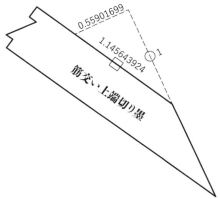

差角勾配の幾何算術法
① 筋交い上端の切り墨
  (2.236067977 − 0.7453559925)÷(2.236067977 × 0.7453559925 + 1)
  = 1.4907119845 ÷ 2.66666667
  = 0.5590169944
  ∴ 筋交い上端の切り墨 = 0.5590169944/1 勾配
② 筋交い側面切り墨
  0.2041241452 ×(1 × 1.145643924 ÷ 0.55901699)= 0.41833001
  ∴ 筋交い側面切り墨 = 0.41833001/1 勾配
③ 振れ垂木側面に表れる筋交い取り合い墨
  0.2041241452 ×(1 ÷ 0.55901699)= 0.3651483717
  0.3651483717 ÷ 1.020620726 = 0.357770876
  ∴ 振れ垂木側面に表れる筋交い取り合い墨 = 0.357770876/1 勾配

∴ 0.357770876/1 勾配

これが「振れ垂木側面に表れる筋交いの取り合い墨」である．

4. 筋交いたすき掛け交差部を相欠きとするための墨付け

続いて，**図例14**に示す「筋交いたすき掛け交差部」を相欠きとするための墨付けについて解説する．本課題における筋交いは，筋交い自体が転んでいる（傾いている）ため，筋交い側面に表れる相欠き部分の墨は，部材に対して矩（かね）を掛けることで求める．この取り合い墨を理解し，正確に求めることが重要である．

図例14の「差角勾配の伸び規矩図」に示されているように，筋交い伸び勾配上にある筋交いは，伸び返し勾配を設けることで解を求めることができる．差角勾配の幾何算術法では，次のようになる．

$$(1.341640786 - 0.7453559925) \div 2$$
$$= 0.298142397$$

∴ 0.298142397/1 勾配

これが「筋交いたすき掛け交差部の勾配」である．

また，桁とくせ取りされた振れ垂木上端の取り合い墨（切り墨）は，**図例9**の「伸び平面図」において振れ垂木が中勾勾配として表現されている．

$$\frac{平勾}{平の玄}$$

したがって，振れ垂木の上端（および下端）と桁との取り合い墨は中勾勾配となる．

図例14 筋交いたすき掛け交差部の伸び筋交い勾配と筋交い伸び返し勾配

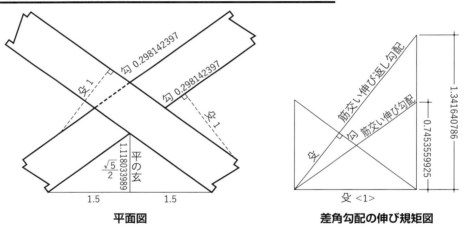

平面図　　　　　　差角勾配の伸び規矩図

差角勾配の幾何算術法
(1.341640786 − 0.7453559925) ÷ 2 = 0.298142397
∴ 筋交いたすき掛けの交差部 = 0.298142397/1 勾配

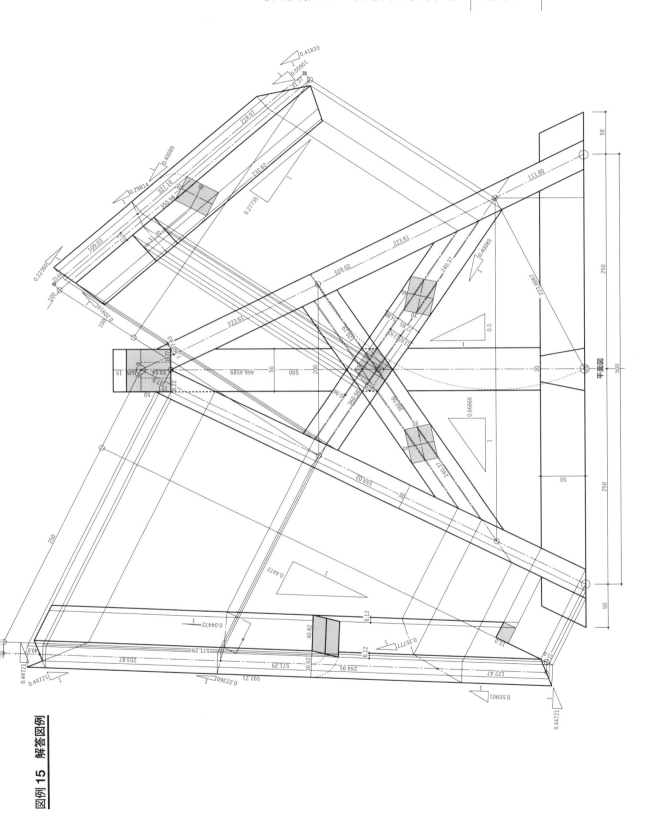

図例15 解答図例

● コラム 1
振れ垂木くせ取り勾配と加弓勾配の関係

古典的な規矩術では，ある一定の普遍性を持った名称が使用されています．たとえば，「勾」「殳」「玄」に始まり，「中勾」「長玄」「短玄」といった名称がそれにあたります．その中に「加弓（かゆみ）勾配」と呼ばれる勾配名称が存在します．

図①の左図が加弓の定義を示す図であり，右図が加弓勾配です．加弓勾配とは，殳を1とし，勾に左図で示した加弓を適用した勾配です．

加弓勾配は，以前から，柱建て四方転びの隅柱の曲手小口断面をひし形にくせ取り（ひし柱とする）際に，どの程度の寸法でひし形にくせ取りすれば，柱のGL接地断面を正方形にできるのかを知るための勾配として使用されてきました．

柱建て四方転びは，社寺建築における鐘楼（しょうろう）の柱などに見られる形態です．柱建て四方転びの柱に関する規矩図の詳細な説明はここでは省略しますが，四方転びの柱は「振れ四方転び」などの特別な場合を除いて，一般的には「二転びの勾配」（平勾配の玄を殳として，平勾配の勾を勾とした勾配），すなわち「中勾勾配」となります．

$$\frac{平勾}{玄} = 中勾勾配$$

図①で示されているように，中勾勾配の玄に，平勾配の勾（ここでは0.5）を代入して玄としたときの勾（0.20414…）が加弓です．この加弓が，なぜ柱建て四方転びの柱くせ取りに関係するのかについては，この場では省略しますが，一般的

図① 加弓勾配基本図

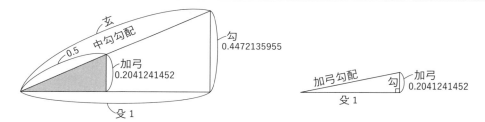

図② 本課題における振れ垂木くせ取り勾配と加弓勾配

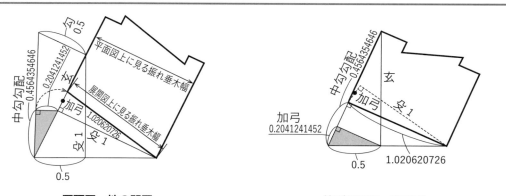

平面図・地の間図　　　　　伸び平面図・実長図

本課題のように，振れ垂木勾配が中勾勾配となる場合においてのみ加弓勾配に等しい．

に，柱建て四方転びは「二転びの勾配＝中勾勾配」となるため，たとえ平勾配が変化しても，隅柱は常に中勾勾配になります．そのため，筆者は柱建て四方転びの隅柱のくせ取りにおいて，加弓勾配が普遍的な勾配であると考えています．

一方，今回の課題である「振れ垂木のくせ取り勾配」についてはどうでしょうか．確かに，振れ垂木のくせ取り勾配も中勾勾配の振れ垂木のくせ取り勾配として，加弓勾配で解くことができます（図②「平面図・地の間図」，「伸び平面図・実長図」参照）．ただし，振れ垂木の振れ角や勾配の条件が異なる場合，振れ垂木の勾配は中勾勾配ではなくなり，加弓の定義や加弓勾配の名称を使うことができなくなります．

さらに，図③では振れ垂木の振れ角が45°，つまり$1:1:\sqrt{2}$の地の間の振れが生じた場合（この場合，棒隅に等しい），中勾勾配で「加弓」とされていた勾が「隅中勾」と呼ばれるように変化します．この場合，くせ取り勾配は「隅中勾の勾配」となります．したがって，筆者は今回の課題における振れ垂木のくせ取り勾配には，加弓勾配の名称を使わず，論理的に考察することに重点を置きました．

とはいえ，この課題を通じて「加弓勾配」という古典的な規矩術の勾配表記に触れ，学習の幅を広げてもらいたいとも考えています．

● コラム2
短玄を調べる

「加弓勾配」に加え，本課題には「短玄勾配」と等しい解として表れる部材の取り合い角度があります．それは振れ垂木の上部に取り合う「筋交いの上端切り墨」です．

筆者は，振れ垂木および筋交いの振れ角や勾配の変化について，複数のパターンを分析しました．その結果，今回の課題においてのみ，筋交いの上端切り墨に表れる勾配が「短玄勾配」と等しくなることが確認されました．もしかすると，この課題は，意図的にそのようにアーキテクトされているのかもしれません．

図③ 45°（$1:1:\sqrt{2}$）の振れ垂木の場合

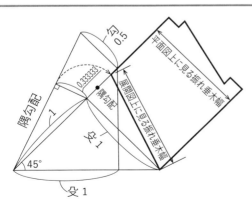

振れ垂木の振れが，中勾以外となれば直ちに加弓勾配ではなくなる．45°の振れは，すなわち棒隅であるため，振れ垂木のくせ取り勾配の名称は隅中勾の勾配となる．また，この場合，棒隅屋根の隅木山勾配と同一となる．

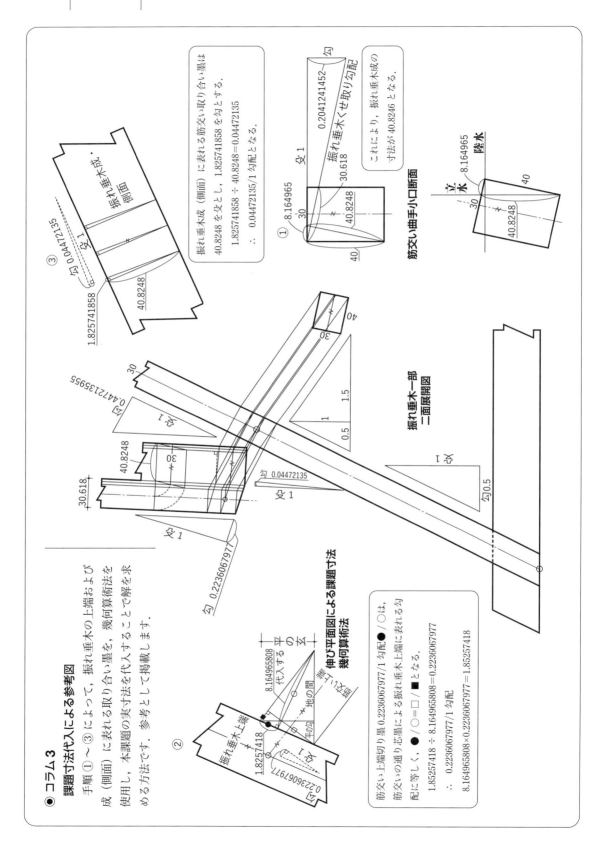

付録 Ⅳ　1級建築大工実技試験問題

禁転載複製　－3　　　　　　　　　　　　　　「中央職業能力開発協会編」

令和4年度　技能検定
1級　建築大工（大工工事作業）
実技試験問題

　次の注意事項、仕様及び課題図に従って、現寸図の作成、木ごしらえ、墨付け及び加工組立てを行いなさい。

1　試験時間
　　標準時間　　4時間50分
　　打切り時間　5時間

2　注意事項
(1)　支給された材料の品名、数量等が「4　支給材料」に示すとおりであることを確認すること。
(2)　支給された材料に異常がある場合は、申し出ること。
(3)　試験開始後は、原則として、支給材料の再支給をしない。
(4)　使用工具等は、使用工具等一覧表で指定した以外のものは使用しないこと。
(5)　試験中は、工具等の貸し借りを禁止する。
　　なお、持参した工具の予備を使用する場合は、技能検定委員の確認を受けること。
(6)　作業時の服装等は、安全性、かつ作業に適したものであること。
　　なお、作業時の服装等が著しく不適切であり、受検者の安全管理上、重大なけが・事故につながる等試験を受けさせることが適切でないと技能検定委員が判断した場合、試験を中止（失格）とする場合がある。
(7)　標準時間を超えて作業を行った場合は、超過時間に応じて減点される。
(8)　作業が終了したら、技能検定委員に申し出ること。
(9)　提出する現寸図及び製品(墨付け工程において提出が指示された部材)には、受検番号を記載すること。
(10)　現寸図が完成したら提出し、木ごしらえに移ること。
(11)　隅木は、所定のくせを取った後、墨付けをして提出検査を受けること。
(12)　**この問題には、事前に書込みをしないこと。また、試験中は、持参した他の用紙にメモをしたものや参考書等を参照することは禁止とする。**
(13)　試験場内で、携帯電話、スマートフォン、ウェアラブル端末等の使用(電卓機能の使用を含む。)を禁止とする。

3 仕様

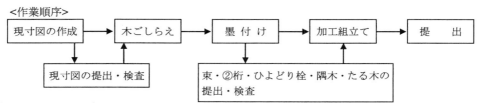

(1) 現寸図の作成(現寸図配置参考図参照)

現寸図は、用紙を横に使用し、下図に示す隅木、たる木、ひよどり栓の平面図、隅木右側面・木口型及びたる木3面展開図(上ば・両側面)を作成し、提出検査を受けること。また、提出した現寸図は、検査終了後に返却するが、検査中は、次の工程(木ごしらえ)に移ること。

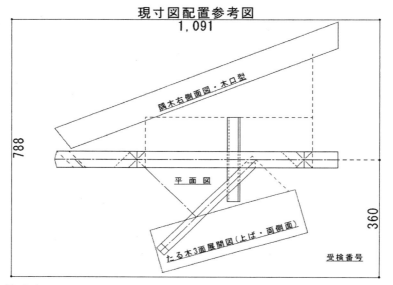

(2) 木ごしらえ

ア 部材の仕上がり寸法は、次のとおりとすること。

(単位:mm)

番号	部材名	仕上がり寸法(幅×成)	番号	部材名	仕上がり寸法(幅×成)
①	束	60×60	⑥	隅木	50×75
②	桁	60×70	⑦	たる木	32×52
③	桁	60×70	⑧	広小舞	55×20
④	母屋	60×70	⑨	ひよどり栓	現寸図による×14
⑤	はり	60×60	⑩	飼木(ねこ)	支給材料寸法のまま

イ 隅木は、山勾配に削って木ごしらえをすること。
ウ かんな仕上げは、中しこ仕上げとすること。
エ ひよどり栓は、現寸図によって、割り使いし、木ごしらえをすること。
オ 隅木上ば以外の部材は、直角に仕上げること。
カ 隅木上ば角(とかど)を除く部材は、糸面取りとすること。

(3) 墨付け(課題図参照)

ア 各部材両端は、切墨を入れること。

イ 加工組立てに必要な墨はすべて付け、墨つぼ及び墨さしを使用して仕上げること。

ウ けびきによる線の上から墨付けを行うことは禁止とする。
　　(ただし、芯墨を打つ場合に限り、両端にマーキングを行う場合は可)

エ 飼木(ねこ)を除く各部材とも芯墨、桁の口脇墨、隅木のたる木下ば墨は墨打ちとし、上ば及び下ばの芯墨は残しておくこと。
　　なお、束も4面芯墨を残すこと。

オ たる木勾配を、5.5/10勾配とすること。
　　なお、たる木鼻は直角とし、隅木は、たる木にあわせ、投墨を入れること。

カ 桁上ばから8mm上がりを峠とし、課題図に基づき墨を入れること。

キ 桁には、上ば及び下ばの芯墨、隅木、たる木及びはりの位置墨を入れること。
　　なお、はりとの取合い墨は、追入れあり落としとする。

ク 桁と桁との取合い墨は、ねじ組みとし、詳細図に基づき墨付けすること。

ケ 束には、芯墨及び峠墨を入れること。

コ 束には、母屋との取合い墨(短ほぞ)及びはりとの取合い墨(打抜きほぞ)を入れること。

サ はりには、上ば及び下ばの芯墨、桁と束の取合い墨を入れること。

シ 隅木には、上ば及び下ばの芯墨、桁、母屋及びたる木の取合い墨を入れ、上ばには、たすき墨、馬乗り墨及び広小舞取合い墨を入れること。
　　なお、側面には、ひよどり栓の取合い墨、入中・出中・本中墨・たる木下ば墨及び峠墨を入れることとし、たる木下ばで桁に仕掛けること。

ス たる木は、展開図に基づき墨付けをすることとし、上ば及び下ばに芯墨、桁芯墨、ひよどり栓及び広小舞取合い墨を入れること。
　　なお、たる木と隅木との取合いは、課題図に基づき墨付けをすること。

セ ひよどり栓には、切墨及び隅木・たる木との取合い幅墨を入れること。

ソ 広小舞は、隅木及びたる木の取合い墨、桁及びはり芯墨を入れること。

タ 飼木(ねこ)は、課題図に基づき取合い芯墨を入れること。

チ ②桁、束、隅木、たる木及びひよどり栓は、墨付け終了後、提出検査を受けること。
　　なお、提出は2回に分けて行い、1回目に束、②桁及びひよどり栓、2回目に隅木及びたる木を提出すること。
　　また、提出した部材は、検査終了後に返却するが、検査中は、次の工程に移ってもよいものとする。

<指定部材の墨付け提出順序>　提出順序は、厳守すること。

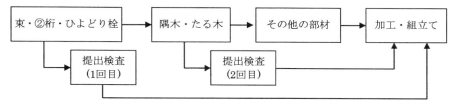

244 | 付録Ⅳ | 1 級 建 築 大 工 実 技 試 験 問 題

(4) 加工組立て

　ア　加工組立ての順序は、受検者の任意とすること。

　イ　加工組立て及び各所の取合いは、課題図に示すとおりに行うこと。

　ウ　桁と桁との取合い及び桁と隅木との取合いは、課題図のとおりとすること。

　エ　はりと桁との取合い及びはりと束との取合いは、課題図のとおりとすること。

　オ　隅木とたる木、ひよどり栓の取合い及び広小舞の取合いは、課題図のとおりとすること。

　カ　飼木(ねこ)を除くすべての木口は、かんな仕上げ、面取りとすること。

　キ　飼木(ねこ)は、課題図のとおり2箇所とし、それぞれ木口から2本のくぎで固定すること。

(5) 作品は、各部材をくぎ止めとし(打ち掛けとしない)、組み上がった状態で提出すること。
　　なお、各部材のくぎ止めについては、下記によること。また、隅木と桁は、くぎ2本で止め、
　それ以外は1本止めとすること。

　　○桁に、上ばからくぎ止めする部材　　　　　　　　　隅木・たる木

　　○隅木及びたる木に、上ばからくぎ止めする部材　　　広小舞

　　○母屋に、上ばからくぎ止めする部材　　　　　　　　隅木

4　支給材料

(単位：mm)

番号	品　　名	寸法又は規格	数量	備　　考
①	束	400×61.5×61.5	1	
②	桁	700×61.5×71.5	1	
③	桁	350×61.5×71.5	1	
④	母屋	350×61.5×71.5	1	
⑤	はり	450×61.5×61.5	1	
⑥	隅木	1000×51.5×76.5	1	
⑦	たる木	550×33.5×53.5	1	
⑧	広小舞	700×56.5×21.5	1	
⑨	ひよどり栓	360×40×15.5	1	
⑩	飼木(ねこ)	150×60×60	2	
⑪	くぎ	50	11	桁－飼木(ねこ) たる木－広小舞 隅木－広小舞 削り台用(5本)
⑫		65	1	桁－たる木
⑬		75	3	桁－隅木 母屋－隅木
⑭	削り台止め(胴縁)	300×45×15程度	1	削り加工使用可
⑮	現寸図作成用紙	ケント紙(788×1091)	1	
⑯	メモ用紙		1	

1級 建築大工実技試験 使用工具等一覧表

1 受検者が持参するもの

品　名	寸法又は規格	数量	備　考
さ し が ね	小、大	各1	
墨　さ　し		適宜	
墨　つ　ぼ		適宜	黒墨のものとする
か ん な	荒、中、仕上げ	適宜	
の　み		適宜	
の こ ぎ り		適宜	
コードレスドリル（インパクトドリルも可）	きりの本数及び太さは適宜	1	穴掘り、きり用
ちょうな（よき）		1	持参は任意とする
げ ん の う	小、中、大	適宜	
あ て 木		1	あて木としての使用以外は不可とする
かじや（バール）		1	
け び き		適宜	固定したものは不可とする
まきがね（スコヤ）		1	
く ぎ し め		1	
はねむし（くぎ・ビス）	削り材、削り台止め用	適宜	
三 角 定 規		適宜	勾配定規は不可とする
直 定 規	1m程度	1	
自 由 が ね		適宜	固定したものは不可とする 勾配目盛り付きのものは不可とする
電 子 式 卓 上 計 算 機	電池式(太陽電池式含む)	1	関数電卓不可
鉛 筆 及 び 消 し ゴ ム		適宜	シャープペンシルも可
し ら が き		1	カッターナイフも可
養 生 類	タオル、すべり止め等	適宜	持参は任意とする
画 鋲 類		適宜	テープも可 持参は任意とする
作 業 服 等		一式	大工作業に適したもの 上履き含む
飲 料		適宜	水分補給用

(注)1. 使用工具等は、上記のものに限るが、すべてを用意しなくてもよく、また、同一種類のものを予備として持参することはさしつかえない。
　　　なお、充電式工具を持参する場合は、予め充電しておくこととし、バッテリーの予備の持参も可とする。
　　2. 「飲料」については、各自で試験会場の状況や天候等を考慮の上、持参すること。

2 試験場に準備されているもの

(数量は、特にことわりがない場合は、受検者1名当たりの数量とする。)　　　　(単位：mm)

品　名	寸法又は規格	数量	備　考
削 り 台		1	
作 業 台	300×105×105程度	2	
合 板	910×1820×12 程度	1	作業床保護用 現寸図作成用下敷兼用
清 掃 道 具		適宜	
バ ケ ツ		適宜	水が入れてある

246 付録 IV　１級建築大工実技試験問題

はり詳細図

束詳細図

桁詳細図

隅木・母屋取合い詳細図

現寸図配置参考図

隅木右側面図・木口図

たる木3面展開図（上ば・背・置側面）

平面図

受検者番号

360

788

1,091

側面図

○印は基準点を示す。
単位はmmである。

5.5
10

峠・広小舞・たる木鼻先詳細図

130
20
8

隅木（ひよどり栓・たる木ほぞ穴）詳細図

8
14

１級技能検定実技試験課題図

平面図

350
130
120
120
100
250
120

120
120
15

120
120

①束
⑩貫木
⑥はり
⑦たる木
④母屋
⑨ひよどり栓
②桁
③峠
⑧広小舞
⑩貫木

隅木・たる木取合い詳細図

15

ひよどり栓詳細図

26
130
130
26

正面図

150
150
150

1級建築大工実技試験問題の解説

解説　田口和則

1　1級建築大工実技試験問題について

令和4年度から実施されている1級技能検定では、棒隅屋根における配付垂木および隅木に対してひよどり栓を打つという課題が設定されている．

本解説では、棒隅屋根の基本的な勾配に関する説明よりも、ひよどり栓の動きを理解するために必要な隅木および配付垂木の動き、そして隅木鼻の投げ墨を理解することで、ひよどり栓投げ墨の理解を深めることを重視した．

なお，寸法を求めるような長さの詳細は極力省き，最も重要となる勾配の解説に重点を置いた．

さらに，ひよどり栓および垂木との高低差を示す寸法も記入し，論理的かつ直感的に理解できるよう，規矩術の基本である規矩準縄（きくじゅんじょう）にしたがって，陸水や立水の表記を用いながら解説を進める．

2　小平起こし図

本課題は棒隅を扱うものである．棒隅は，1級技能士を目指す読者にとっては見慣れたものであるが，その奥は深く，特に棒隅の地の間の形状が特殊である点に注意が必要である．

まず，**図例1**には古典的な「小平起こし図」を示している．地の間（$1:1:\sqrt{2}$）を形成する直角三角形は，初等数学で学んだものとして多くの方の記憶にあるだろう．$1:1:\sqrt{2}$ の直角三角形は，$1:2:\sqrt{3}$ の直角三角形と同様に，特別な直角三角形として頻繁に登場する．規矩術でも，この $1:1:\sqrt{2}$ の地の間比（白銀比とも呼ばれる）が簡略化された表現で語られることがある．しかし，それを単に暗記するだけでは，振れ隅に応用することはできない．棒隅を深く理解するためにも，本解説では「棒隅の場合においては」という一文をあえて記述している．

図例1　棒隅小平起こし図

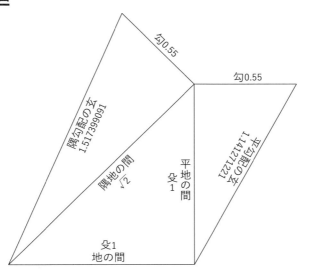

図例1では，本課題の条件である平勾配 0.55/1 の勾配および隅勾配を「小平起こし図」に表現している．地の間，平地の間，隅地の間は $1:1:\sqrt{2}$ の関係にあり，さらに平地の間の勾を 0.55 とし，隅地の間についても同じく勾 0.55 とした場合，平勾配の玄は 1.141271221，隅勾配の玄は 1.517399091 と表すことができる．

この「小平起こし図」を多用しながら，解説を進めていく．

3 小平起こしの法による投げ墨

本課題において，隅木側面鼻の切り墨は「投げ墨」となる．ここでは，投げ墨とは何か，そしてその論理について解説する．

平面図とは，上方から直下を見下ろして描かれた小平投影図法に基づくものである．隅木鼻の切り墨における「投げ墨」とは，図例2の「小平起こしの法による投げ墨」において，「垂木側面図」の垂木鼻上端角と垂木鼻下端角をもとにした投影である．

具体的には，垂木鼻下端角は地の間の線に沿って投影され，上端角は矢印方向（←）に沿って隅木側面へと投影される．この投影により，垂木鼻の上端角と下端角を結ぶ線が「投げ墨」として表れる．

これは，垂木鼻切り墨が，垂木材料を直角に切断する（返し勾配に切断する）ことによって生じる投げ墨である．

4 本課題で使用する各種勾配

次に，本課題を読み解くために必要となる各種勾配について，図例3の「勾配比図」に示した．

冒頭でも述べたように，$1:1:\sqrt{2}$ の比で形成される棒隅の地の間は，特別な直角三角形として誰もが一度は目にしたことがあるものである．この比は規矩術においても特別な地の間比の一つであり，棒隅の場合においてのみ使用される名称も多く存在する．

一方，名称はどうであれ，ここで紹介する勾配比図は，地の間の形状が変化しても使用可能である（もちろん，数値は地の間の形状や勾配によって変化する）．勾配比図の利点は，使用する勾配の「勾」だけ

図例2 小平起こしの法による投げ墨

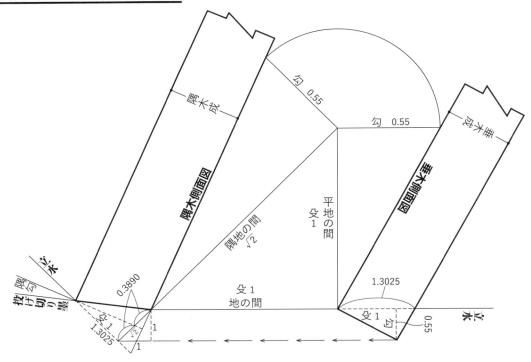

図例3 勾配比図

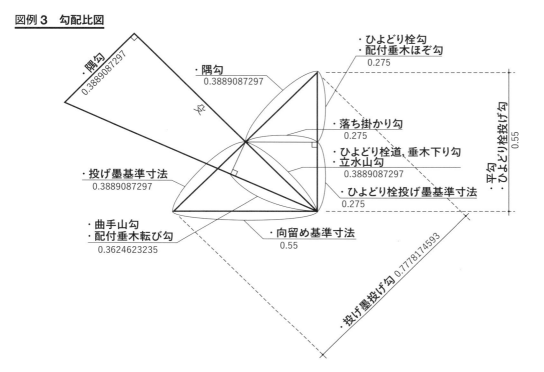

で整然と整理されているため，一覧表のように算出が容易な点である．

たとえば，隅勾は

$$平勾 \div \sqrt{2} = 0.55 \div \sqrt{2} = 0.3889087297$$

となる．

以下に，**図例3** の「勾配比図」にもとづいて，本課題で使用する各種勾配について解説する．

① **平勾，ひよどり栓投げ勾 = 0.55**（平勾配の勾）

配付垂木と隅木との取り合い墨，配付垂木の成に立水として表れる．

② **隅勾 = 0.3889087297**（隅勾配の勾）

隅木の成に立水として表れる．平勾 $\times \sqrt{2}/2$ または平勾 $\div \sqrt{2}$ で求められる．

③ **落ち掛かり勾 = 0.275**

桁や母屋に対して隅木が取り合う際に，隅木側面に表れる垂木下端の墨より下部（品下）の寸法が桁見付け（桁行き正面）に表れる仕込み勾配．棒隅では，平勾 $\times 1/2$ または平勾 $\div 2$ で算出される．

④ **ひよどり栓勾，配付垂木のほぞ勾 = 0.275**

隅木が隅勾配であるため，ひよどり栓は隅勾配にしたがって打たれる．そのため，配付垂木側面には平勾の 1/2 勾として表れる．配付垂木のほぞ勾も同様の論理で，平勾 $\times 1/2$ 勾として垂木側面に表れる．

⑤ **投げ墨の投げ勾 = 0.7778174593**

平勾 $\times \sqrt{2}$．平垂木鼻の切り墨が直角切りの場合に，隅木鼻の切り墨として表れる勾配．また，陸水からの勾配として表れるため，隅勾配に配置された隅木に直接投げ墨を付ける「直投げ法」がある．

⑥ **投げ墨基準寸法 = 0.3889087297**

投げ墨基準寸法は，棒隅においては $1:1:\sqrt{2}$ の地の間の形状によって隅勾配と等しい勾となる．この勾を用いて直投げ法の勾配を求めるための基準寸法である．

⑦ **ひよどり栓道，垂木下り勾，立水山勾 = 0.3889087297**

これも棒隅においては，地の間の形状 $1:1:\sqrt{2}$ によって隅勾と等しくなる．一つは隅木の山勾配立水として表れる．また，ひよどり栓の栓道が垂木の左側面から右側面に表れる際に高低差が生じる．これは，垂木上端（下端）寸法が下方向に下がるためであり，垂木下り勾として表れる．

⑧ **曲手山勾，配付垂木転び勾 = 0.3624623235**

隅木に山勾配を付けた場合，隅木材料を直角に切断した際に表れる勾配として理解するとよい．さら

に，配付垂木は，ねじるような切り墨によって隅木に取り合うため，平勾となる．この際の垂木の転び勾である．

⑨ **ひよどり栓投げ墨基準寸法＝0.275**

隅勾配にある隅木に対して直角に，隅勾配の流れに沿ってひよどり栓は打たれる．このひよどり栓が平垂木（配付垂木）側面に達すると投げ墨となる．ひよどり栓勾と，このひよどり栓投げ墨の基準寸法により，ひよどり栓投げ勾が成り立つ．また，ひよどり栓直投げ法によって直投げ墨を算定する際に，このひよどり栓投げ墨の基準寸法を使用する．

⑩ **向留め基準寸法＝0.55**

向留め基準寸法もまた，地の間の形状が 1 : 1 : $\sqrt{2}$ となる場合において，平勾配の平勾と等しく，0.55 勾となる．向留めとは，広小舞成の留め切り墨を指す．基準寸法としての 0.55 勾を，平の玄である 1.141271221 で除して求める．

$$0.55 \div 1.141271221 = 0.4819187498$$
$$\therefore\ 0.4819187498/1\ 勾配$$

これは，棒隅の場合において中勾勾配と等しくなる．

5　勾配比図による小平起こし図

図例 4 の「勾配比図による小平起こし図」では，先に述べた勾配比図に玄＜1＞を描き込んでいる．こ

図例 4　勾配比図による小平起こし図

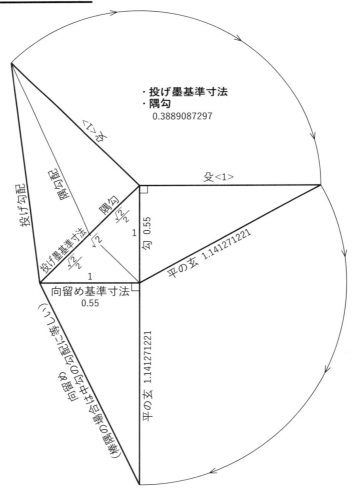

の図を通じて，隅勾配および投げ勾配の関係がどのように成り立っているかを考察することができる．棒隅の場合における投げ勾配は，隅勾配の勾の2倍に相当する．つまり，

隅勾×2＝投げ勾 0.3889×2

また，これは平勾配の勾の$\sqrt{2}$倍ともなる．すなわち，

平勾×$\sqrt{2}$＝0.55$\sqrt{2}$

ただし，これは陸水および立水からの勾配であり，実際に隅木鼻先側面に墨付けを行う際には，いったん立水墨を付けてから投げ墨の墨付けを行う必要があり，やや手間がかかる．そのため，ここで紹介するのが「直投げ法」である．

「直投げ法」とは，**図例4**の隅勾配線から投げ勾配までの勾配を，直接的に隅木鼻側面に墨付けする方法である．その解を求める幾何算術法と併せ，**図例5**に「投げ墨基本図」を掲載している．

6　勾配比図による投げ墨基本図

図例5は，垂木の側面図を描き，垂木鼻上端角を□印，下端角を○印で示し，それらを左側へ矢印→の方向に引き延ばし，隅木鼻側面にどのような形状変化が生じるかをモデル化したものである．この図は，**図例2**で示した隅部での側面投影を発展させ，勾配比を用いて示している．

この**図例5**により，右下に示された平勾配の勾＜0.55＞が隅部に達し，1：1：$\sqrt{2}$の関係にもとづいて隅勾配と投げ墨基準寸法が表れることが読み取れるだろう．そして，これにもとづいて図の中央に「投げ墨基本図」として示した．

ここで，「直投げ墨」についての計算式は以下の通りである．

投げ墨の基準寸法÷1.3025
＝0.3889087297÷1.3025＝0.2985863567

図例5　勾配比図による投げ墨基本図

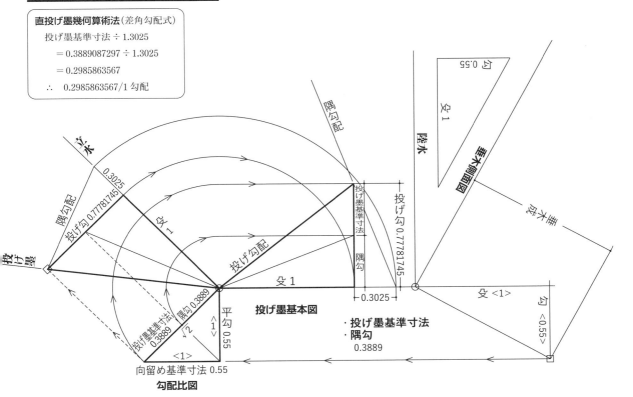

したがって，0.2985863567/1 勾配
これが直投げ墨の勾配（**図例 15** 参照）となる．
また，広小舞留めの切り墨においては，上端の留めは平勾配の殳と玄，または長玄の勾配（棒隅の場合）となり，向留めは向留め基準寸法と平勾配の玄（棒隅の場合は中勾の勾配）にもとづいて算出される（**図例 4** 参照）．

7 ひよどり栓を考える

本課題においては，棒隅屋根小屋組みの一部として，隅木および配付垂木にひよどり栓が打たれる．このひよどり栓は，隅勾配の流れに沿って栓打ちされることになる．つまり，隅木材に対して水平に栓が打たれる形となる．ここで重要なのは，ひよどり栓の条件として，手前の上端角から奥の下端角を対角線で結ぶ線が陸水として機能していることである．

ひよどり栓は隅勾配に沿って栓打ちされるが，ひよどり栓自体は直線的な部材であるため，その形状に変化はない．

しかし，本課題のポイントとして，隅木と配付垂木の関係を理解する必要がある．隅木に一定の高さで栓打ちされたひよどり栓が，配付垂木に栓打ちされる際には，配付垂木側面の栓打ち穴の墨付けや栓の勾配に特別な変化が表れる．隅木側面に栓打ちされるひよどり栓の小口断面の形状が，配付垂木側面にどのように表れるのか．これを，先に述べた平垂木鼻の切り墨によって隅木鼻の切り墨に「投げ墨」として現れた形状の変化と同様に考える．ひよどり栓もまた，隅勾配に沿って栓打ちされた際に，ひよどり栓上端角から下端角までの側面の投影図として形状が変化する．この投影図は，ひよどり栓の穴墨として現れ，その形状変化を詳しく解説していく．

1. ひよどり栓の小口断面形状の変化（側面の水平投影図，ひよどり栓投げ墨）

図例 6 は「棒隅，ひよどり栓小平起こし図，ひよどり栓投げ墨」である．この小平起こし図は，通常の棒隅における地の間の小平起こし図とは異なる点がある．その理由として，本課題でのひよどり栓は，隅木の隅勾配線上に栓打ちされ，かつ，ひよどり栓自体，隅勾配の流れに対して一定であるという点が

挙げられる．

課題図からわかるように，ひよどり栓の長さは，隅木の芯から一方の末端まで 130 mm 間，隅勾配に沿って一定の高さで平行移動していると考えてよい．後出の**図例 13** 中「ひよどり栓勾配基準線」を基点として，隅勾配の勾○が配置されている．この勾○は，矢印方向に沿って破線上を一定の高さで平行移動（水平移動）する．すると，平地の間の下部に「ひよどり栓勾配基準線」も平行移動し，結果として平地の間の線が下部へと引き延ばされることになる．

この方法は，隅木側面の隅勾配線上に栓打ちされる本課題の「ひよどり栓小平起こしの法」として筆者が考案したものである．

次に，**図例 6** に戻り，本題の解説に入る．**図例 6** の「ひよどり栓小口断面図」において，ひよどり栓が一定の高さで隅勾配を保持しながら，矢印破線に沿って延びている．同様に，ひよどり栓の前方下端角も平地の間を延長した線と交わる．このとき，隅の勾 0.3889087297 を基準にして，$1:1:\sqrt{2}$ の地の間の比により勾が 0.55 へと変化し，ひよどり栓の上端角矢印→破線は，ひよどり栓勾配に沿って「ひよどり栓小口断面図」上の前方の上端角に達する．この点と，ひよどり栓勾配の交点を結ぶ線が，ひよどり栓投げ墨となる．

つまり，隅勾配に沿って栓打ちされたひよどり栓小口断面の上端角と下端角の接線が，配付垂木側面にどのように映し出されるかを示すものである．

2. ひよどり栓直投げの法

次に，**図例 7** にもとづいて**図例 6** をさらに詳しく解説し，「勾配比図」および「ひよどり栓投げ墨基本図」へと展開し，ひよどり栓の直投げ法を説明する．

図例 6 と同様に，**図例 7** の左側には「ひよどり栓小口断面図」を図示した．隅勾配の線上には，ひよどり栓の成を基準に，立水に殳<1>，隅勾<0.3889087>とし，ひよどり栓の前方の上端角を□印，下端角を○印として示した．

ひよどり栓の上端角である□印は，矢印→破線によってひよどり栓勾配と平地の間の延長線との交点から $1:1:\sqrt{2}$ の形状変化により殳 1，勾 0.55 へと

図例6 棒隅，ひよどり栓小平起こし図，ひよどり栓投げ墨

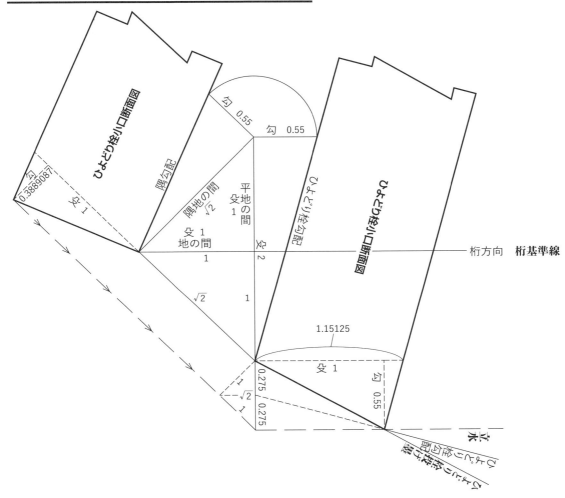

変化する．この勾0.55は，具体的には，隅勾0.3889087が地の間の変化により，ひよどり栓勾配の勾0.275および，ひよどり栓投げ墨基準寸法の勾0.275を内包している数値である．

図の中央では，殳1としてひよどり栓勾配の勾0.275，およびひよどり栓投げ墨基準寸法の勾0.275，さらにひよどり栓投げ勾配の勾0.55となっている．

（1） ひよどり栓勾 = 0.275/1

これは，隅勾配にあるひよどり栓の上端角と下端角を結ぶ接線の小口断面図の投影が，配付垂木（平勾配）の側面に，ひよどり栓勾配0.275/1として表れることを意味する．理由としては，隅勾配にあるひよどり栓が隅勾配を保持した一定の勾で水平直線上に位置しているため，地の間の形状変化が生じるからである．

配付垂木は平勾配であるが，垂木側面上に表れるひよどり栓の勾配は，図示の通り，ひよどり栓勾配として表れる．つまり，ひよどり栓自体の勾配が垂木側面上では0.275/1勾配として表れるため，ひよどり栓の上端および下端の勾配がこれに対応するのである．

（2） 投げ勾配0.55/1は平勾配と同一

さらに，ひよどり栓勾配に変化したひよどり栓の前方（後方も同様）の上端角と下端角を結ぶ接線を「投げ墨」と呼ぶが，これは図例6および図例7で示されている通り，0.55/1勾配が投げ勾配となる．

図例7　勾配比によるひよどり栓投げ墨基本図

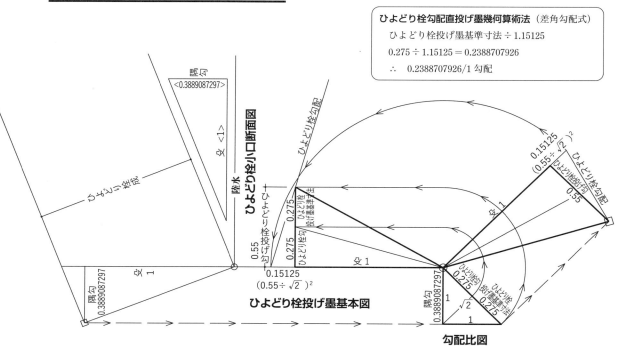

この0.55/1勾配は平勾配と同一であるため，実際に配付垂木への墨付けの際には，垂木から側面ひよどり栓の上端角から矩を巻き，ひよどり栓の下端角へと結ぶことになる．

（3）ひよどり栓投げ墨基準寸法を使用した直投げ法

最後に，ひよどり栓投げ墨基準寸法を使用した「直投げ法」について説明する．配付垂木は平勾配にあるが，ひよどり栓自体の勾配はひよどり栓勾配0.275/1勾配であり，これは陸水や立水からの勾配表記である．平勾配0.55/1勾配の垂木部材に直接0.275/1勾配の墨付けを行う必要がある．

図例7の「ひよどり栓投げ墨基本図」における「ひよどり栓投げ勾」は0.55/1であり，平勾配と等しい．この0.55/1勾配から，「ひよどり栓勾」0.275/1勾配までの勾配差を求めれば，その解が**図例12**に示す「ひよどり栓直投げ墨」となる．ひよどり栓勾配直投げの幾何算術法（差角勾配式）は以下の通りである．

　　ひよどり栓投げ墨基準寸法 ÷ 1.15125
　　0.275 ÷ 1.15125 = 0.2388707926

∴　0.2388707926/1 勾配

この勾配は，平勾配にある配付垂木側面に栓打ちされるひよどり栓の勾配を直接的に墨付けする「直投げ墨」（**図例12**参照）となる．

3．隅木ならびに配付垂木，ひよどり栓の関係

ここまでは，隅勾配上に栓打ちされたひよどり栓小口断面が，配付垂木の側面にどのような形状で栓打ちされるのか，またその勾配がどのように表れるのかについて解説してきた．言い換えれば，隅木に平打ちされたひよどり栓が，平勾配の部材に対してどのように「投げ勾配墨」として表れるのかを説明するために，まずは平垂木鼻直角切り墨（返し勾配墨）が隅木鼻に対してどのように投げ墨として表れるのかを論じ，次に「ひよどり栓投げ墨」に焦点を当てて解説を進めてきた．

ここからは，隅木と配付垂木の材料の動きを考察しつつ，ひよどり栓との関係を読み解いていく．この考察を通じて，隅木，垂木およびひよどり栓の部材間でどのように材料が動いているかを明確にし，本課題の理解をさらに深めていく．

4. 配付垂木による垂木下り勾配，隅山勾配（曲手）

図例8では，配付垂木の動きを通じて，隅木およびひよどり栓の関係を考察する．まず，図例8の左側に「配付垂木小平起こし図より伸び平面図への展開」を示した．この「平面小平起こし図」は，配付垂木の配付切りの平面図を用いて，小平起こし図として表したものであり，地の間とする$1:1:\sqrt{2}$および勾殳玄が描かれている．

同図から矢印→方向には「伸び平面図」を示した．この図は，殳1と平勾配の玄によって成り立っている．すなわち，これは配付垂木の配付切り墨における延び矩法でいう「玄の勾配」であり，勾殳玄法でいう「長玄の勾配」である．

では，実際にこの「伸び平面図」を使用し，配付垂木の配付部の切り墨が垂木側面および隅木側面取り合い墨としてどのような勾配になるのか，「幾何算術法」を用いて解を導く方法を紹介する．

（1）配付垂木と隅木の山勾配の関係 まず，配付垂木が隅木の山勾配と密接な関係にあることを理解する必要がある．図例8の「伸び平面図」に注目してほしい．ここで示される殳，玄の比は，先に述べた「玄の勾配」「長玄の勾配」と同一である．次に，◇印は隅木の山勾配と同一の勾配を示して

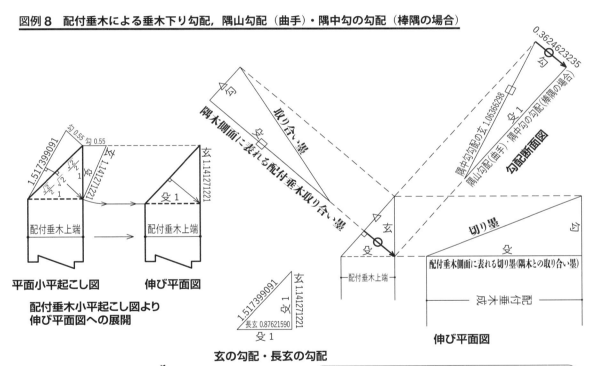

図例8　配付垂木による垂木下り勾配，隅山勾配（曲手）・隅中勾の勾配（棒隅の場合）

配付垂木側面に表れる切り墨
  $0.3624623235 \times 1.517399091 = 0.55$
  ∴ 配付垂木側面に表れる切り墨は
  0.55/1 勾配
平勾配となる．

隅木側面に表れる配付垂木取り合い墨
  $0.3624623235 \times 1.14127122 \div 1.06366298 = 0.3889087297$
  ∴ 隅木側面に表れる配付垂木取り合い墨は
  0.3889087297/1 勾配
隅勾配となる．

おり，これは**図例8**の下図「隅山勾配（曲手）・隅中勾の勾配」に示されている．

隅木に山形の形状（小返り）を付ける理由の一つは，この◥印方向への勾配により，平垂木を桁行き方向に対して直交方向に視点を変えたときに，野地板が屋根勾配に対して水平（陸水）に馴染むようにするためである．これにより，野地下地板張りが可能となる．この隅木山取りの勾配を棒隅の場合においては「隅中勾の勾配」と呼ぶ．

一方，配付垂木の視点では，隅木上端を山形加工しない代わりに，あらかじめ隅中勾の勾配を垂木上端に付けるために，◥印の方向に隅中勾の勾配分を転ばせ，垂木上端および側面切り墨を付けて加工する．

幾何算術法によって結果を求めると，配付垂木の配付部側面切り墨（垂木の成の加工墨）は次のようになる（**図例3**の曲手山勾を参照）．

隅木山勾配（曲手）＝ 0.3624623235/1 勾配
　　◥印に，0.3624623235 を代入し，〔**図例8**右図「配付垂木側面に表れる切り墨・隅木との取り合い墨」〕

0.3624623235 × 1.517399091 ＝ 0.55
　　∴　0.55/1 勾配

つまり，配付垂木の配付部側面切り墨は平勾配となる．

（2）　隅木側面に表れる配付垂木の取り合い墨

図例8右上の「隅木側面に表れる配付垂木取り合い墨」については，

隅木山勾配（曲手）＝ 0.3624623235/1
　　勾配の玄 1.06366298 を殳とし〔図中の□印），◥印＝隅木山勾配の勾 0.3624623235 を代入し，1.141271221 を乗じた値を勾とする．

すると，

0.3624623235 × 1.141271221 ÷ 1.06366298
　　＝ 0.3889087297

隅木側面に表れる配付垂木取り合い墨は 0.388/1 勾配，つまり隅勾配となる．

以上のことから，先に述べたように，◥印の隅木勾配（曲手）の勾配により，配付垂木は平勾配に収まり，垂木側面切り墨が隅木側面の取り合い墨として表れる際には，隅勾配として表れる．すなわち，

垂木側面には平勾配立水が表れ，隅木側面には隅勾配立水が表れるのである．

5.　ひよどり栓栓道と垂木

図例9では，「ひよどり栓栓道および垂木による高低差」について考察し，解説を行う．ひよどり栓は，隅木に打たれるとともに，配付垂木にも打ち込まれる．このとき，ひよどり栓が通る道筋を「栓道」として解説を進める．

まず，**図例8**で説明したように，配付垂木は隅木山勾配と同じく◥印の方向に傾いており，このため配付垂木は平勾配に収まる．この傾きは隅中勾の勾配として表される．**図例9**の左図では「ひよどり栓栓道平面図」を示している．この図は，隅木および配付垂木の取り合い部（胴付き部）の一部を示した平面図であり，図中の点①と点②を結ぶ矢印破線が，ひよどり栓の通る栓道を示している．

ここで注意すべき点は，**図例8**で示した垂木の考察が隅中勾の視点にもとづいていたのに対し，**図例9**ではひよどり栓栓道を扱っており，立水を基準にしている点である．ひよどり栓は平面上で見ると，垂木幅を殳1とすると，点①から点②までの栓道は $\sqrt{2}$ の長さを持つため，立水として捉えるべきである．また，垂木と隅木の整合性を考える際にも立水を基準にする場面があり，たとえば隅木側面に表れる垂木の下端墨は，垂木立水寸法と隅勾配立水寸法をもとに導き出すのである．隅木や垂木などの部材間の高低差を考える際には，この立水寸法が重要となる．

次に，実際に垂木とひよどり栓の高さ関係をどのように明確にしていくかを解説する．**図例9**の「ひよどり栓栓道平面図」は，配付垂木および栓道をモデル化した図である．まず，栓道①から②までの線を引き，その後②から→③への補助線を引く．そして③（隅勾配基準線）から①までの線を殳とし，勾△印とする隅勾配を作図する．この勾△印が，①から②までの高低差を示す．これは，$1:1:\sqrt{2}$ の棒隅の地の間と共通している．平面図で見ると，①から②までの距離は垂木幅の $\sqrt{2}$ 倍の長さであり，その寸法を殳として隅勾配の勾の寸法分だけ，②の位置で垂木上端が（下端も同様に）下がることになる．

図例9 ひよどり栓栓道および垂木による高低差

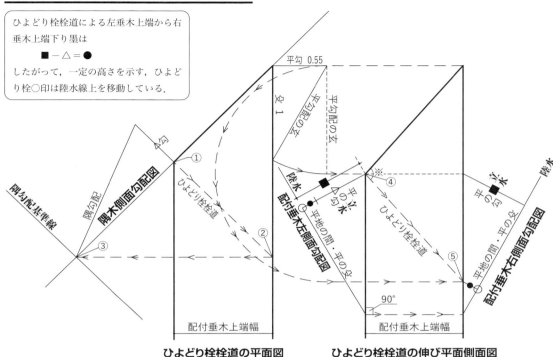

ひよどり栓栓道の平面図　　**ひよどり栓栓道の伸び平面側面図**

次に，平面図から展開された「ひよどり栓栓道伸び平面側面図」を確認してほしい．この図は，配付垂木上端留めとなるように，平勾配の玄と垂木幅を殳として作図されている．ここでも，平勾配の立水の玄，すなわち平の玄と殳によって構成される配付け垂木の上端留めに対して，ひよどり栓の栓道に示される※印の点④の角は，矩（90°）にはならないことに注意しなければならない．

また，「配付垂木（左・右）側面勾配図」にも注目してほしい．左右ともに陸水線を引き，任意の点を取り，ここでは○印として示す．この○印をひよどり栓下端角として仮定してもよい．今回の課題では，ひよどり栓の上端角と下端角が陸水で結ばれることが求められているため，任意の点を選択することができる．

その○印は垂木上端④から■印の寸法に位置している（図中「配付垂木左側面勾配図」参照）．真上から見ると，○印は位置④にあり，そこから→⑤へと栓道を通ることになる．つまり，ひよどり栓は垂木の左側面から右側面まで貫通する．そして，点

⑤を直上から見るとき，任意の点○印は垂木の右側面図上の陸水線と一致することになる．

よって，ひよどり栓は，隅木の隅勾配に沿って打ち込まれる一方で，全長260 mmの間は水平（一定の高さ）を保持し続ける．このため，垂木の側面でも左右間で一定の高さを保つことになる．

しかし，図例8で解説したように，垂木は④から⑤へ向かって下がっていくため，右側面においては，ひよどり栓の任意の点○印が垂木上端よりも上方に位置することになる．その高低差は，

■印－勾△印＝●印

として，垂木の左側面図から右側面図にかけて表れることになる．

次に，隅木側面に打ち込まれるひよどり栓と配付垂木のほぞ穴について詳しく見ていく．

6. 隅木側面に栓打ちされるひよどり栓，配付垂木ほぞ穴

隅木に栓打ちされるひよどり栓と配付垂木のほぞ穴について，図例10にもとづいて詳しく解説する．

まず，課題図より，隅木に栓打ちされるひよどり栓の成は 14 mm とされている．隅勾配に沿って栓打ちされた場合，下端角から上端までの立水寸法は，隅勾配の玄である 1.072963187（$= \sqrt{1+0.3889087297^2}$）を掛けることで求められる．

$$14 \times 1.072963187 = 15.02148 \fallingdotseq 15.02 \text{ mm}$$

さらに，この 1.072963187 を用いて**図例10**に「ひよどり栓隅木側面図」を描いている．本課題では特に要求されていないが，参考として「配付垂木ほぞ穴隅木側面図」も示し，隅木側面に表れる配付垂木のほぞ穴を図示した．

ほぞ穴の上端は，隅木下端と同じ動きをするため，隅木側面に対して直交方向に刻まれる．一方，ほぞ穴の下端は隅木上端の隅木山勾配の動きと同様である．課題図ではほぞの長さが 15 mm と指定されているため，立水上で 5.83 mm，ほぞの奥の立水寸法が 12.16 mm となる．さらに，ほぞ全体のほぞ寄せ墨の胴付き寸法が 18 mm と指定されており，配付による地の間の比 $1:1:\sqrt{2}$ により，ほぞ穴は 15 mm 幅で斜めに刻まれることになる．

この斜角は，棒隅の場合，下端と側面の動きによって隅の倍勾配線として表れる．

（1） ひよどり線と垂木の高低差を導く

図例11の「一部平面小平起こし図」を使用し，実際にひよどり栓と垂木の高低差を，本課題で求められた数値をもとに，**図例9**で解説した方法を応

図例 10　隅木側面に表れるひよどり栓ならびに配付垂木ほぞ穴墨

図例11 ひよどり栓栓道と垂木高低差

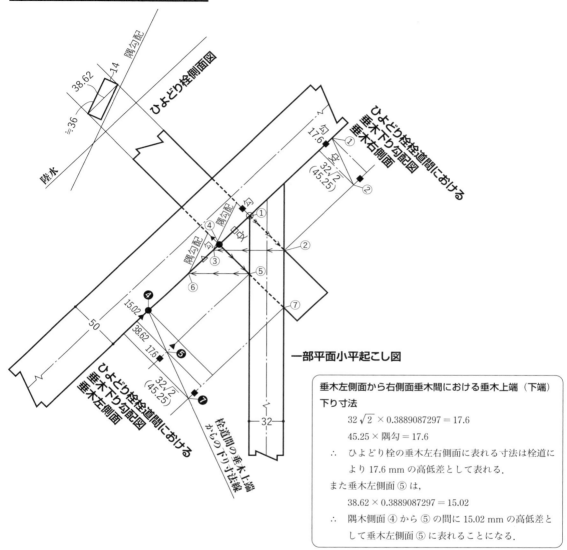

用し,導出する.まず,平面図に示されている寸法は次の通りである.

- ひよどり栓の幅 … 38.62 mm
- 垂木の幅 … 32 mm
- ひよどり栓の前方上端角と隅木側面の交点から垂木左側面までの距離 … 38.62 mm
- 垂木左側面から栓道を通って垂木右側面までの距離(栓道による垂木間の寸法)… $32\sqrt{2} ≒ 45.25$ mm

これにより,ひよどり栓の任意の点○が垂木左右の陸水間を移動(①→②)し,垂木幅の$\sqrt{2}$倍の長さを移動することが理解できる.この点を念頭に置き,解説を進める.

まず,図例11の「ひよどり栓側面図」に注目する.ひよどり栓の向かって奥の下端角は,平面上で①に位置し,②へと栓道が続く.次に,②から③へと補助線を引き,③から①までを父□印として,隅勾配により勾を■印として表す.

260 │ 付録 IV │ 1 級 建 築 大 工 実 技 試 験 問 題

図例 11 の「ひよどり栓栓道間における垂木下り勾配図（垂木右側面図）」では，殳 $32\sqrt{2} \fallingdotseq 45.25$ mm に対して，勾■印は 17.6 mm となる．

したがって，栓道①→②間，垂木左側面から右側面までの立水上の高低差は 17.6 mm と算出される．

次に，ひよどり栓の向かって手前の上端角と隅木側面の交点●印の④から，→⑤の栓道へと補助線を引き，さらに→⑥へと延ばす．⑥から●印を殳△印として，隅勾配の勾▲印がひよどり栓の隅木側面との交点●印から→⑤までの垂木左側面までの下り寸法となる．

図例 11「ひよどり栓栓道間における垂木下り勾配図・垂木左側面図」では，殳 38.62 mm に対して，殳▲印は 15.02 mm である．

したがって，栓道④の●印から→⑤まで，隅木側面から垂木右側面までの立水上の高低差は 15.02 mm と算出される．

また，❺の垂木左側面から→❼の垂木右側面までの下り寸法は，①→②と同様に，$32\sqrt{2} \fallingdotseq 45.25$ mm を殳とした勾 17.6 mm である．

これらの寸法を直感的に理解できるように，図例 11 の「左垂木側面図」に「栓道間の左右垂木上端からの下り寸法線」を示している．

（2） ひよどり栓の栓道による高低差（立水）の確認

図例 12 にもとづき，本課題の展開図の一部を用いてひよどり栓栓道による高低差を確認する．ここでは，隅木と配付垂木左角の交点における高低差を具体的に検討する．

まず，ひよどり栓の奥が垂木下端線よりも 3 mm 上がった位置にあり，ひよどり栓の立水寸法が 15.021 mm である．この点が栓道を通り，垂木右側面に達すると，3 mm ＋ 17.6 mm ＝ 20.6 mm の高低差が生じることになる．これは，図例 11 で解説したように，垂木の左右間で 17.6 mm の垂木下り寸法による高低差が生じることと一致する．

同様に，ひよどり栓の手前と垂木左側面の交点においては，3 mm ＋ 15.02 mm ＝ 18.02 mm の高低差が生じる．この高低差が栓道を通って垂木右側面に達すると，18.02 mm ＋ 17.6 mm ＝ 35.62 mm の合計となる．

また，ひよどり栓の手前と隅木側面との交点

から垂木左側面までの高低差は，15.02 mm ＋ 3 mm ＝ 18.02 mm であり，この値が垂木左側面に表れることがわかる．

さらに，図例 12「ひよどり栓の陸水からの各勾配図」には，ひよどり栓が陸水より平勾配の 1/2 勾配，すなわち 0.275/1 勾配にあり，また直投げ墨，直投げ勾の 0.23887/1 勾配にあることを図示した．

8 ひよどり栓の墨付けの一例

図例 13 を用いて，ひよどり栓の墨付け手順の一例を紹介する．

① **ひよどり栓上端・下端幅** ひよどり栓の上端および下端の幅はおおよそ 36 mm となる．一部 10 mm が課題図で指定されているため，残りは 26 mm である．成（栓の厚さ）は 14 mm と指定されている．

② **垂木幅の確認** 先に述べたように，配付垂木幅は陸水線上を移動しており，その結果，垂木幅は $\sqrt{2}$ 倍となる．具体的には，$32\sqrt{2} \fallingdotseq 45.25$ mm である．

③ **ひよどり栓上端・下端の垂木側面墨** 図例 13 の「ひよどり栓小平起こし図」に示すように，ひよどり栓は，「ひよどり栓の勾配基準線」に沿って，隅勾配の玄（□印），殳，勾（○印）を基準に，矢印→破線を一定の高さで平行移動することを理解する．次に，同図「ひよどり栓基本勾配側面図」から，ひよどり栓の基本勾配（隅勾配）を導き出す．この隅勾配の玄（□印）は，「ひよどり栓小平起こし図」における△印を殳とし，隅勾配の玄 1.072963187 を勾として算出する．これは右図「隅長玄の勾配」に等しい．

④ **ひよどり栓成に表れる垂木側面** ひよどり栓の成に表れる垂木側面については，❼節 4 項「配付垂木による垂木下り勾配，隅山勾配（曲手）」にて解説した隅木の山勾配の論理にもとづいている．つまり，ひよどり栓は隅勾配に沿って栓打ちされるが，配付垂木は既に図例 8 の ╲ 印の傾きにより平勾配に位置しているため，ひよどり栓成にはその傾き角が図例 13 右図「隅中勾の勾配」として表れることになる．この詳細な寸法については，図例 13 を参照してほしい．

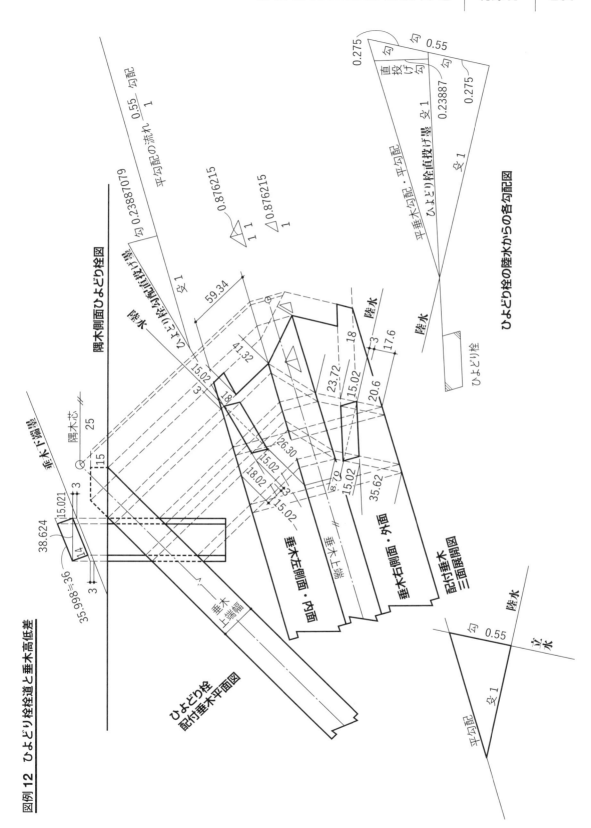

図例12 ひよどり栓栓道と垂木高低差

図例13 ひよどり栓に表れる配付垂木取り合い墨，ひよどり栓の墨付け図

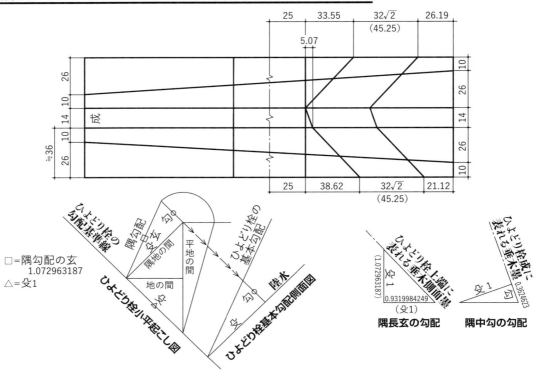

9 隅木鼻上端切り墨

これまで，筆者には隅木に関する多くの質問が寄せられてきたが，その中でも特に多かったのが「平面図および展開図に表れる隅木鼻上端切り墨」についてである．以下に，本課題における隅木鼻の処理についてまとめる．

① **隅木鼻の側面に表れる切り墨** 本課題の隅木鼻は，平垂木鼻の切り墨が直角（返し勾配）に切られるため，隅木鼻の側面に表れる切り墨は「投げ勾配（投げ墨）」となる．これについては前述したとおりであり，側面は投げ墨で処理することになる．

② **鼻隠しの取り付けがない場合の処理** 本課題では，鼻隠しを取り付けることが求められていないため，隅木の上端留めや下端留めは使用しない．下端については，側面の投げ墨に準じて側面から下端に向けて矩を巻く（直角に線を引く）ことで処理すればよい．

③ **隅木鼻上端切り墨** 上端についても下端と同様に，隅木の材料に対して直角に仕上げるが，隅木鼻の上端は山勾配のくせ取りにより，小返り（山形に傾斜）が付いているため，上端切り墨は側面から矩にはならない．

上記について，以下に詳細な解説を行う．

図例14「隅木曲手小口断面図」には，本課題の隅木小口の寸法を記入している．①，②，③の山勾配は「隅木曲手山勾配図」に示されているように，隅木曲手山勾配が殳1の場合，勾0.3624623235となる．

1. 隅木鼻上端切り墨が直角にならない理由

平面図や展開図において，隅木鼻切り墨が隅木側面から直角の切り墨にならない理由は，「隅木曲手小口断面図」に示される①，②，③の高低差にある．山勾配の②は山形の峰に相当するが，①，③は底点である．山形の形状では，任意の視点から投影線と投影面が直交するため，投影面の垂線すなわち視点上に，①，②，③の3点が一直線に並ばない限り，隅木鼻上端部分は平面図や展開図で剣先のように尖った形状になる．

図例 14　平面図および展開図に表れる隅木鼻上端切り墨

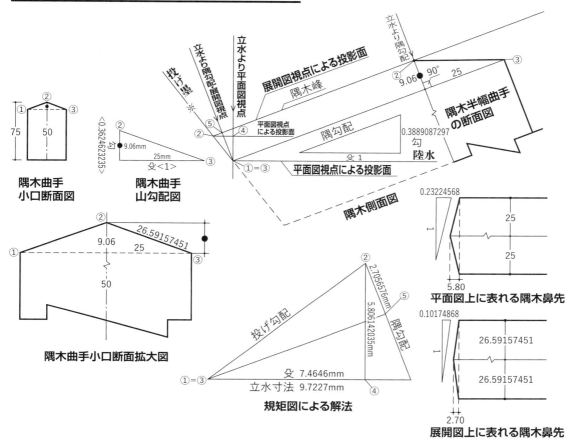

　図例 14 の「隅木側面図」に注目してほしい．図の右側に「隅木半幅曲手断面図」が示されており，立水より隅勾配として●印があり，これは「隅木曲手小口断面拡大図」に示した●印と同一である．山形の①―②または②―③の高低差が●印である．

　本課題の切り墨は，「隅木側面図」上での鼻先，投げ墨※線上にある．図中には，「立水・平面図視点」ならびに立水から見た「隅勾配・展開図視点」が示されているが，どちらも投げ墨の線上※印にはならない．平面図では，「立水・平面図視点」から→矢印（投影線）を引き，点 ④ は「平面図視点による投影面」との関係で直交しているため，点 ④ から点 ② までの寸法分が平面図上で剣先のように鼻先が尖った形状になる．

　同様に，展開図では，「隅勾配・展開図視点」の線が投影線となり，投影面は点 ⑤ の線上にあり，「展開図視点による投影面」との関係が直交する．このとき，⑤ から ② までの寸法分，展開図上でも剣先のように尖った形状になる．

2. 隅木鼻先で生じる上端の寸法

　最後に，本課題の隅木鼻先上端の形状について寸法を記す．隅木鼻先の「規矩図」も**図例 14** の「規矩図による解法」に記入されているので，確認してほしい．

　平面図上では，隅木は半幅 25 mm であり，「隅木側面図」上の ④ から ② までの寸法は，「規矩図による解法」図中では約 5.80 mm の剣先として表れる．

　展開図上では，隅木は隅中勾の玄より 26.59157451 mm となり，「隅木側面図」上の ⑤ から ② までの寸法は，「規矩図による解法」図中では約 2.70 mm の剣先として表れる．

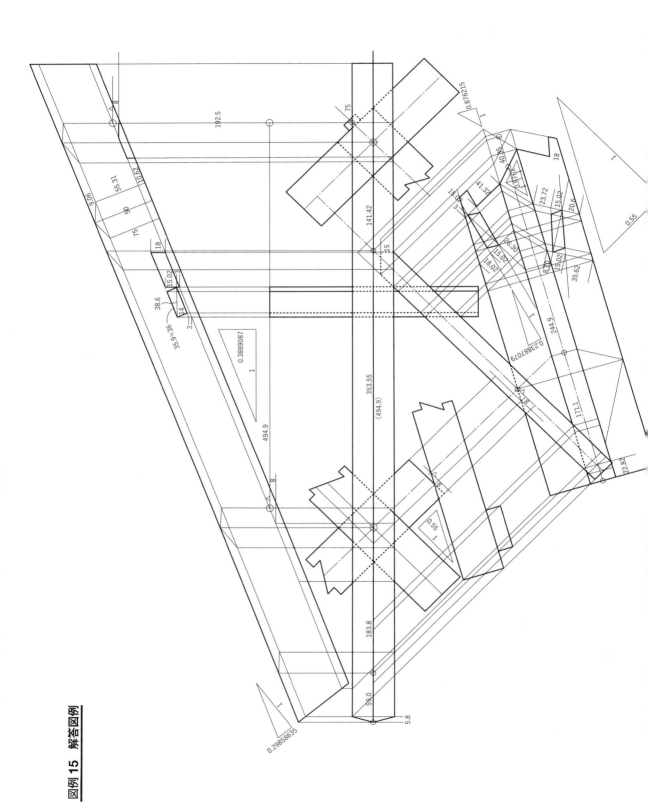

図例15 解答図例

付録 Ⅴ 　全建総連青年技能競技大会競技課題

課題に示す支給材料を用いて，仕様概要に従い四方転び踏み台を製作しなさい．

1．競技時間　　　　　6時間

2．材　　料

（1）　支給材料の断面寸法は，仕上がり寸法より1ないし2mm大きく機械鉋削りされたものである．材料の樹種はラワン材とする．

（2）　選手1名につき，丁番70mmを2枚，掛金300mm1丁，削台用釘若干を支給する．

3．仕様概要

（1）　課題　10分のN勾配とする．

（2）　作業順序　現寸図の作成（提出）・部材の木削り・墨付け・加工仕上げ・組立て

（3）　現寸図の作成

①　現寸図は，ケント紙2枚にて明確に表現すること．

②　課題図により，部材の墨付け・工作などに必要とする芯墨・陸墨・取り合い墨その他の墨を示す．なお，選手が墨付けに必要と思われる規矩上の図面などは，書いても差し支えない．

③　現寸図の位置は，課題図に示してあるものを参考として，下記の現寸図を書くこと．

　　平面図・正面図・側面図・柱展開図（正面右側）基本図・柱のくせ（木口）とし，平面図及び正面図は中心線より右半分でもよい．ただし重複しないこと．

④　現寸図が書けた選手は，現寸図に席番号だけ書き委員に申し出る（採点後返却する）．

（4）　木削り

①　支給材料は，課題図・現寸図の仕上がり寸法に正しく木削りする．

②　柱は，くせを取り仕上げること．

（5）　墨付け

①　部材の墨付けは，墨差し及び鉛筆書きでもよい．

②　部材の墨付けは，工作に必要なすべての墨付けを行うこと．

③　ほぞ及びほぞ穴は，毛引きでもよい．ただし毛引き後の墨差し・鉛筆での墨入れは禁止する．

（6）　各部材の仕口

①　下記に示す部材の仕口により，必要な工作を行い，部材の見え掛かりとなる木口は，すべて鉋削り仕上げとし，接合部分を除き，糸面取りとする．

②　天板と柱の取り合い．　　　打ち抜きほぞ差し

③　柱とぬき．　　　　　　　　打ち抜きほぞ差し（正面は欠き取り）

（7）　組立て

①　組立てに入る前に作業場を清掃する．指定工具で組み立てる．

②　天板下端に外側から30mmで，丁板軸部の当り欠きをして取り付ける（木ねじはドライバー

にて締めつける).

③ 掛金 300 mm を右側面に取り付ける(課題図参照).

④ 釘及びくさび打ちをしてはならない.

⑤ 接着剤を支給する.

(8) 製品の提出

① 組立てが完了した選手は,席番号を記載し,委員に申し出ること.

② 製品とともに,現寸図を提出する.

③ 提出された製品は,いかなる理由があろうとも,選手は一切手を触れることはできないものとする.

4. 持参工具

持参工具一覧表 (単位 mm)

区　分	品　　　名	寸法又は規格	数　量	備　　　　考
工具類	指　　　　金	メートル 450～500	1	
	ま　き　金	(スコヤ)	1	
	自　由　金	任　　　意	適当数	工作用型板類の使用禁止
	平　　　鉋	荒・中・仕上げ	各　1	
	の　　　み	9・12・36・40	適当数	種類は自由
	両 刃 鋸 切 り	240・270・300	各　1	
	毛　引　き	任　　　意	1	毛引き後の上に墨差しで墨付け禁止
	げ　ん　の　う	大・小	各　1	
	三 つ 目 ぎ り		1	
	は　た　金		1	天板仮止め用
	かじや(バール)		1	
	ド ラ イ バ ー		1	スクリュードライバーでもよい(電動禁止)
	釘　締　め		1	
	当　て　木		1	
作図用	定　　　　規	直定規(1メートル程度)	1	目盛りの有るものでもよい
	三 角 定 規	任　　　意	適当数	
	コ ン パ ス	任　　　意	1	
	鉛筆及び消しゴム		適当数	
	布又は紙ヤスリ		適当数	図面修正用

区　分	品　　　　名	寸法又は規格	数　量	備　　　　考
研磨用	砥　　　　石		適　宜	
養生用	布　そ　の　他		適　宜	部材工作用下敷き，清掃用

(注)　① 工具類はできるだけ施錠のできる工具箱に格納すること．
　　　② 工具類は，日常使用しているものとする．
　　　③ 特殊な目盛り等の付いた工具類の使用は禁止する．
　　　④ 持参工具類で，下記のものは予備を持参してもよい．
　　　　　墨差し・平鉋・のみ・両刃鋸・三つ目ぎり
　　　⑤ 刻み台は持参してもよい．
　　　⑥ 墨壺・墨差しは持参してもよい．

5. 基本的な採点項目（四方転び踏み台）

A. 原寸図

1. 平面図　① 天板の長さ，幅
　　　　　② 穴位置

2. 側面図　① 全体の高さ　　　　⑤ 正面柱，貫の位置，幅，成，穴，欠き込み
　　　　　② 貫までの高さ　　　⑥ 裏面柱，貫の位置，幅，成，穴
　　　　　③ 柱の幅　　　　　　⑦ 天板のほぞ位置
　　　　　④ 柱の開き

3. 正面図　① 天板の厚さ　　　　④ 柱の開き
　　　　　② 中心線　　　　　　⑤ 柱と貫の幅
　　　　　③ 貫と天板の高さ

4. 展開図　① 柱の長さ　　　　　④ 柱の欠き込み
　　　　　② 柱の幅　　　　　　⑤ 貫の位置と穴
　　　　　③ ほぞの穴　　　　　⑥ 柱のくせ

B. 総合的な出来栄え

1. 貫上端までの高さ
2. 天板までの高さ
3. 柱のくせ
4. 右の後ろ柱を基準にした3本の柱のずれ
5. 天板のずれ
6. 掛け金の取り合い
7. 丁板の取り合い
8. 鉋仕上げ
9. 全体的な出来栄え
10. 面取り，木口仕上げ
11. がたつき

C. 製品寸法の精度

1. 天板の幅，長さ，厚さ
2. 柱幅，長さ，貫までの高さ
3. 貫の成，幅，長さ(前)
4. 貫の成，幅，長さ(後)
5. ほぞの寸法と天板
6. ほぞの寸法と貫

D. 製品の接合部の寸法

1. 各所取り合い
　① 柱と天板
　② 柱と貫(前)
　③ 柱と貫(後)
2. 各所隙間
　① 天板とほぞ
　② 柱と貫(前)ほぞ，欠き込み
　③ 柱と貫(後)ほぞ

E. 作業態度

F. 仕様誤り

268 付録Ⅴ 全建総連青年技能競技大会競技課題

6. 課題参考図

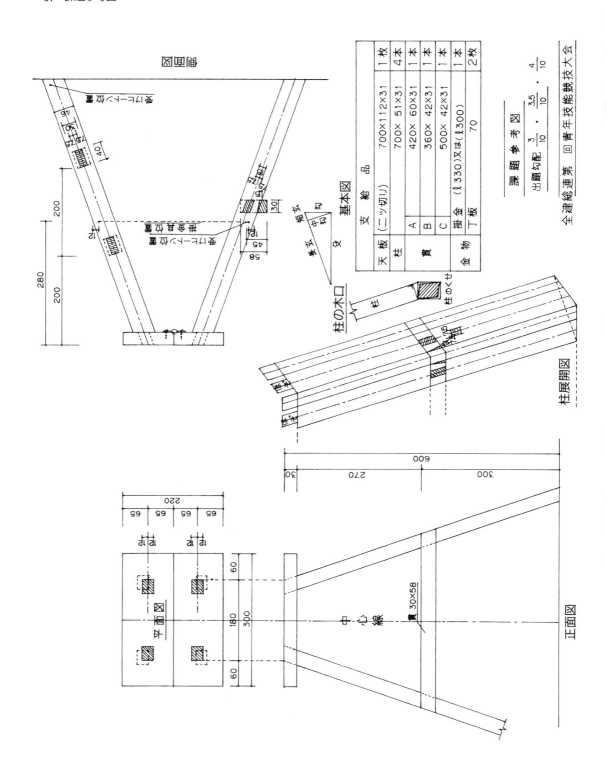

競技課題の解説（解説者　富樫新三）

柱展開図の起こし方（その1）

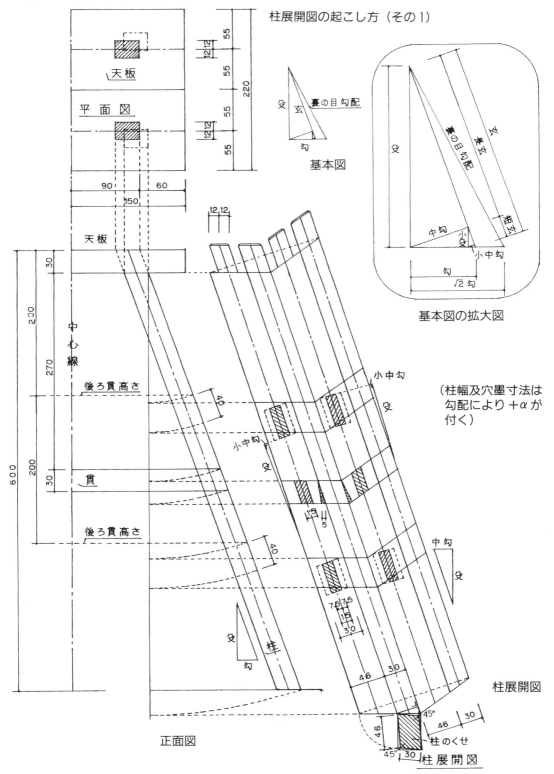

柱展開図

270 付録Ⅴ 全建総連青年技能競技大会競技課題

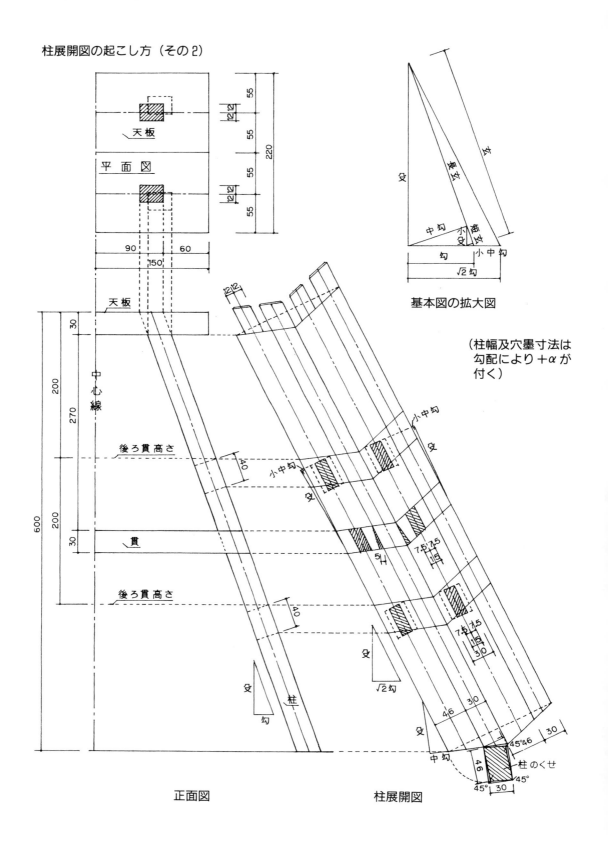

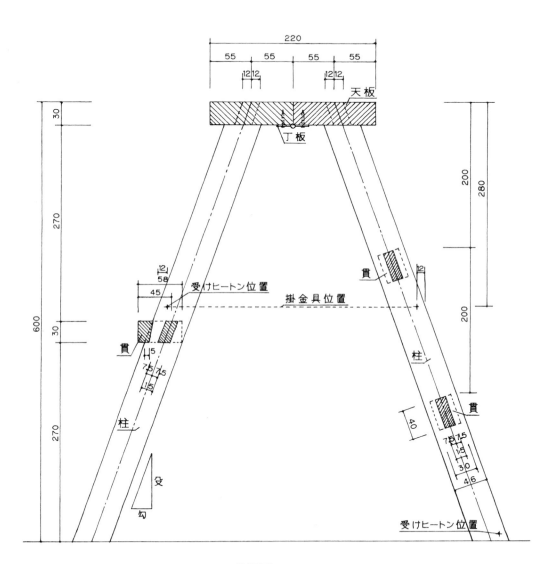

側面図

272 付録Ⅴ 全建総連青年技能競技大会競技課題

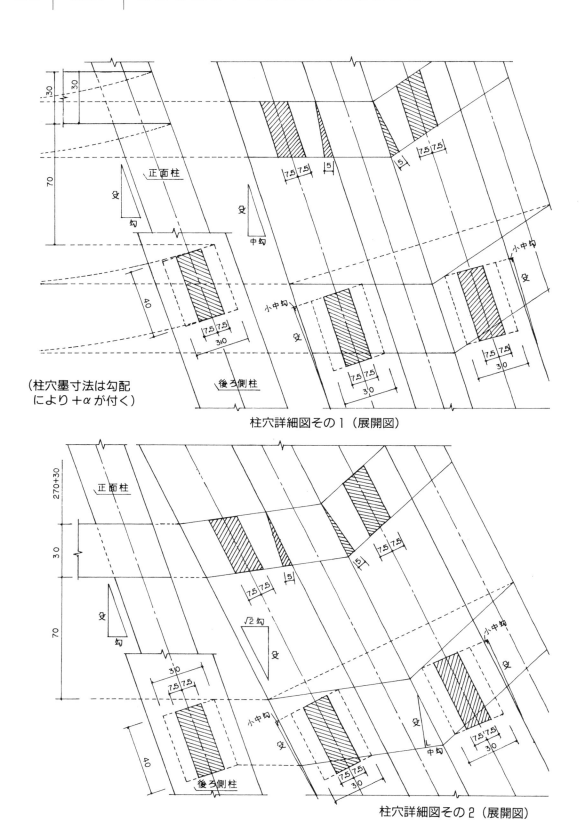

（柱穴墨寸法は勾配により＋αが付く）

柱穴詳細図その1（展開図）

柱穴詳細図その2（展開図）

柱直断面の求め方(その1)

　柱の大きさを下図のように中勾の返し勾配に直し，柱前面と内側の下端角のＡ点から直角にＢ点をとる．また，ＢＡの延長線と柱の側面延長線との交点をＣ点とする．次に，Ｂ点から下端と平行に線を引き，Ｄ点及びＥ点を求め，Ｄ点及びＥ点から垂線を下げ，下端との交点をＦ点及びＧ点とする．Ｆ点及びＧ点から，柱の辺に平行に線を引き，Ａ点を中心にＡＢ幅を半径にして画いた円と，柱の辺と平行のＧ点からの線との交点をＢ′点とする．Ｂ′点からＡＣに平行に画いた線とＦ点からの線との交点をＨ点とすると，□AB′HCは求める柱の直断面形となる．

　なお，この方法は下図(Ａ)の求め方の他に下図(Ｂ)のように柱の途中にとることもできる便利な方法である．

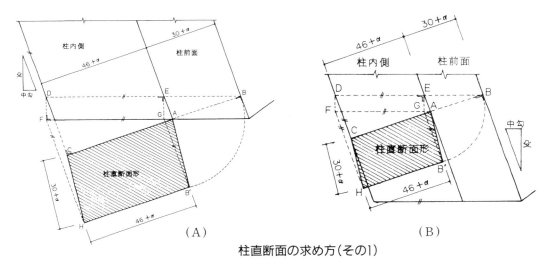

柱直断面の求め方(その1)

柱直断面の求め方(その2)

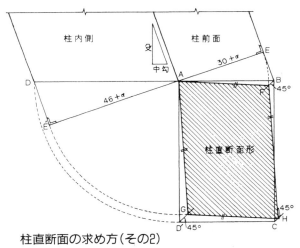

柱直断面の求め方(その2)

〔注〕正方形□ABCDの各辺の大きさは勾配によって異なる．

　柱の大きさを左図のように中勾の返し勾配に直し，接地面の大きさの矩形ＡＢＣD′を画き，Ｂ点とD′点及びＣ点から45°の線を引く．Ａ点からＡＥ及びＡE′の大きさを半径に円を画き，45°の線との交点をＦ点及びＧ点とする．Ａ点とＦ点を結び，また，Ａ点とＧ点を結ぶ．Ｆ点からＡＧに平行に線を引き，さらにＧ点からＡＦに平行に線を引く．その2線の交点Ｈ点が，かゆみの通る点である．したがって，□AGHFは柱の直断面となる．

274 付録Ⅴ 全建総連青年技能競技大会競技課題

正面貫展開図

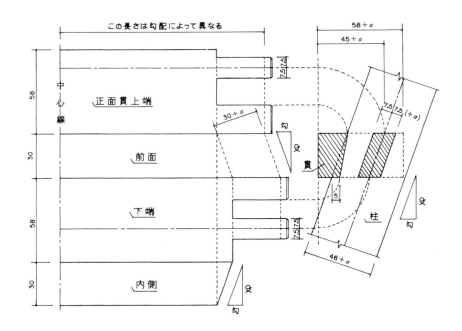

正面貫展開図

後ろ側貫展開図

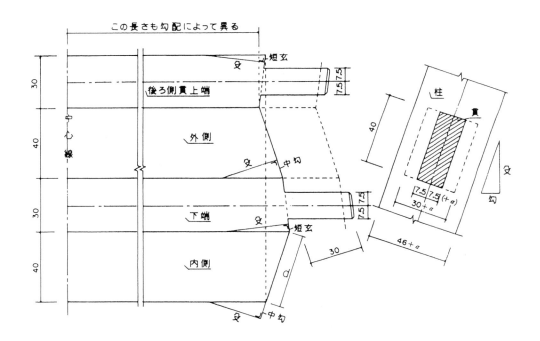

後ろ側貫展開図

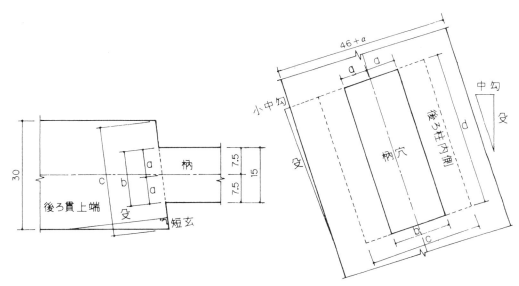

ほぞ厚からほぞ穴厚に写す方法（厳密に求めるとこのようになる）

（注）
1．提示された課題が本課題に示した勾配及び，寸法または，部材寸法並びに寸法の方向（特に前面貫の輪なぎの深さの方向）等と異なる場合があっても，同種のものであれば基本的な現寸図の起こし方には違いはなく，それぞれの寸法・勾配等に合わせて，本書を参考にして現寸図を作成して頂きたい．
2．柱の展開図中の貫幅及びほぞ幅寸法が，計算上は1,000分の何mmかの誤差はあるが，それは省略した寸法である．
3．柱の展開図の起こし方は2種類説明しておいた．どれを選ぶかは各々の選手の任意である．（現寸図の起こし方で，これが絶対であるという起こし方はない）
4．本解説の柱の展開図の起こし方に，貫穴の位置を正面の貫と，後ろ側の貫の位置を同図に起こしてあるが，この方が仕事上便利である．
5．なお，本解説の他にもさまざまな現寸図の起こし方がある．念のために申し添えます．

（参考）　正方形及び矩形柱の直断面形の比較
　底面が正方形の場合　求める勾配に傾斜した柱の直断面の小径ＡＥの底辺ＡＢを一辺とした正方形ＡＢＣＤを画き，その対角線ＢＤ線上に，柱の直断面（柱小径）の大きさＡＥを半径とした円をＡ点を中心に画き，対角線との交点ＦＦ′点を求めるとＦ点及びＦ′点が柱のかゆみをとる点となる．
　したがって，Ａ～Ｆ・Ａ～Ｆ′・Ｃ～Ｆ・Ｃ～Ｆ′と結べば，□ＡＦＣＦ′が求める柱の直断面形となる．

底面が矩形の場合　柱底面が矩形の場合は，下図の通り，底面が正方形の場合の断面を想定しておいて，その上に柱小径の小さい柱小径AE'を求める．

次に，A点を中心に小さな小径のAE'の大きさを半径として半円を画き，AF'線との交点F"を定める．(D'点から45°の線との交点でも良い)

次に，AF線に平行にF"点から線を引きCF線との交点G点を定めると，そのG点が求める矩形の位置であり，F"Gと結べば，□AFGF"が，求める直断面形となる．

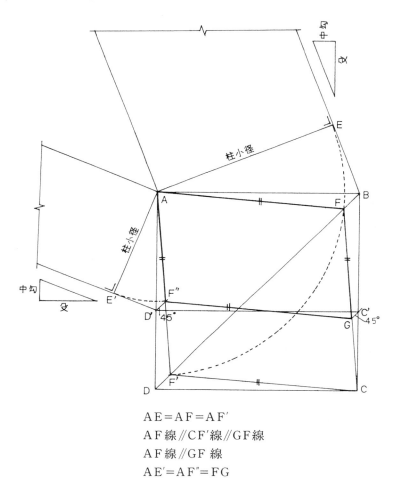

AE＝AF＝AF'
AF線∥CF'線∥GF線
AF線∥GF線
AE'＝AF"＝FG

『建築大工技能検定（1級・2級）実技試験問題』解説にあたって

　「規矩術」が大陸から日本に伝来して以来，江戸時代にはすでに「勾殳玄」（こうこげん）による規矩術が実用化されていました．しかし，時代の変遷とともに，現代では社寺建築や古建築を専門に手がける大工職人，または住宅建築において在来工法を手加工で行う一部の個人経営の工務店だけが「さしがね」と向き合う仕事をしているようです．

　「伝統木構造」とともに生き残る大工職人の道が厳しさを増す中，「さしがね」の存在や規矩術の技術を磨き，次世代に継承することもますます困難になってきました．こうした現状への危機感が，『建築大工実技試験問題』の解説を引き受けた大きな理由の一つです．また，腕の良い名大工や棟梁でありながら，技術を口伝で伝えることが苦手で，そのまま世を去った偉大な職人たちのためにも，微力ながら何かお役に立てればという思いもありました．

　今回，令和4年度の2級建築大工実技試験問題の解説を進めるにあたり，初見では独特な課題に興味を引かれつつも，読み解くうちに「なるほど」と納得しました．それは，規矩術に必要な基本の勾配から，中勾の勾配（二転び勾配），さらに振れ垂木のくせ取り勾配などが登場するなど，2級大工技能士にふさわしい技術が課題に落とし込まれていたからです．特に印象的だったのは，左右の振れ垂木に筋交いがたすき掛けで組み合わされている点で，今後，建築大工の現場に必要なスキルになる日が近いのかもしれません．どのような課題であっても，それを「現実的ではない」と決めつけることなく，大工職の技術向上を目指す読者の方々には，ぜひこのようなユニークな課題にチャレンジしていただきたいと考えます．

　そうした思いもあり，今回の課題では，先代の「算定法」による規矩術をさらに応用発展させた「幾何算術法」による規矩術として解説しました．この手法はまだ発展途上で，完成されたものではありませんが，この解説が『建築大工実技試験』に挑戦する皆さまの一助となれば幸いです．

　最後に，本解説の執筆にあたり，多大なご支援をいただいたオーム社の皆さまに心より感謝申し上げます．

　2024年11月

解説　田口 和則

索引

〔ア〕
朝顔留め　*25*

〔イ〕
入隅　*77*
入中　*47*

〔ウ〕
馬乗墨　*34, 175, 201*
裏の目勾配　*18, 100*
裏目盛り　*2*
上端留め墨　*24, 57*

〔オ〕
大矩　*8*
拝み墨　*83*
落ち掛かり勾配　*20, 61, 172*
落ち掛かり仕口　*179*
落ち掛かり墨　*64*
表目盛り　*2*

〔カ〕
返し勾配　*12*
加弓勾配　*98*
合掌　*143*
角目　*2*
矩勾配　*12*
矩手　*2*
茅負　*39, 56, 167, 185, 199*
茅負反り　*126*
茅負の癖　*187*
雁木曲　*48, 97*

〔キ〕
菊差し　*211*
規矩術　*1*
切欠き　*68*
切欠き墨　*152*
木割り　*215*

〔ク〕
鯨尺　*211*
口脇墨　*63*

〔ケ〕
化粧庇　*73*
桁　*179*
桁落ち掛かり　*202*
桁墨　*59*
玄　*9*

〔コ〕
殳　*9*
勾　*9*
勾配　*10*
木の身返し法　*50, 115*
小平起し　*192*
五分がね　*2*
込栓の墨　*75*
転び勾配　*12, 94*
転び貫　*112*
転び母屋　*85, 153*

〔サ〕
さしがね　*1*
三四五の法　*8*

〔シ〕
仕掛け墨　*66*
仕込み寸法　*59, 178*
四分がね　*2*
四方転び　*24*
四方胴付き　*25*
四方留め　*25*
尺度　*207, 210*
尺目盛り　*5*
じょうご形四方胴付き墨　*162*
じょうご形四方留め墨　*163*
枝割り法　*218*

真束　*137*
真束小屋組　*138*
神明造り　*214*

〔ス〕
隅合掌　*141*
隅木　*30*
隅木仕掛け墨　*153*
隅木墨　*33*
隅木の山勾配　*21, 37, 164, 198*
隅木端　*43*
隅木柄差し　*79*
隅勾配　*13, 94*
隅真束　*137, 145*
隅方杖　*141*

〔ソ〕
反り隅木　*129*
反り軒　*126*

〔タ〕
多角形　*194*
たすき墨　*35, 175, 201*
谷木の墨　*79*
谷勾配　*78*
多能三角形　*160*
多能四辺形　*160, 197*
垂木　*30*
垂木配り　*29*
垂木端　*167*
短玄の勾配　*17*

〔チ〕
長玄の勾配　*16*

〔テ〕
出隅　*77*
出中　*47*

〔ト〕

胴差し　90
唐尺　6, 207
胴付き　145

〔ナ〕

投げ墨　38, 167, 201
斜め尺　2

〔ヌ〕

貫　103
貫枘穴墨　107

〔ネ〕

捻じ組　67

〔ノ〕

軒　124
軒の反り　125
軒の出　30
延び矩　51, 97
延び矩法　15

〔ハ〕

倍勾配　18
配付合掌　143
配付垂木　49, 192, 199
配付梁　143
柱建て四方転び　94
柱の癖　98
端切り墨　44
端栓の墨　76
半勾配　18
半繁割り　29

〔ヒ〕

一軒　124
ひよどリボルト　149
平勾配　11, 94
広小舞い　56

〔フ〕

吹寄せ割り　29
二転び　96
二軒　124
振れ量　156

〔ホ〕

棒隅屋根　28
方杖　143
枘墨　52, 111
本繁割り　29
本殿流れ造り　219

〔マ〕

疎割り　29
丸目盛り　4

〔ミ〕

水切り　56
三軒　124

〔ム〕

向こう留め墨　25, 57
棟木　88

〔モ〕

母屋　141
文規　211

〔ヤ〕

屋根の小平　28
屋根の平　28

〔ユ〕

唯一神明造り　213

〔ロ〕

陸母屋　84

<著者略歴>

中原　靖夫（なかはら　やすお）（1898〜1970）

関西工学専修学校（現大阪工業大学）建築科卒業．大阪府建築課技師を経て朝鮮総督府技師．終戦により引き揚げ．名古屋建築士補導所，名古屋第二職業訓練所，岡崎職業訓練所，各所長を歴任．安城，刈谷，豊田，名古屋，各建設職業訓練所講師．愛知県総合建設共同高等訓練所講師．三重県上野建設訓練所講師．その間，職業教育の功により勲五等瑞宝章を受く．

著　書　実用図解 大工さしがね術（第5版）
　　　　建築木構造工作図集
　　　　工作本位 建築の造作図集
　　　　JAPANESE JOINERY：Hartley & Marks, 1983.
　　　　（建築木構造工作図集 英語訳版）

- 本書の内容に関する質問は，オーム社ホームページの「サポート」から，「お問合せ」の「書籍に関するお問合せ」をご参照いただくか，または書状にてオーム社編集局宛にお願いします．お受けできる質問は本書で紹介した内容に限らせていただきます．なお，電話での質問にはお答えできませんので，あらかじめご了承ください．
- 万一，落丁・乱丁の場合は，送料当社負担でお取替えいたします．当社販売課宛にお送りください．
- 本書の一部の複写複製を希望される場合は，本書扉裏を参照してください．
  JCOPY <出版者著作権管理機構 委託出版物>
- 本書籍は，理工学社から発行されていた『すぐに役立つ 建築の規矩術』を改訂し，第5版として，オーム社から版数を継承して発行するものです．

すぐに役立つ 建築の規矩術（第5版）

1967 年 5 月 31 日	第 1 版第 1 刷発行
1994 年 6 月 15 日	増補新版第 1 刷発行
2011 年 10 月 31 日	第 3 版第 1 刷発行
2015 年 2 月 20 日	第 4 版第 1 刷発行
2024 年 12 月 30 日	第 5 版第 1 刷発行

監 修 者　玉置豊次郎
著　　者　中原靖夫
発 行 者　村上和夫
発 行 所　株式会社 オーム社
　　　　　郵便番号　101-8460
　　　　　東京都千代田区神田錦町 3-1
　　　　　電話　03(3233)0641(代表)
　　　　　URL　https://www.ohmsha.co.jp/

© 中原靖夫 2024

印刷・製本　平河工業社
ISBN978-4-274-23259-6　Printed in Japan

本書の感想募集　https://www.ohmsha.co.jp/kansou/
本書をお読みになった感想を上記サイトまでお寄せください．
お寄せいただいた方には，抽選でプレゼントを差し上げます．

好評の建築技術図書

図解 建築小事典
建築小事典編集委員会 編
A5判　並製　544頁　**本体 4500 円**【税別】

図でわかる 規矩術（第2版）
富樫新三 著
B5判　並製　248頁　**本体 3600 円**【税別】

建築大工 さしがね術図解（第3版）
大塚常雄 著
B5判　並製　176頁　**本体 2500 円**【税別】

実用図解 大工さしがね術（第5版）
中原靖夫 著
B5判　並製　200頁　**本体 2900 円**【税別】

明解和洋 さしがねの使い方（第5版）
さしがねの使い方研究会 編
A5判　並製　184頁　**本体 1800 円**【税別】

大工作業の実技
佐藤日出男 著
A5判　並製　160頁　**本体 2100 円**【税別】

おさまり詳細図集 ① 木造編
筋野三郎・畑中和穂　共著
B5判　並製　176頁　**本体 2600 円**【税別】

おさまり詳細図集 ② コンクリート造・鉄骨造の仕上編
筋野三郎・畑中和穂　共著
B5判　並製　200頁　**本体 2600 円**【税別】

工作本位 建築の造作図集
中原靖夫 著
B5判　並製　224頁　**本体 3000 円**【税別】

建築木構造工作図集
中原靖夫 著
B5判　並製　176頁　**本体 2600 円**【税別】

木造建築 屋根工法墨付け図解（増補版）
富樫新三 著
B5判　上製　288頁　**本体 6300 円**【税別】

木造建築の継手と仕口
富樫新三 著
B5判　上製　160頁　**本体 3200 円**【税別】

大工寺ひな形 本堂・門から五重塔まで
富樫新三 編著
A4変型判　上製　242頁　**本体 7000 円**【税別】

大工宮ひな形（増補版）一間社から拝殿・鳥居まで
富樫新三 編著
A4変型判　上製　224頁　**本体 7000 円**【税別】

大工門ひな形 数寄屋門から四脚門・高麗門まで
富樫新三 編著
A4変型判　上製　216頁　**本体 5800 円**【税別】

社寺建築の工法
佐藤日出男 著
B5判　上製　272頁　**本体 6500 円**【税別】

図解 社寺建築【社寺図例／編】
鶉功 著
B5判　上製　192頁　**本体 5300 円**【税別】

図解 社寺建築【各部構造／編】
鶉功 著
B5判　上製　192頁　**本体 5300 円**【税別】

◎本体価格の変更，品切れが生じる場合もございますので，ご了承ください.
◎書店に商品がない場合または直接ご注文の場合は下記宛にご連絡ください.
TEL.03-3233-0643 FAX.03-3233-3440　https://www.ohmsha.co.jp/